Vocabulary LIVE
3
Advanced

Components & Features

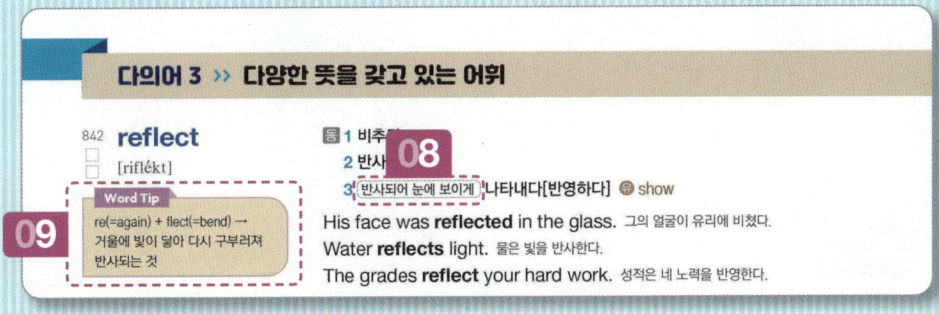
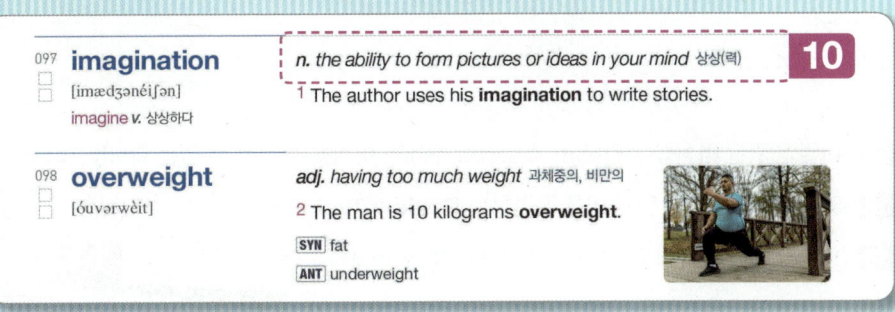

- **01** 영상으로 덩어리 표현과 주제어를 다시 한번 학습하는 **Video**
- **02** QR코드를 이용하여 학습할 단어의 발음 청취
- **03** 암기 횟수를 표시할 수 있는 2회독 체크박스
- **04** 단어의 주요 파생어 수록
- **05** 3~5개의 단어들을 패턴으로 묶어 한번에 익히는 덩어리 표현
- **06** 형태나 의미적으로 서로 연관된 단어를 함께 학습하는 **Word Link**
- **07** 하루 24개 단어: 단어, 뜻, 예문, 유의어, 반의어, 참고 어휘 등 다양한 정보 수록
- **08** 핵심 뜻만 알면 저절로 외워지는 다의어 암기 TIP 제공
- **09** 어원을 비롯한 단어 암기에 도움을 주는 **Word Tip**
- **10** 영어 이야기 속 어휘를 영영 풀이로 학습하는 **Challenge**

교재에 사용된 기호

명 명사	부 부사	동 동의어	(-s)	복수형	[ ]	대체 가능 어구
대 대명사	접 접속사	유 유의어	(the ~)	단어 앞에 the가 함께 쓰임	( )	생략 가능 어구, 보충 설명
동 동사	전 전치사	반 반의어	to-v	to 부정사	(( ))	함께 쓰이는 전치사
형 형용사	감 감탄사		v-ing	동명사		

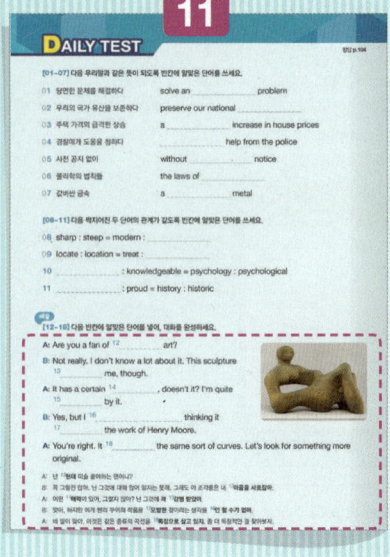
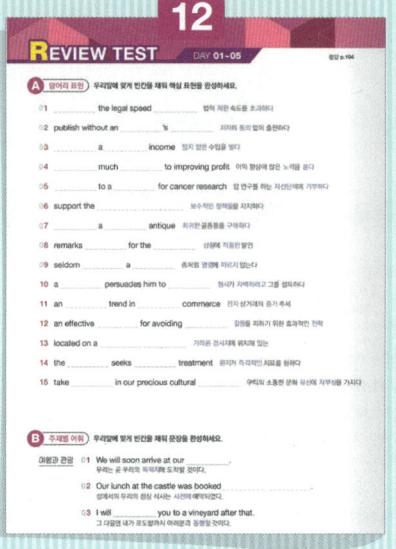
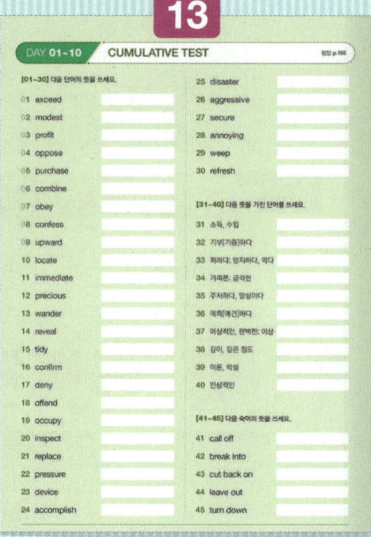

11 매일 암기한 어휘를 점검하고, 스토리로 주제별 어휘를 복습할 수 있는 **Daily Test**

12 5일간 학습한 단어 및 숙어를 점검하는 **Review Test**

13 10일간 학습한 단어 및 숙어를 점검하는 **Cumulative Test**

14 미드에 자주 등장하는 유용한 영어 표현을 통해 실생활에서의 회화 능력 향상

★ 한국과는 다른 영미권의 웨딩 문화와 그 문화의 유래, 의미에 대해 알아보기

단어 암기를 돕는 온라인/오프라인 자료

복습용 워크북 (별책)

3가지 버전의 무료 MP3 파일

다양한 부가 자료

How to Study

Vocabulary LIVE 학습 TIP

1. **덩어리 표현으로 외우자!**
   자주 쓰이는 문형 속에 단어들을 심어서 말뭉치로 외우면 독해와 듣기 속도가 빨라져요.

2. **주제별로 외우자!**
   연관성이 높은 단어들끼리 묶어 학습함으로써 암기의 효율을 높일 수 있어요.

3. **다양한 뜻을 익히자!**
   다양한 뜻을 가진 다의어들은 핵심적인 뜻 하나로 다른 여러 가지 뜻을 유추할 수 있어요.

4. **유의어와 반의어를 익히자!**
   해당 어휘와 비슷한 말 또는 반대말을 함께 학습함으로써 어휘력을 확장할 수 있어요.

8주 완성 Study Plan

DAY별로 학습 여부를 체크하거나 학습 날짜를 적어 넣어 보세요.

	1일차	2일차	3일차	4일차	5일차	6일차	7일차
Week 1 어휘 학습	DAY 01	DAY 02	DAY 03	DAY 04	DAY 05	DAY 01~05 복습	
Week 2 어휘 학습	DAY 06	DAY 07	DAY 08	DAY 09	DAY 10	DAY 06~10 복습	
Week 3 어휘 학습	DAY 11	DAY 12	DAY 13	DAY 14	DAY 15	DAY 11~15 복습	
Week 4 어휘 학습	DAY 16	DAY 17	DAY 18	DAY 19	DAY 20	DAY 16~20 복습	
Week 5 어휘 학습	DAY 21	DAY 22	DAY 23	DAY 24	DAY 25	DAY 21~25 복습	
Week 6 어휘 학습	DAY 26	DAY 27	DAY 28	DAY 29	DAY 30	DAY 26~30 복습	
Week 7 어휘 학습	DAY 31	DAY 32	DAY 33	DAY 34	DAY 35	DAY 31~35 복습	
Week 8 어휘 학습	DAY 36	DAY 37	DAY 38	DAY 39	DAY 40	DAY 36~40 복습	

Contents

Part 1 고급 핵심 어휘

DAY 01	008
DAY 02	012
DAY 03	016
DAY 04	020
DAY 05 Challenge	024
REVIEW TEST DAY 01~05	028
DAY 06	030
DAY 07	034
DAY 08	038
DAY 09	042
DAY 10 Challenge	046
REVIEW TEST DAY 06~10	050
CUMULATIVE TEST DAY 01~10	052
Know More	053
DAY 11	054
DAY 12	058
DAY 13	062
DAY 14	066
DAY 15 Challenge	070
REVIEW TEST DAY 11~15	074
DAY 16	076
DAY 17	080
DAY 18	084
DAY 19	088
DAY 20 Challenge	092
REVIEW TEST DAY 16~20	096
CUMULATIVE TEST DAY 11~20	098
Know More	099
DAY 21	100
DAY 22	104
DAY 23	108
DAY 24	112
DAY 25 Challenge	116
REVIEW TEST DAY 21~25	120
DAY 26	122
DAY 27	126
DAY 28	130
DAY 29	134
DAY 30 Challenge	138
REVIEW TEST DAY 26~30	142
CUMULATIVE TEST DAY 21~30	144
Know More	145
DAY 31	146
DAY 32	150
DAY 33	154
DAY 34	158
DAY 35 Challenge	162
REVIEW TEST DAY 31~35	166
영어 이야기	168

Part 2 다양한 유형의 어휘

DAY 36~37 다의어	170
DAY 38~40 혼동어	178
REVIEW TEST DAY 36~40	190
CUMULATIVE TEST DAY 31~40	192
Know More	193
Answer Key	194
Index	202

Part 1

DAY 01~35

고급 핵심 어휘

DAY 01

>> **exceed** the **legal** speed **limit** 법적 제한 속도를 초과하다

001 exceed [iksíːd]
동 초과하다, 넘어서다
Working hours must not **exceed** 42 hours a week.
노동 시간이 주 42시간을 넘어서는 안 된다.
excess 명 과잉, 초과

002 legal [líːgəl]
형 1 법률의 2 합법적인 ↔ illegal
I need to seek **legal** advice. 나는 법률 자문을 구해야 한다.
Is it **legal** to carry a gun in the US?
미국에서는 총기를 가지고 다니는 것이 합법인가요?
legally 부 법률적으로

003 limit [límit]
명 제한; 한계(선) 동 제한하다
Set a time **limit** of 30 minutes for the test. 시험의 제한 시간을 30분으로 정하라.
limit import of foreign cars 외제차의 수입을 제한하다

>> **publish** without an **author**'s **consent** 저자의 동의 없이 출판하다

004 publish [pʌ́bliʃ]
동 1 출판[발행]하다 2 (신문·잡지 등에) 게재하다
This company mainly **publishes** textbooks. 이 회사는 주로 교과서를 출판한다.
The magazine **published** my research. 그 잡지는 내 연구를 게재했다.
publication 명 출판, 발행; 출판물

005 copyright [kápiràit]
명 저작권, 판권
Who owns the **copyright** of this song?
이 노래의 저작권은 누구에게 있나요?

Word Link
'창작물(creation)'에 대한 저작자의 '권리(right)'를 보호하는 것을 '저작권(copyright)'이라고 해요.

006 author [ɔ́ːθər]
명 작가, 저자 ≒ writer
She is the **author** of many best-selling books.
그녀는 많은 베스트셀러의 작가다.

007 consent [kənsént]
명 동의, 허락 동 동의하다 ((to)) ↔ refuse
He took the car without the owner's **consent**.
그는 주인의 허락도 없이 차를 가져갔다.
They **consented** to the plan. 그들은 그 계획에 동의했다.

» earn a modest income 많지 않은 수입을 벌다

008 earn [əːrn]
동 (돈을) 벌다
She **earns** nearly $70,000 a year. 그녀는 일 년에 거의 7만 달러를 번다.
earning 명 벌기; (-s) 소득

009 modest [mádist]
형 1 겸손한 2 그다지 많지[크지] 않은
He is very **modest** about his success. 그는 자신의 성공에 대해 매우 겸손하다.
save a **modest** amount of money 그다지 크지 않은 액수의 돈을 저축하다
modesty 명 겸손

010 income [ínkʌm]
명 소득, 수입
People with higher **incomes** should pay higher tax.
소득이 높은 사람들은 더 많은 세금을 내야 한다.

011 wage [weidʒ]
명 임금, 급료
Some companies still pay lower **wages** to female workers.
일부 회사들은 여전히 여성 노동자들에게 더 낮은 임금을 지급한다.

> **Word Link**
> income은 월급을 포함한 모든 수입을 의미하는 반면, wage는 주로 시급, 일급, 주급 등 비교적 단기적인 급여를 의미해요.

» devote much effort to improving profit 이익 향상에 많은 노력을 쏟다

012 devote [divóut]
동 (시간·노력 등을) 바치다, 헌신하다 ((to))
She **devoted** her life to scientific research.
그녀는 과학 연구에 그녀의 인생을 바쳤다.
devotion 명 헌신, 전념

013 effort [éfərt]
명 노력, 수고
You should put a lot of **effort** into your studies.
너는 학업에 많은 노력을 기울여야 한다.
Plus+ • put effort into ~에 노력을 들이다

014 improve [imprúːv]
동 나아지다; 개선하다, 향상시키다
The doctors say he is **improving**. 의사들은 그가 나아지고 있다고 말한다.
improvement 명 개선, 향상

015 profit [práfit]
명 (금전적인) 이익, 수익 반 loss
The company made a huge **profit** last year. 그 회사는 작년에 막대한 수익을 냈다.

주제: 여행과 관광

016 aboard [əbɔ́ːrd]
튀 탑승[승선]하여 쩐 (배·기차·비행기 등) ~을 타고
The captain welcomed us **aboard**. 선장은 우리가 승선한 것을 환영했다.
He was already **aboard** the plane. 그는 이미 비행기에 탑승해 있었다.

017 destination [dèstənéiʃən]
명 목적지
It took us five hours to reach our **destination**.
우리가 목적지에 도착하는 데 다섯 시간이 걸렸다.

018 accompany [əkʌ́mpəni]
동 1 동행하다 2 |수동태| (~이) 동반되다[딸리다] ((with, by))
I'll **accompany** you to the station. 제가 역까지 동행해 드리겠습니다.
strong winds **accompanied** by heavy rain 폭우가 동반된 강한 바람

019 enjoyable [indʒɔ́iəbl]
형 즐거운, 재미있는
The summer camp was an **enjoyable** experience.
그 여름 캠프는 즐거운 경험이었다.
enjoy 동 즐기다

020 admire [ædmáiər]
동 1 존경하다 ⊕ respect 2 감탄하며 바라보다
I really **admire** your courage. 나는 너의 용기가 정말 존경스럽다.
admire the scenery 풍경을 감탄하며 바라보다[풍경을 감상하다]
admiration 명 존경

021 option [ɑ́pʃən]
명 선택(할 수 있는 것); 선택권
The train is a better **option** than the bus. 기차가 버스보다 더 나은 선택이다.
You have the **option** of going or not. 너는 갈지 말지에 대한 선택권이 있다.

022 alter [ɔ́ːltər]
동 바꾸다; 변경하다 ⊕ change
The city hasn't **altered** much over the years.
그 도시는 수년간 별로 바뀐 것이 없었다.
alter a travel plan 여행 계획을 변경하다

023 in advance
미리, 사전에
Admission is free, but we need to book our tickets **in advance**.
입장은 무료지만, 우리는 표를 미리 예약해야 한다.

024 call off
취소하다
We **called off** our vacation because of the storms.
우리는 폭풍 때문에 휴가를 취소했다.

DAILY TEST

정답 p.194

[01~12] 영어는 우리말로, 우리말은 영어로 쓰세요.

01 wage _____
02 publish _____
03 consent _____
04 improve _____
05 limit _____
06 legal _____

07 작가, 저자 _____
08 노력, 수고 _____
09 저작권, 판권 _____
10 (돈을) 벌다 _____
11 소득, 수입 _____
12 (금전적인) 이익, 수익 _____

[13~17] 다음 괄호 안에서 알맞은 말을 고르세요.

13 Working hours must not (excess / exceed) 42 hours a week.

14 I really (admire / admiration) your courage.

15 She (devotion / devoted) her life to scientific research.

16 The summer camp was an (enjoyable / enjoy) experience.

17 He is very (modest / modesty) about his success.

여행과 관광

[18~25] 다음 빈칸에 알맞은 단어를 넣어, 이야기를 완성하세요.

Ladies and gentlemen, we will soon arrive at our
18 _____. Our lunch at the castle was booked
19 _____ _____. It's now too late to
20 _____ your choice of meal. We will have time
to 21 _____ the gardens after lunch. Then it's "all
22 _____" for a river cruise. I will 23 _____ you
to a *vineyard after that. We may have to 24 _____
_____ this trip if it rains. I hope you all have an 25 _____ day.

*vineyard: 포도밭

신사 숙녀 여러분, 우리는 곧 우리의 18**목적지**에 도착합니다. 성에서의 점심 식사는 19**사전**에 예약되었습니다. 선택하신 식사를 지금 20**변경하시기에는** 너무 늦습니다. 점심 식사 후에는 정원을 21**감상하는** 시간을 갖겠습니다. 그 다음엔 강에 유람선을 타러 "전원 22**승선하실**" 겁니다. 그 다음엔 제가 포도밭까지 여러분과 23**동행할** 겁니다. 비가 오면 이 여정은 24**취소될** 수 있습니다. 모두 25**즐거운** 하루 되시기를 바랍니다.

DAY 01 • 011

DAY 02

>> **donate** to a **charity** for cancer **research** 암 연구를 하는 자선단체에 기부하다

025 donate [dóuneit]
동 기부[기증]하다
Many companies **donate** computers to local schools.
많은 회사들이 지역 학교들에 컴퓨터를 기증한다.
donation 명 기부, 기증

026 charity [tʃǽrəti]
명 자선 (단체)
The Red Cross is a well-known international **charity**.
적십자사는 잘 알려진 국제 자선 단체이다.

027 research [ríːsəːrtʃ]
명 연구, 조사   동 [risə́ːrtʃ] 연구[조사]하다
Scientists are doing **research** into the causes of cancer.
과학자들이 암의 원인들에 대한 연구를 하고 있다.
research a market   시장을 조사하다
researcher 명 연구원

>> **support/oppose** the **conservative policies** 보수적인 정책들을 지지하다/반대하다

028 support [səpɔ́ːrt]
동 1 지지[지원]하다 2 후원[부양]하다   명 1 지지, 지원 2 후원, 부양
Our group **supports** animal rights.   우리 단체는 동물의 권리를 지지한다.
He has two children to **support**.   그는 부양해야 할 자녀가 두 명 있다.
They need medical **support**.   그들은 의료 지원이 필요하다.
supporter 명 지지자[후원자]

029 oppose [əpóuz]
동 반대하다
Many students **oppose** school uniforms.   많은 학생들이 교복에 반대한다.
opposition 명 반대

030 conservative [kənsə́ːrvətiv]
형 보수적인
Older people tend to be more **conservative**.
나이 든 사람들이 더 보수적인 경향이 있다.

031 policy [páləsi]
명 정책, 방침
The company has a strict no-smoking **policy**.
그 회사는 엄격한 금연 정책을 갖고 있다.

» purchase a valuable/rare antique 귀중한/희귀한 골동품을 구매하다

032 purchase [pə́ːrtʃəs]
동 구입[구매]하다 ⊕ buy 명 구입, 구매
I **purchased** these shoes online. 나는 이 신발을 온라인에서 구매했다.
make a **purchase** at a low price 싼값에 구매하다

033 valuable [vǽljuəbl]
형 1 값비싼 ⊕ worthless 2 소중한, 귀중한 ⊕ precious
That car is extremely **valuable**. 저 자동차는 매우 값비싸다.
The police got some **valuable** information from the eyewitness.
경찰은 목격자로부터 몇 가지 귀중한 정보를 얻었다.

034 rare [rɛər]
형 드문[보기 힘든]; 진귀한[희귀한] ⊕ common
A cool day in the middle of July is **rare**. 7월 중순에 서늘한 날은 드문 일이다.
a collection of **rare** books 진귀한 서책 소장품
rarely 부 드물게, 좀처럼 ~하지 않는

035 antique [æntíːk]
형 골동품인 명 골동품
My mother collects **antique** furniture.
우리 엄마는 골동품 가구를 수집한다.

036 dealer [díːlər]
명 상인, 판매업자
Her brother is a used car **dealer**.
그녀의 남동생은 중고차 판매업자다.
deal 동 다루다, 처리하다 명 거래, 합의

> **Word Link**
> 골동품을 사고파는 사람을 가리켜 'antique dealer (골동품상)'라고 해요.

» remarks appropriate for the occasion 상황에 적절한 발언

037 remark [rimáːrk]
명 발언[논평] ⊕ comment
He made rude **remarks** about me. 그는 나에 대해 무례한 발언을 했다.

038 appropriate [əpróupriət]
형 적절[적당]한, 알맞은 ⊕ inappropriate
Sandals are not **appropriate** for a job interview. 샌들은 면접에 알맞지 않다.

039 occasion [əkéiʒən]
명 1 (특정한) 때[경우] 2 행사, 특별한 일 ⊕ event
He has been late on many **occasions**. 그는 여러 번 지각했다.
She wore the dress on formal **occasions**.
그녀는 공식 행사에서 그 드레스를 입었다.
occasional 형 가끔의, 때때로의

주제: 과학기술

040 expand [ikspǽnd]
동 확장[팽창]되다; 확장시키다
Metals **expand** when they are heated. 금속은 열을 받으면 팽창된다.
expand your knowledge 지식을 확장시키다
expansion 명 확장, 팽창

041 solid [sάlid]
형 단단한; 고체의, 고형의   명 고체, 고형물
Cement becomes **solid** when it dries. 시멘트는 마르면 고체가 된다.
참고 liquid 액체   gas 기체

042 absorb [æbsɔ́ːrb]
동 흡수하다 ⓤ take in
Plant roots **absorb** water from the soil.
식물의 뿌리는 토양으로부터 수분을 흡수한다.

043 analyze [ǽnəlàiz]
동 분석하다
Scientists are **analyzing** the results of the study.
과학자들이 연구의 결과를 분석 중이다.
analysis 명 분석   analyst 명 분석가

044 calculate [kǽlkjulèit]
동 계산하다, 산출하다
This instrument **calculates** distances precisely.
이 도구는 거리를 정확하게 산출한다.
calculation 명 계산, 산출   calculator 명 계산기

045 activate [ǽktəvèit]
동 작동시키다, 활성화하다
Touch the screen to **activate** the system.
시스템을 작동시키려면 화면을 터치하세요.

046 combine [kəmbáin]
동 결합하다[되다]
Hydrogen and oxygen **combine** to form water.
수소와 산소가 결합되어 물을 형성한다.
combination 명 조합[결합]

047 more and more
점점 더 많은
More and more companies are using robots in their businesses.
점점 더 많은 회사들이 그들의 사업에 로봇을 사용하고 있다.

048 make a difference
변화를 가져오다
Developments in technology **make a difference** in our lives.
기술의 발전은 우리의 삶에 변화를 가져온다.

DAILY TEST

정답 p.194

[01~07] 다음 우리말과 같은 뜻이 되도록 빈칸에 알맞은 단어를 쓰세요.

01 엄격한 금연 정책   a strict no-smoking _____
02 골동품 가구를 수집하다   collect _____ furniture
03 싼값에 구매하다   make a _____ at a low price
04 암의 원인들에 대한 연구   _____ into the causes of cancer
05 몇 가지 귀중한 정보   some _____ information
06 진귀한 서책 소장품   a collection of _____ books
07 중고차 판매업자   a used car _____

[08~09] 다음 짝지어진 단어의 관계가 나머지와 <u>다른</u> 하나를 고르세요.

08 ⓐ donate – donation   ⓑ oppose – opposition
    ⓒ analyze – analysis   ⓓ rare – rarely

09 ⓐ appropriate – inappropriate   ⓑ occasion – event
    ⓒ remark – comment   ⓓ valuable – precious

과학기술

[10~16] 다음 빈칸에 알맞은 단어를 넣어, 이야기를 완성하세요.

"I think it's time for us to 10_____ our business," said John. "A bigger laboratory will really 11_____ a _____. We are getting 12_____ and _____ work. I 13_____ that we could 14_____ twice as many samples if we had more room."
"I want to do more work with 15_____ and liquids," Simon said. "Let's 16_____ our ideas and come up with new tests."

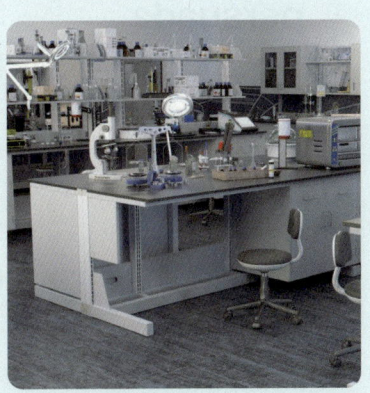

"이제 우리가 사업을 10**확장해야** 할 때라고 생각해"라고 존이 말했다. "더 큰 실험실은 정말로 11**변화를 가져올** 거야. 우린 12**점점 더 많은** 일을 받고 있잖아. 내가 13**계산해봤는데** 공간이 더 있으면 우린 두 배 더 많은 샘플들을 14**분석할** 수 있게 될 거야."
"난 15**고체들**과 액체들로 더 많은 작업을 해보고 싶어" 사이먼이 말했다. "우리 아이디어를 16**결합해서** 새로운 실험들을 생각해 내자."

DAY 02 • 015

DAY 03

>> **seldom obey a command** 좀처럼 명령에 따르지 않는다

049 **seldom** [séldəm]
- 부 좀처럼[거의] ~ 않는 유 rarely
- They **seldom** watch television these days.
  그들은 요즘 텔레비전을 거의 보지 않는다.

050 **obey** [oubéi]
- 동 따르다, 복종하다 반 disobey
- Students should **obey** school rules. 학생들은 학교 규율을 따라야 한다.
- **obedience** 명 복종

051 **command** [kəmǽnd]
- 동 1 명령하다 유 order 2 (군대에서) 지휘하다 명 1 명령 2 지휘
- The police **commanded** him to stop the car.
  경찰은 그에게 차를 세우라고 명령했다.
- take **command** of the situation 상황을 지휘하다

>> **a detective persuades him to confess** 형사가 자백하라고 그를 설득하다

052 **detective** [ditéktiv]
- 명 형사; 탐정
- She is a **detective** in the New York Police Department.
  그녀는 뉴욕 경찰국의 형사이다.
- **detect** 동 발견하다, 감지하다

053 **persuade** [pərswéid]
- 동 설득하다
- She **persuaded** him to look for a better job.
  그녀는 그가 더 나은 일자리를 찾도록 설득했다.
- **persuasion** 명 설득 **persuasive** 형 설득력 있는

054 **confess** [kənfés]
- 동 1 (죄·잘못을) 자백하다 2 고백[인정]하다
- He **confessed** his crime to the police. 그는 경찰에 자신의 범죄를 자백했다.
- **confession** 명 자백; 고백[인정]

055 **commit** [kəmít]
- 동 (범죄 등을) 범하다[저지르다]
- Do women **commit** fewer crimes than men? 여성이 남성보다 더 적은 범죄를 저지르는가?
- **Plus+** · **commit a crime** 죄를 범하다, 범행을 저지르다

> **Word Link**
> commit는 범죄와 같이 불법적이거나 잘못된 행위를 한다고 할 때 사용해요.

›› an **upward** trend in **electronic commerce** 전자 상거래의 증가 추세

056 upward
[ʎpwərd]

부 위쪽으로 (반) downward 형 위를 향한; 상승하는 (반) downward

The monkey climbed **upward** in the tree. 원숭이가 나무의 위쪽으로 올라갔다.
in an **upward** direction 위쪽 방향으로

057 trend
[trend]

명 경향, 추세; 유행

Online learning is a new **trend** in education.
온라인 학습은 교육에서 새로운 경향이다.

trendy 형 최신 유행의

058 electronic
[ilektránik]

형 전자의, 전자에 의한

Please turn off all **electronic** devices. 모든 전자 기기를 꺼 주세요.

059 commerce
[kámə:rs]

명 1 상업 (유) business 2 통상, 무역 (유) trade

The company is a leader in online **commerce**.
그 회사는 온라인 상거래의 선두 주자이다.

commercial 형 상업의; 상업적인 명 (텔레비전·라디오의) 광고

›› an **effective** **strategy** for **avoiding conflict** 갈등을 피하기 위한 효과적인 전략

060 effective
[iféktiv]

형 효과적인, 효력이 있는

Aspirin is a highly **effective** treatment. 아스피린은 매우 효과적인 치료약이다.
effect 명 효과, 영향; 결과

061 strategy
[strǽtədʒi]

명 계획, 전략

What is your **strategy** for winning the game?
게임을 이기기 위한 너의 전략은 무엇이니?

strategic 형 전략상 중요한[전략적인]

062 avoid
[əvɔ́id]

동 1 피하다 2 방지하다, 막다

He kept **avoiding** my eyes. 그는 계속 내 눈을 피했다.
avoid road accidents 도로 교통사고를 방지하다

063 conflict
[kánflikt]

명 갈등, 충돌 동 [kənflíkt] 충돌[상충]하다

There is a **conflict** between science and religion.
과학과 종교 사이에 갈등이 있다.
His argument **conflicts** with the facts. 그의 주장은 사실과 상충한다.

주제: 법과 질서

064 accuse [əkjúːz]
동 1 고소[고발/기소]하다 ((of)) 2 비난하다 ((of))
He was **accused** of murder. 그는 살인으로 기소되었다.
She **accused** him of stealing. 그녀는 그가 도둑질을 했다고 비난했다.

065 investigate [invéstəgèit]
동 수사하다, 조사하다
The police are **investigating** the crime. 경찰이 그 범죄를 수사하고 있다.
investigation 명 수사, 조사

066 claim [kleim]
동 1 주장하다 2 청구[요구]하다 명 1 주장 2 청구, 요구
The man **claims** that he didn't see anything.
그 남자는 아무 것도 보지 못했다고 주장한다.
put in a **claim** for damages 손해 배상을 청구하다

067 witness [wítnis]
명 목격자 동 목격하다, 보다
She went to the trial as a **witness**. 그녀는 목격자로 재판에 출석했다.
witness an accident 사고를 목격하다

068 prove [pruːv]
동 1 입증[증명]하다 2 (~으로) 판명되다
The evidence **proves** that he is innocent.
그 증거는 그가 죄가 없다는 것을 입증한다.
The news **proved** to be false. 그 뉴스는 오보로 판명되었다.
proof 명 증거(물), 증명

069 motive [móutiv]
명 동기, 이유
His **motive** for the crime will come out at the trial.
그의 범죄 동기는 재판에서 드러날 것이다.

070 pursue [pərsúː]
동 1 추구하다 2 쫓다, 추적하다
She **pursued** a career in law. 그녀는 법과 관련된 직업을 추구했다.
The police officer was **pursuing** the thief. 그 경찰관은 도둑을 쫓는 중이었다.
pursuit 명 추구; 추적

071 break into
침입하다
Someone **broke into** my house and stole all of my clothes.
누군가 내 집에 침입해서 내 옷을 모두 훔쳐갔다.

072 pull over
(길 한쪽에) 차를 대다; ~에게 길 한쪽에 차를 대게 하다
She **pulled over** to let the ambulance pass.
그녀는 구급차가 지나가도록 길 한쪽으로 차를 댔다.

DAILY TEST

정답 p.194

[01~12] 영어는 우리말로, 우리말은 영어로 쓰세요.

01 upward _____
02 commit _____
03 witness _____
04 conflict _____
05 command _____
06 accuse _____

07 동기, 이유 _____
08 피하다; 방지하다, 막다 _____
09 설득하다 _____
10 상업; 통상, 무역 _____
11 전자의, 전자에 의한 _____
12 좀처럼[거의] ~않는 _____

[13~17] 다음 밑줄 친 부분을 문맥에 맞게 고쳐 쓰세요.

13 She is a <u>detect</u> in the New York Police Department.

14 Students should <u>obedience</u> the school rules.

15 What is your <u>strategic</u> for winning the game?

16 Aspirin is a highly <u>effect</u> treatment.

17 Online learning is a new <u>trendy</u> in education.

법과 질서

[18~25] 다음 빈칸에 알맞은 단어를 넣어, 이야기를 완성하세요.

Mrs. Bates, I am 18_____ the robbery of your home. This morning, we 19_____ a suspect in our police car. We 20_____ _____ his car and asked him to get out. We 21_____ him of 22_____ _____ your house. He 23_____ he was working last night. He also says he has a 24_____ who can 25_____ this. We'll check this and will let you know what happens.

베이츠 부인, 저는 귀하의 자택의 강도 사건을 18**수사하고** 있습니다. 오늘 아침, 저희는 경찰차로 용의자를 19**추적했습니다**. 저희는 그의 차를 20**길 한쪽에 대게 하고** 그에게 밖으로 나올 것을 요청했습니다. 우리는 귀하의 집에 22**침입한** 것에 대해 그를 21**비난했습니다**. 그는 지난밤 일을 하고 있었다고 23**주장합니다**. 또한 그는 이것을 25**증명할** 수 있는 24**증인**이 있다고 말합니다. 우리가 이를 확인해 보고, 어떻게 될지 알려드리겠습니다.

DAY 04

>> **located** on a **steep slope** 가파른 경사지에 위치해 있는

073 **locate**
[lóukeit]
동 1 (위치를) 찾아내다 2 (특정 위치에) 두다
Can you **locate** the town on the map? 너는 지도에서 그 마을의 위치를 찾을 수 있어?
They **located** their new office in London. 그들은 런던에 새 사무실을 두었다.
location 명 장소, 위치

074 **steep**
[stiːp]
형 1 가파른 2 급격한 ⊕ sharp
The stairs are narrow and **steep**. 계단이 좁고 가파르다.
a **steep** increase in house prices 주택 가격의 급격한 상승

075 **slope**
[sloup]
명 경사지, (산)비탈
We went down a long **slope**. 우리는 긴 비탈길 아래로 내려갔다.

>> the **patient seeks immediate treatment** 환자가 즉각적인 치료를 청하다

076 **patient**
[péiʃənt]
명 환자 형 참을성[인내심] 있는
Some **patients** are waiting to see the doctor.
몇몇 환자들이 진료를 받기 위해 기다리고 있다.
Be **patient** with young children. 어린아이들에 대해 인내심을 가져라.
patience 명 참을성, 인내력

077 **seek**
[siːk]
동 (sought-sought) 1 찾다 ⊕ look for 2 (조언 등을) 청하다, 구하다
She is actively **seeking** work. 그녀는 적극적으로 일을 찾고 있다.
seek help from the police 경찰에게 도움을 청하다

078 **immediate**
[imíːdiət]
형 1 즉각적인 2 당면한
We should take **immediate** action. 우리는 즉각적인 조치를 취해야 한다.
solve an **immediate** problem 당면한 문제를 해결하다
immediately 부 즉시, 즉각

079 **treatment**
[tríːtmənt]
명 1 치료, 처치 2 대우
He requires hospital **treatment**. 그는 병원 치료를 요한다.
receive special **treatment** 특별 대우를 받다
treat 동 대하다[다루다]; 치료하다, 처치하다; 대접하다, 한턱내다

▶▶ take **pride** in our **precious** cultural **heritage** 우리의 소중한 문화 유산에 자부심을 가지다

080 pride [praid]
명 1 자랑스러움, 자부심 2 자존심; 자만심
She takes great **pride** in her work. 그녀는 자신의 일에 대단한 자부심을 갖고 있다.
His **pride** was hurt. 그는 자존심이 상했다.
Plus+ · take a pride in ~을 자랑하다, ~에 대한 자부심을 갖다
proud 형 자랑스러워하는, 자랑스러운; 거만한

081 precious [préʃəs]
형 1 값비싼 ⓤ valuable 2 소중한, 귀중한 ⓤ valuable
Gold is a **precious** metal. 금은 값비싼 금속이다.
Don't waste your **precious** time. 네 소중한 시간을 낭비하지 마.

082 heritage [héritidʒ]
명 유산
We should preserve our national **heritage**.
우리는 우리의 국가 유산을 보존해야 한다.

083 historic [histɔ́:rik]
형 역사적으로 중요한, 역사적인
The moon landing was a **historic** event.
달 착륙은 역사적인 사건이었다.
history 명 역사   historical 형 역사(상)의, 역사적

> **Word Link**
> '국가 유산(national heritage)'에 속하는 '역사적으로 중요한 건물들(historic buildings)'에는 교회, 박물관 등이 있어요.

▶▶ **prior knowledge** of **physics**/**psychology** 물리학에/심리학에 대한 사전 지식

084 prior [práiər]
형 이전의, 사전의 ⓤ previous
The event was canceled without **prior** notice.
그 행사는 사전 공지 없이 취소되었다.

085 knowledge [nálidʒ]
명 지식, 학식
She has little **knowledge** of fashion. 그녀는 패션에 대한 지식이 거의 없다.
knowledgeable 형 아는 것이 많은

086 physics [fíziks]
명 물리학
What are the laws of **physics**? 물리학의 법칙들은 무엇인가요?

087 psychology [saikálədʒi]
명 1 심리학 2 심리
I studied **psychology** in college. 나는 대학에서 심리학을 공부했다.
the **psychology** of criminals 범죄자들의 심리
psychologist 명 심리학자   psychological 형 심리의, 심리적인

DAY 04 • 021

주제 ▶ 예술

088 imitate [ímətèit]
⑧ 모방하다, 흉내내다
Many artists **imitated** her style of painting. 많은 화가들이 그녀의 화풍을 모방했다.
imitation ⑨ 모방; 모조품

089 fascinate [fǽsənèit]
⑧ 마음을 사로잡다, 매혹하다
His novel **fascinated** many readers. 그의 소설은 많은 독자들의 마음을 사로잡았다.
fascinating ⑱ 매력적인

090 contemporary [kəntémpərèri]
⑱ 1 현대의 ⓤ modern 2 동시대의 ⑨ 동시대인, 동년배
Many older people do not like **contemporary** music.
현대 음악을 좋아하지 않는 노인들이 많다.

091 feature [fíːtʃər]
⑨ 특징 ⑧ 특별히 포함하다, 특징으로 삼다
A key **feature** of Van Gogh's paintings is their bright colors.
반 고흐의 그림의 핵심적 특징은 밝은 색이다.
The exhibit **features** paintings by Monet.
그 전시회는 모네의 그림들을 특별히 포함한다.

092 impress [imprés]
⑧ 깊은 인상을 주다, 감명을 주다
The singer **impressed** the audience with her beautiful voice.
그 가수는 그녀의 아름다운 목소리로 관객들에게 감명을 주었다.
impression ⑨ 인상[느낌]   **impressive** ⑱ 인상적인

093 restore [ristɔ́ːr]
⑧ 1 (질서·건강 등을) 회복시키다 2 복원[복구]하다
Doctors **restored** the blind artist's sight.
의사들이 그 눈 먼 예술가의 시력을 회복시켰다.

094 charm [tʃɑːrm]
⑨ 매력 ⑧ 매혹하다
The actor has a lot of **charm**. 그 배우는 매력이 많다.
charming ⑱ 매력적인, 멋진

095 in/out of tune
음이 맞는/안 맞는
They sang perfectly **in tune**. 그들은 음정을 완벽하게 맞춰 노래했다.
His guitar is **out of tune**. 그의 기타는 음이 안 맞는다.

096 cannot help v-ing
~하지 않을 수 없다
I **couldn't help** admiring her painting. 나는 그녀의 그림에 감탄하지 않을 수 없었다.

DAILY TEST

정답 p.194

[01~07] 다음 우리말과 같은 뜻이 되도록 빈칸에 알맞은 단어를 쓰세요.

01 당면한 문제를 해결하다   solve an _____ problem

02 우리의 국가 유산을 보존하다   preserve our national _____

03 주택 가격의 급격한 상승   a _____ increase in house prices

04 경찰에게 도움을 청하다   _____ help from the police

05 사전 공지 없이   without _____ notice

06 물리학의 법칙들   the laws of _____

07 값비싼 금속   a _____ metal

[08~11] 다음 짝지어진 두 단어의 관계가 같도록 빈칸에 알맞은 단어를 쓰세요.

08 sharp : steep = modern : _____

09 locate : location = treat : _____

10 _____ : knowledgeable = psychology : psychological

11 _____ : proud = history : historic

예술

[12~18] 다음 빈칸에 알맞은 단어를 넣어, 대화를 완성하세요.

A: Are you a fan of ¹²_____ art?

B: Not really. I don't know a lot about it. This sculpture
¹³_____ me, though.

A: It has a certain ¹⁴_____, doesn't it? I'm quite
¹⁵_____ by it.

B: Yes, but I ¹⁶_____ _____ thinking it
¹⁷_____ the work of Henry Moore.

A: You're right. It ¹⁸_____ the same sort of curves. Let's look for something more original.

A: 넌 ¹²**현대** 미술 좋아하는 편이니?
B: 꼭 그렇진 않아. 난 그것에 대해 많이 알지는 못해. 그래도 이 조각품은 내 ¹³**마음을 사로잡아**.
A: 어떤 ¹⁴**매력**이 있어, 그렇지 않아? 난 그것에 꽤 ¹⁵**감명 받았어**.
B: 맞아, 하지만 이게 헨리 무어의 작품을 ¹⁷**모방한 것**이라는 생각을 ¹⁶**안 할 수가 없어**.
A: 네 말이 맞아. 이것은 같은 종류의 곡선을 ¹⁸**특징으로 삼고 있지**. 좀 더 독창적인 걸 찾아보자.

DAY 05 Challenge

The Ghostly Janitor

"Is it my **imagination**, or is there an **overweight** *janitor **wandering** around the **laboratory** in the dark?" I asked. Serena **hesitated**. "We've come to the **conclusion** that it's the ghost of Mr. Kingsman," she **revealed**. "He was struck by **lightning** and died minutes later. Every year on the **anniversary** of his death, he's seen **polishing** the benches and **tidying** the cupboards. Sometimes we **overhear** him whistling." I **reacted rather** badly, seizing her arm in fear. "**Rational** people don't believe in ghosts!" I screamed.

*janitor: (건물의) 관리인[수위], 문지기

유령 문지기 "이게 내 상상이야, 아니면 어둠 속에서 실험실을 돌아다니는 뚱뚱한 관리인이 진짜 있는 거야?" 나는 물었다. 세레나는 주저했다. "그건 킹스맨 씨의 유령이야." 그녀는 털어놓았다. "그분은 벼락에 맞고 몇 분 뒤에 돌아가셨어. 매년 그분의 기일에, 그분이 벤치에 광을 내고 찬장을 정리하는 모습이 목격되어왔어. 가끔 우린 그가 휘파람 부는 소리를 우연히 듣기도 해." 나는 두려움에 그녀의 팔을 움켜잡으며, 다소 격하게 반응했다. "이성적인 사람이라면 유령을 믿지 않아!" 나는 소리쳤다.

Choose the correct word.

1. A person who is too heavy and fat might be described as _____.
   ⓐ rational   ⓑ overweight   ⓒ wandering   ⓓ tidy

2. To _____ furniture, you rub it until it gets shiny.
   ⓐ tidy   ⓑ reveal   ⓒ polish   ⓓ shave

3. To _____ a cupboard is to organize it.
   ⓐ polish   ⓑ tidy   ⓒ overhear   ⓓ reveal

4. In a(n) _____ scientists do a lot of tests.
   ⓐ laboratory   ⓑ conclusion   ⓒ anniversary   ⓓ lightning

5. Thoughts based on reasons rather than emotions are _____.
   ⓐ overweight   ⓑ tidy   ⓒ imaginative   ⓓ rational

Answers 1 ⓑ 2 ⓒ 3 ⓑ 4 ⓐ 5 ⓓ

1 너무 무겁고 뚱뚱한 사람을 과체중이라고 부른다. 2 가구에 윤을 내기 위해서는 반짝거릴 때까지 문지른다. 3 찬장을 정돈하는 것은 그것을 정리하는 것이다. 4 연구실에서 과학자들은 많은 실험을 한다. 5 감정보다 이성에 근거를 둔 생각들은 합리적인 것이다.

| 097 | **imagination** [imædʒənéiʃən] imagine *v.* 상상하다 | *n.* the ability to form pictures or ideas in your mind 상상(력)
 1 The author uses his **imagination** to write stories. |

| 098 | **overweight** [óuvərwèit] | *adj.* having too much weight 과체중의, 비만의
 2 The man is 10 kilograms **overweight**.
 [SYN] fat
 [ANT] underweight |

| 099 | **wander** [wándər] | *v.* to go or walk with no purpose or plan (이리저리) 거닐다, 돌아다니다
 3 She **wandered** through the halls until classes started. |

| 100 | **laboratory** [læbərətɔ̀ːri] | *n.* a place used for scientific experiments 실험실, 연구실
 4 Students do science experiments in a **laboratory**.
 [SYN] lab |

| 101 | **hesitate** [hézətèit] | *v.* to stop or pause because of feeling unsure 주저하다, 망설이다
 5 The girl **hesitated** for a moment and then said "yes." |

| 102 | **conclusion** [kənklúːʒən] conclude *v.* 결론을 내리다; 끝내다 | *n.* an ending or result; a final decision or judgment 결말; 결론
 6 The **conclusion** of the novel was a surprise.
 7 We haven't yet reached a **conclusion**.
 [ANT] beginning |

| 103 | **reveal** [rivíːl] | *v.* to make something known; to make something able to be seen 드러내다[밝히다/폭로하다]; 드러내 보이다
 8 I won't **reveal** your secret.
 9 The door opened to **reveal** a small room.
 [SYN] expose; show
 [ANT] hide, conceal |

1 그 작가는 이야기를 쓰는 데 그의 상상력을 이용한다. 2 그 남자는 10kg 과체중이다. 3 그녀는 수업이 시작될 때까지 복도를 방황했다. 4 학생들은 실험실에서 과학 실험을 한다. 5 그 여자애는 잠시 망설이다가 "그래"라고 대답했다. 6 그 소설의 결말은 놀라웠다. 7 우리는 아직 결론에 도달하지 않았다. 8 난 네 비밀을 밝히지 않을 거야. 9 문이 열려 작은 방을 드러내 보였다.

104 lightning
[láitniŋ]

n. the flashes of light that are produced in the sky during a storm
번개, 번갯불

1 The house was hit by **lightning**.

참고 thunder 천둥

105 anniversary
[æ̀nəvə́ːrsəri]

n. the day on which a special event happened in a previous year
기념일

2 Tomorrow is their tenth wedding **anniversary**.

106 polish
[páliʃ]

v. to make something smooth and shiny by rubbing it 닦다, 윤[광]을 내다

3 They **polished** the furniture before the guests arrived.

SYN shine

107 tidy
[táidi]

adj. clean and organized 깔끔한, 잘 정돈된

4 I try to keep my desk **tidy**.

v. to make something clean and organized 정돈[정리]하다

5 It's time we **tidied** up the house.

Plus+ • tidy up ~을 깔끔하게 정리하다

SYN *(adj.)* neat, clean *(v.)* arrange, organize
ANT *(adj.)* messy, untidy

108 overhear
[òuvərhíər]
(overheard-overheard)

v. to hear something without the speaker's knowledge
(남의 대화 등을) 우연히 듣다

6 He **overheard** part of their conversation.

109 react
[riǽkt]
reaction *n.* 반응

v. to act, or feel a certain way, in response to something
반응하다, 반응을 보이다

7 She **reacted** calmly when she heard the bad news.

8 How did they **react** to your idea?

Plus+ • react to ~에 반응하다

---

1 그 집은 벼락을 맞았다. 2 내일은 그들의 열 번째 결혼기념일이다. 3 그들은 손님들이 도착하기 전에 가구를 닦았다. 4 나는 책상을 잘 정돈된 채로 유지하려고 노력한다. 5 이제 우리가 집 청소를 할 때이다. 6 그는 그들의 대화 일부를 우연히 들었다. 7 그 나쁜 소식을 들었을 때 그녀는 침착하게 반응했다. 8 그들은 당신의 생각에 어떻게 반응했나요?

110 rather
[rǽðər]

adv. **1** to some degree or quite 꽤, 상당히

1 She seemed **rather** nervous.

adv. **2** preferring one thing or action over another 오히려, 차라리

2 I would **rather** drink juice than milk.

Plus+ · would rather… (than) (~하기 보다는 차라리) …하겠다[하고 싶다]

111 rational
[rǽʃənl]

adj. based on facts or reason 합리적인, 이성적인

3 The council members make a **rational** decision.

SYN sensible

ANT irrational

+ More Words

112 imaginative
[imǽdʒənətiv]
imagine *v.* 상상하다

adj. having or showing imagination 상상력이 풍부한, 창의적인

4 He is an **imaginative** child.

SYN creative

113 shave
[ʃeiv]

v. to cut off hair very close to the skin 깎다, 면도하다

5 The man **shaves** in the morning before he goes to work.

114 essence
[ésns]
essential *adj.* 필수적인, 없어서는 안 될

n. the basic nature of a thing 본질, 진수

6 I think the **essence** of life is love.

115 meanwhile
[míːnwàil]

adv. during the same period of time 그 동안[사이]에

7 She cleaned the house. **Meanwhile**, I made dinner.

SYN in the meantime

116 pronunciation
[prənʌ̀nsiéiʃən]
pronounce *v.* 발음하다

n. the way in which a word is pronounced 발음

8 What is the correct **pronunciation** of his name?

---

1 그녀는 상당히 불안해 보였다. 2 나는 우유보단 차라리 주스를 마시겠다. 3 의회 의원들은 합리적인 결정을 내린다. 4 그는 상상력이 풍부한 아이다.
5 그는 일하러 가기 전 아침에 면도를 한다. 6 나는 삶의 본질이 사랑이라고 생각한다. 7 그녀는 집을 치웠다. 그 동안에, 나는 저녁 식사를 만들었다.
8 그의 이름의 올바른 발음이 무엇인가요?

REVIEW TEST DAY 01~05

정답 p.194

A 덩어리 표현 우리말에 맞게 빈칸을 채워 핵심 표현을 완성하세요.

01 _____ the legal speed _____ 법적 제한 속도를 초과하다

02 publish without an _____'s _____ 저자의 동의 없이 출판하다

03 _____ a _____ income 많지 않은 수입을 벌다

04 _____ much _____ to improving profit 이익 향상에 많은 노력을 쏟다

05 _____ to a _____ for cancer research 암 연구를 하는 자선단체에 기부하다

06 support the _____ _____ 보수적인 정책들을 지지하다

07 _____ a _____ antique 희귀한 골동품을 구매하다

08 remarks _____ for the _____ 상황에 적절한 발언

09 seldom _____ a _____ 좀처럼 명령에 따르지 않는다

10 a _____ persuades him to _____ 형사가 자백하라고 그를 설득하다

11 an _____ trend in _____ commerce 전자 상거래의 증가 추세

12 an effective _____ for avoiding _____ 갈등을 피하기 위한 효과적인 전략

13 located on a _____ _____ 가파른 경사지에 위치해 있는

14 the _____ seeks _____ treatment 환자가 즉각적인 치료를 청하다

15 take _____ in our precious cultural _____ 우리의 소중한 문화 유산에 자부심을 가지다

B 주제별 어휘 우리말에 맞게 빈칸을 채워 문장을 완성하세요.

여행과 관광

01 We will soon arrive at our _____.
우리는 곧 우리의 목적지에 도착할 것이다.

02 Our lunch at the castle was booked _____ _____.
성에서의 우리의 점심 식사는 사전에 예약되었다.

03 I will _____ you to a vineyard after that.
그 다음엔 내가 포도밭까지 여러분과 동행할 것이다.

과학기술

04 It's time for us to _____ our business.
이제 우리가 사업을 확장해야 할 때이다.

05 We could _____ twice as many samples if we had more room.
공간이 더 있으면 우리는 두 배 더 많은 샘플들을 분석할 수 있을 텐데.

06 Let's _____ our ideas and come up with new tests.
우리 아이디어를 결합해서 새로운 실험들을 생각해 내자.

법과 질서

07 I am _____ the robbery to your home.
나는 당신의 자택으로의 강도 사건을 수사하고 있다.

08 We _____ _____ his car and asked him to get out.
우리는 그의 차를 길 한쪽에 대게 하고 그에게 밖으로 나올 것을 요청했다.

09 We _____ him of _____ _____ your house.
우리는 당신의 집에 침입한 것에 대해 그를 비난했다.

예술

10 This sculpture _____ me.
이 조각품은 내 마음을 사로잡는다.

11 I'm quite _____ by it.
나는 그것에 꽤 감명을 받은 상태이다.

12 I _____ _____ thinking it _____ the work of Henry Moore.
나는 그것이 헨리 무어의 작품을 모방한 것이라는 생각을 안 할 수 없다.

C Challenge   우리말에 맞게 빈칸을 채워 문장을 완성하세요.

01 An _____ janitor is _____ around the _____ in the dark.
뚱뚱한 관리인이 어둠 속에서 실험실을 돌아다니고 있다.

02 Every year on the _____ of his death, he's seen _____ the benches.
매년 그의 기일에, 그가 벤치에 광을 내는 모습이 목격되어왔다.

03 Sometimes we _____ him whistling.
가끔 우리는 그가 휘파람 부는 소리를 우연히 듣는다.

04 I _____ _____ badly, seizing her arm in fear.
나는 두려움에 그녀의 팔을 움켜잡으며, 다소 격하게 반응했다.

05 I think the _____ of life is love.
나는 삶의 본질이 사랑이라고 생각한다.

DAY 06

›› **confirm/deny** the **existence** of aliens 외계인의 존재를 확인해 주다/부정하다

117 **confirm**
[kənfə́ːrm]
동 사실임을 보여주다[확인해 주다]
Do you have any evidence to **confirm** your story?
당신의 이야기를 확인해 줄 수 있는 증거가 있나요?
confirmation 명 확인

118 **deny**
[dinái]
동 부인하다, 부정하다
He **denies** breaking the window. 그는 그 창문을 깬 것을 부인한다.
denial 명 부인, 부정

119 **existence**
[igzístəns]
명 존재
Can you prove the **existence** of God? 너는 신의 존재를 증명할 수 있어?
exist 동 존재하다

›› **resist** an **urge** to **gamble** 도박하고 싶은 충동을 참다

120 **resist**
[rizíst]
동 1 저항[반대]하다 ⊕ oppose 2 (유혹 등을) 참다[견디다]
The workers are **resisting** the new rules.
그 노동자들은 새로운 규칙에 저항하고 있다.
I can't **resist** chocolate. 나는 초콜릿이라면 참을 수가 없다.
resistance 명 저항[반대]

121 **urge**
[əːrdʒ]
동 (강력히) 권고하다, 촉구하다 명 (강한) 충동
She **urged** him to go to the doctor immediately.
그녀는 그에게 당장 진찰받으러 갈 것을 권고했다.

122 **gamble**
[gǽmbl]
동 돈을 걸다, 도박을 하다 명 도박
He **gambled** on the horses and lost 50 dollars.
그는 경마 도박을 해서 50달러를 잃었다.

123 **addicted**
[ədíktid]
형 중독된
Many people are **addicted** to social media. 많은 사람들이 소셜 미디어에 중독되어 있다.
Plus+ · **be addicted to** ~에 중독되다[빠지다]
addict 명 중독자 **addiction** 명 중독

Word Link
어떤 것 없이는 견디지 못하는 병적인 상태를 중독이라고 하는데, '도박에 중독되다'는 영어로 be addicted to gambling이라고 해요.

▶▶ offend colleagues with harsh comments 혹평으로 동료들을 기분 상하게 하다

124 offend [əfénd]
동 기분 상하게[불쾌하게] 하다
I didn't mean to **offend** you. 나는 너를 기분 상하게 할 의도는 아니었다.
offense 명 모욕

125 colleague [káliːg]
명 동료 ⊕ co-worker
He has a good working relationship with his **colleagues**.
그는 동료들과 업무상의 관계가 좋다.

126 companion [kəmpǽnjən]
명 친구, 동료; 동반자
She was my childhood **companion**. 그녀는 내 어린 시절 친구였다.
a **companion** animal 반려 동물

> **Word Link**
> colleague는 일을 함께하는 동료를 말하고, companion은 마음이 맞는 친구, 동반자 등을 말해요.

127 harsh [haːrʃ]
형 가혹한, 혹독한
The punishment is **harsh** and unfair. 그 형벌은 가혹하고 부당하다.
a **harsh** winter 혹독한 겨울

128 comment [káment]
명 논평, 의견 ⊕ remark   동 논평하다 ((on))
The teacher made helpful **comments** on my report.
선생님은 내 보고서에 대해 도움이 되는 논평을 해주었다.
comment on a proposal 제안에 대해 논평하다

▶▶ predict the outcome of a trial 재판의 결과를 예측하다

129 predict [pridíkt]
동 예측[예견]하다
They **predict** that it will rain today. 그들은 오늘 비가 올 거라 예측한다.
prediction 명 예측[예견]   **predictable** 형 예측[예견]할 수 있는

130 outcome [áutkʌm]
명 결과 ⊕ result
We were disappointed at the **outcome** of the election.
우리는 선거 결과에 실망했다.

131 trial [tráiəl]
명 1 재판 2 시도, 시험
The murder **trial** will be held next month.
그 살인 사건 재판은 다음 달에 열릴 것이다.
undergo **trial** and error 시행착오를 겪다
try 동 노력하다, 애쓰다; (시험 삼아) 해보다, 시도하다; 재판하다

주제: 자연과 환경

132 migrate [máigreit]
동 1 (철새 등이) 이동하다 2 이주하다
Some birds **migrate** to warmer countries in winter. 어떤 새들은 겨울에 더 따뜻한 나라로 이동한다.
migrate from Africa to Spain 아프리카에서 스페인으로 이주하다
migration 명 (새 등의) 이동; 이주   **migrant** 명 철새; 이주자

133 blossom [blάsəm]
명 (특히 과수의) 꽃   동 꽃이 피다
The trees are in **blossom**. 나무들에 꽃이 피어 있다.
The apple trees are beginning to **blossom**. 사과 나무들에 꽃이 피기 시작했다.

134 evaporate [ivǽpərèit]
동 증발하다; 증발시키다
Some water **evaporates** to form clouds. 일부 물이 증발하여 구름을 형성한다.
The sun **evaporates** the water. 태양이 물을 증발시킨다.
evaporation 명 증발 (작용), 발산

135 fade [feid]
동 (색이) 바래다, (빛·소리 등이) 희미해지다
The curtains **faded** in the sun. 그 커튼은 햇볕에 색이 바랬다.
a **fading** sound 희미해지는[멀어져 가는] 소리

136 landscape [lǽndskeip]
명 풍경
I took a picture of the beautiful **landscape**. 나는 아름다운 풍경을 사진에 담았다.

137 scatter [skǽtər]
동 1 (흩)뿌리다 2 (뿔뿔이) 흩어지다
The farmer **scattered** seeds in the field. 농부가 밭에 씨앗을 뿌렸다.
Birds **scattered** in the sky. 새들이 하늘로 뿔뿔이 흩어졌다.

138 delicate [délikət]
형 1 연약한, 깨지기 쉬운 ⊕ fragile 2 섬세한, 정교한
These **delicate** plants should be kept indoors. 이 연약한 화초들은 실내에 두어야 한다.
a **delicate** flower pattern 정교한 꽃무늬

139 cut back on
~을 줄이다
We should **cut back on** waste to protect the environment. 환경을 보호하기 위해 우리는 쓰레기를 줄여야 한다.

140 at the expense of
~을 희생하여[훼손시키면서]
Economic growth is happening **at the expense of** nature. 자연을 희생하여 경제적 성장이 일어나고 있다.

DAILY TEST

정답 p.194

[01~07] 다음 우리말과 같은 뜻이 되도록 빈칸에 알맞은 단어를 쓰세요.

01 시행착오를 겪다   undergo _____ and error
02 정교한 꽃무늬   a _____ flower pattern
03 반려 동물   a _____ animal
04 너의 이야기를 확인해 주다 _____ your story
05 제안에 대해 논평하다   _____ on a proposal
06 혹독한 겨울   a _____ winter
07 선거 결과   the _____ of the election

[08~11] 다음 괄호 안에서 알맞은 말을 고르세요.

08 Some birds (migrate / migration) to warmer countries in winter.
09 Many people are (addiction / addicted) to social media.
10 Can you prove the (exist / existence) of God?
11 They (predict / prediction) that it will rain today.

자연과 환경

[12~18] 다음 빈칸에 알맞은 단어를 넣어, 이야기를 완성하세요.

The seasons come and go. In the fall, geese 12_____ to the south. Leaves 13_____ from green to brown. The 14_____ is hidden in the fog. Then we often have snow. After that, spring arrives. 15_____ appears on the trees. 16_____ *petals 17_____ on the ground. Fruit grows 18_____ _____ _____ _____ the blossom. It's all part of nature's gift to us.

*petal: 꽃잎

계절은 왔다가 사라진다. 가을에는 거위들이 남쪽으로 12**이동한다**. 나뭇잎들은 녹색에서 갈색으로 13**색이 바랜다**. 그 14**풍경**은 안개 속에 숨겨진다. 그리고 나면 자주 눈이 내린다. 그 다음엔, 봄이 온다. 15(**과수의**) 꽃이 나무에 나타난다. 16**연약한** 꽃잎들이 땅에 17**뿔뿔이 흩어진다**. 과일이 꽃을 18**희생하여** 자라난다[꽃이 지고 과일이 자란다]. 이 모두는 자연이 우리에게 주는 선물의 일부이다.

DAY 07

>> **arrange an annual conference** 연례 회의를 준비하다

141 **arrange**
[əréindʒ]

동 1 정리하다; 배열하다 2 마련하다, 준비하다
He **arranged** his books by author. 그는 저자별로 자신의 책을 정리했다.
arrange a surprise party 깜짝 파티를 마련하다
arrangement 명 배열; 준비, 마련

142 **annual**
[ǽnjuəl]

형 1 매년의, 연례의 ⊕ yearly 2 연간의 ⊕ yearly
A birthday is an **annual** event. 생일은 연례행사이다.
an **annual** income 연간 소득[연봉]
annually 부 일 년에 한 번, 매년

143 **conference**
[kánfərəns]

명 회담, 회의
In June, Canada hosted a peace **conference**.
6월에, 캐나다는 평화 회담을 주최했다.

>> **occupy a(n) prime/ideal location** 주요한/이상적인 위치를 차지하다

144 **occupy**
[ákjupài]

동 (공간·시간을) 차지하다 ⊕ take up
Family photos **occupy** almost the entire wall.
가족 사진이 거의 벽 전체를 차지한다.
occupy more than half an hour 30분 이상을 차지하다
occupation 명 점유; 직업

145 **prime**
[praim]

형 1 주된, 주요한 ⊕ main 2 최고[최상]의
He is the **prime** suspect in the case. 그는 그 사건에서 주요 용의자이다.
a **prime** example 아주 좋은 예

146 **ideal**
[aidíːəl]

형 이상적인, 완벽한 ⊕ perfect 명 이상
She is an **ideal** candidate for the job. 그녀는 그 일자리에 이상적인 후보자이다.

147 **location**
[loukéiʃən]

명 장소, 위치 ⊕ place
The map shows the precise **location** of the crash.
그 지도는 그 충돌 사고의 정확한 위치를 보여준다.
locate 동 (위치를) 찾아내다; (특정 위치에) 두다

≫ a mechanic inspects electric vehicles 정비공이 전기 자동차를 점검하다

148 mechanic
[məkǽnik]

명 정비공

A **mechanic** fixed the engine, and now the car is working well.
정비공이 엔진을 수리했고, 이제 그 차는 잘 작동되고 있다.

mechanical 형 기계(상)의; 기계로 작동되는

149 mechanical
[məkǽnikəl]

형 기계(상)의; 기계로 작동되는

The flight was delayed because of **mechanical** problems.
그 항공편은 기계적인 문제로 지연되었다.

mechanic 명 정비공

Word Link
어근 mechan-은 '기계(machine)' 또는 '장치(instrument)'라는 의미를 가져요.

150 inspect
[inspékt]

동 점검하다, 검사하다 ⊕ examine

He **inspected** the shirt for stains. 그는 셔츠에 얼룩이 있는지 면밀하게 살펴보았다.

inspection 명 점검, 검사 inspector 명 조사관, 검사자

151 electric
[iléktrik]

형 전기의; 전기를 이용하는

They gave the rats a small **electric** shock.
그들은 쥐들에게 약간의 전기 충격을 가했다.

electricity 명 전기, 전력

152 vehicle
[víːikl]

명 차량, 탈것, 운송 수단

Cars, buses, and airplanes are **vehicles**. 자동차, 버스, 그리고 비행기는 운송 수단이다.

≫ make a significant technical advance 상당한 기술적 진보를 이루다

153 significant
[signífikənt]

형 중요한[의미 있는/상당한] ⊖ insignificant

There is no **significant** change in his blood pressure.
그의 혈압에 의미 있는 변화가 없다.

154 technical
[téknikəl]

형 기술적인, 과학 기술의

They found a **technical** problem with the spaceship.
그들은 그 우주선에 기술적인 문제를 발견했다.

155 advance
[ædvǽns]

동 전진하다; 진보하다 명 전진; 진보

The tank slowly **advanced**. 그 탱크는 서서히 전진했다.
Technology is **advancing** rapidly. 기술이 빠르게 진보하고 있다.

advancement 명 진보, 발달 advanced 형 선진의; 고급[상급]의

주제: 정보기술

156 input [ínpùt]
명 1 조언[지식/금전]의 투입 2 |컴퓨터| 입력 ⊕ output 동 입력하다
I didn't have much **input** into the project.
나는 그 프로젝트에 많은 것을 투입하지 못했다.
Keyboards are **input** devices. 키보드는 입력 장치이다.

157 install [instɔ́:l]
동 설치[설비]하다
Can you help me **install** this software?
내가 이 소프트웨어를 설치하게 네가 도와줄 수 있을까?

158 modify [mádəfài]
동 수정하다, 변경하다
He is **modifying** the design of the website.
그는 그 웹사이트의 디자인을 수정하고 있다.
modification 명 수정, 변경

159 assemble [əsémbl]
동 1 모이다; 모으다 2 조립하다
They **assembled** the data for analysis. 그들은 분석을 위해 데이터를 모았다.
assemble a computer 컴퓨터를 조립하다

160 replace [ripléis]
동 1 대신하다, 대체하다 2 교체하다
Can computers **replace** teachers? 컴퓨터가 선생님을 대신할 수 있을까?
replace a dead battery 다 닳은 배터리를 교체하다
replacement 명 교체[대체](물)

161 attach [ətǽtʃ]
동 붙이다, 첨부하다 ((to))
I **attached** the file to this e-mail. 나는 이 이메일에 파일을 첨부했다.
attachment 명 부속물, 부착물; (이메일의) 첨부 파일

162 scale [skeil]
명 1 규모[범위] 2 저울
Electric cars have been developed on a large **scale**.
전기 자동차가 대규모로 발전되어 왔다.

163 make use of
~을 이용[활용]하다
Many companies **make use of** AI technology to increase production.
많은 기업들이 생산을 늘리기 위해 AI 기술을 활용한다.

164 as ~ as possible
될 수 있는 대로, 가급적
Upload your files **as** quickly **as possible** to meet the deadline.
마감일을 맞추기 위해 가급적 빨리 파일을 업로드해라.

DAILY TEST

정답 pp.194~195

[01~12] 영어는 우리말로, 우리말은 영어로 쓰세요.

01 inspect _____
02 advance _____
03 arrange _____
04 mechanical _____
05 significant _____
06 replace _____

07 전기의; 전기를 이용하는 _____
08 회담, 회의 _____
09 차량, 탈것, 운송 수단 _____
10 기술적인, 과학 기술의 _____
11 정비공 _____
12 설치[설비]하다 _____

[13~17] 다음 밑줄 친 부분과 바꿔 쓸 수 있는 알맞은 표현을 골라 연결하세요.

13 He is the <u>prime</u> suspect in the case • • ⓐ take up
14 Family photos <u>occupy</u> almost the entire wall. • • ⓑ yearly
15 A birthday is an <u>annual</u> event. • • ⓒ main
16 The map shows the precise <u>location</u> of the crash. • • ⓓ perfect
17 She is an <u>ideal</u> candidate for the job. • • ⓔ place

정보기술

[18~25] 다음 빈칸에 알맞은 단어를 넣어, 이야기를 완성하세요.

It's time to ¹⁸_____ your robots, class! Let's check: Have you ¹⁹_____ the *circuit boards? Do you need to ²⁰_____ anything? Don't forget to ²¹_____ the program data. This will make your robot walk. The final job is to ²²_____ their legs. ²³_____ _____ the tools on the table to do this. Do you need to ²⁴_____ the batteries? Please do this ²⁵_____ soon _____. Then we can race our robots!

*circuit board: (전기) 회로판

로봇을 ¹⁸**조립할** 시간이야, 얘들아! 확인해보자. 다들 전기 회로판은 ¹⁹**설치했니**? 뭔가 ²⁰**변경해야** 할 게 있어? 프로그램 데이터를 ²¹**입력하는** 것도 잊지 마. 이게 네 로봇을 걷게 해줄 거야. 마지막 작업은 그것들의 다리를 ²²**붙여주는** 거야. 책상 위에 놓인 도구들을 ²³**활용해서** 이것을 하렴. 배터리를 ²⁴**교체해야** 하니? 이것을 ²⁵**가급적** 빨리 해. 그러면 우리 로봇들로 경주를 할 수 있어!

DAY 07 • 037

DAY 08

>> **under intense pressure to resign** 극심한 사임 압박을 받고 있는

165 intense
[inténs]

형 (정도가) 극심한, 강렬한 ⊕ extreme

She felt an **intense** pain in her left arm. 그녀는 왼팔에 극심한 통증을 느꼈다.
Lasers give out an **intense** light. 레이저는 강렬한 빛을 낸다.

intensity 명 강함, 강렬함

166 pressure
[préʃər]

명 1 누르기, 압력 2 (정신적) 압박

Put **pressure** on a cut to stop the bleeding. 출혈이 멎도록 상처 부위를 눌러라.
blood/air/water **pressure** 혈압/기압/수압
feel **pressure** to get good grades 좋은 성적을 받아야 한다는 압박을 느끼다

167 resign
[rizáin]

동 사직하다, 물러나다

He suddenly **resigned** as coach. 그는 갑자기 감독직에서 물러났다.
resign from a company 회사를 그만두다

resignation 명 사직, 사임

>> **a device that measures the length/depth** 길이를/깊이를 측정하는 장치

168 device
[diváis]

명 장치, 기구 ⊕ gadget

A telephone is a type of communication **device**. 전화기는 일종의 통신 장치이다.
an electronic **device** 전자 기기

169 measure
[méʒər]

동 재다, 측정하다

I **measured** the living room before I bought a new carpet.
나는 새 카펫을 사기 전에 거실을 쟀다.

measurement 명 측정

170 length
[leŋkθ]

명 (폭·시간의) 길이

The **length** of this curtain is two meters. 이 커튼의 길이는 2미터다.
The **length** of the movie was three hours. 그 영화의 길이는 세 시간이었다.

long 형 (길이·거리가) 긴; (시간이) 오랜

171 depth
[depθ]

명 깊이, 깊은 정도

The lake has a **depth** of 30 meters. 그 호수는 깊이가 30미터다.

deep 형 깊은 부 깊이, 깊은 곳에

the **military accomplishes** a **crucial mission** 군대는 중대한 임무를 완수한다

172 military
[mílitèri]
- 형 군사의, 무력의 명 (the ~) 군대
- They used **military** force to stop the conflict.
  그들은 분쟁을 막기 위해 군사력을 이용했다.
- serve in the **military** 군복무를 하다

173 accomplish
[əkámpliʃ]
- 동 완수하다, 성취하다 ⓤ achieve, attain
- The students **accomplished** the task in ten minutes.
  그 학생들은 10분 만에 그 과제를 완수했다.
- **accomplishment** 명 성취, 업적

174 crucial
[krúːʃəl]
- 형 중대한, 결정적인 ⓤ vital, critical
- She played a **crucial** role in the meeting.
  그녀는 그 모임에서 매우 중요한 역할을 했다.

175 mission
[míʃən]
- 명 임무, 사명
- The UN's **mission** is to maintain peace in the world.
  유엔의 임무는 세계의 평화를 유지하는 것이다.

can't **afford** the **vast expense** 막대한 비용을 감당할 수 없다

176 afford
[əfɔ́ːrd]
- 동 (금전적·시간적) ~할 여유가 있다
- He is too poor to **afford** food. 그는 너무 가난해서 음식을 살 수 없다.
- I can't **afford** to buy a new car. 나는 새 차를 살 여유가 없다.

177 vast
[væst]
- 형 어마어마한[방대한/막대한]
- He has a **vast** amount of knowledge on this subject.
  그는 이 주제에 관해 어마어마한 지식을 갖고 있다.

178 expense
[ikspéns]
- 명 비용, 지출; (-s) 경비
- The education of children is a great **expense**.
  아이들의 교육에는 비용이 많이 든다.
- living/school **expenses** 생활비/학비

179 budget
[bʌ́dʒit]
- 명 예산, (지출 예상) 비용
- We have a very tight **budget**.
  우리는 예산이 아주 빠듯하다.

> **Word Link**
> expense는 어떤 일에 드는 비용을, budget은 어떤 일에 사용하도록 미리 정해 놓은 돈의 액수를 말해요.

주제: 글과 언어

180 native [néitiv]
형 출생지의, 모국의 명 ~ 태생[출신]인 사람
Her **native** language is French. 그녀의 모국어는 프랑스어이다.
She is a **native** of France. 그녀는 프랑스 태생이다.

181 plural [plúərəl]
명 복수형 ↔ singular 형 복수형의 ↔ singular
The **plural** of "mouse" is "mice." "mouse"의 복수형은 "mice"이다.

182 distinct [distíŋkt]
형 1 전혀 다른, 별개의 ((from)) 2 뚜렷한, 분명한
Old English is **distinct** from Modern English.
고대 영어는 현대 영어와 전혀 다르다.
speak with a **distinct** British accent 뚜렷한 영국 말씨로 말하다
distinction 명 차이[대조]; 구별

183 intonation [ìntənéiʃən]
명 억양
In English, a rising **intonation** signals a question.
영어에서 올라가는 억양은 의문문이라는 신호를 준다.

184 outline [áutlàin]
명 1 개요 2 윤곽(선)
She wrote a short **outline** of world history.
그녀는 세계 역사에 대한 짧은 개요를 썼다.
only see the **outline** of a person 어떤 사람의 윤곽만 보이다

185 insert [insə́:rt]
동 1 끼우다[넣다/삽입하다] 2 (어구 등을) 써넣다
Insert a comma between these two words. 두 단어 사이에 쉼표를 삽입하세요.
insert a word in a sentence 문장 속에 단어를 써넣다

186 revise [riváiz]
동 수정[개정]하다
I **revised** my essay several times. 나는 내 에세이를 여러 번 수정했다.
revision 명 수정[정정] (사항)

187 leave out
빼먹다, 생략하다
Don't **leave out** any details in the report.
그 보고서에 어떤 세부 사항도 빼먹지 마세요.

188 figure out
알아내다, 이해하다
She tried to **figure out** the meaning of the sentence.
그녀는 그 문장의 의미를 알아내려고 애썼다.

DAILY TEST

정답 p.195

[01~07] 다음 우리말과 같은 뜻이 되도록 빈칸에 알맞은 단어를 쓰세요.

01 어마어마한 지식 a _____ amount of knowledge
02 군복무를 하다 serve in the _____
03 생활비 living _____
04 아주 빠듯한 예산 a very tight _____
05 압박을 느끼다 feel _____
06 극심한 통증 an _____ pain
07 매우 중요한 역할을 하다 play a _____ role

[08~12] 다음 단어와 영영 풀이를 알맞은 것끼리 연결하세요.

08 resign •   • ⓐ to finish something successfully
09 accomplish •   • ⓑ to give up a job or position
10 revise •   • ⓒ to make changes to correct or improve
11 afford •   • ⓓ to find out the exact size of something
12 measure •   • ⓔ to have enough money or time to do something

글과 언어

[13~19] 다음 빈칸에 알맞은 단어를 넣어, 대화를 완성하세요.

A: What's your ¹³_____ language?

B: It's English. I'm trying to ¹⁴_____ _____ which new language to learn.

A: How about Chinese? It's the most popular language in the world.

B: Hmm… ¹⁵_____ is important in the Chinese language. It sounds very difficult. And I decided to ¹⁶_____ _____ languages that are different writing.

A: Do you want to look at the ¹⁷_____ of my Spanish course while I study? Look - I'm practicing by ¹⁸_____ ¹⁹_____ into these sentences.

A: 네 ¹³**모국**어는 뭐야?
B: 영어야. 새로 무슨 언어를 배우면 좋을지 ¹⁴**알아내려고** 하는 중이야.
A: 중국어는 어때? 세계에서 제일 대중적인 언어잖아.
B: 흠… 중국어는 ¹⁵**억양**이 중요해. 굉장히 어려운 것 같아. 그리고 나는 글자가 다른 언어는 ¹⁶**제외하기로** 했어.
A: 내가 공부하는 동안 내 스페인어 강좌의 ¹⁷**개요**를 볼래? 봐, 나는 이 문장들 속에 ¹⁹**복수형들**을 ¹⁸**삽입하면서** 연습하고 있어.

DAY 09

>> **demonstrate** the **theory** of **gravity** 중력의 이론을 증명하다

189 demonstrate
[démənstrèit]

동 1 (실례를 들어) 보여주다, 입증하다 2 시위하다

The firm must **demonstrate** the safety of the medication.
그 회사는 그 약의 안전을 입증해야 한다.

demonstrate for women's rights 여성의 권리를 위해 시위하다

demonstration 명 (시범을 통한) 설명; 시위

190 theory
[θíːəri]

명 이론, 학설

There is no evidence to support the **theory**.
그 이론을 뒷받침할 아무런 증거가 없다.

theoretical 형 이론의, 이론적인

191 gravity
[grǽvəti]

명 중력

There is no **gravity** in space. 우주에는 중력이 없다.

>> **prevent further disasters** 더 이상의 재난을 막다

192 prevent
[privént]

동 막다[예방/방지하다]

The police **prevented** us from entering the site.
경찰들이 우리가 그 장소에 들어가는 것을 막았다.

prevention 명 예방, 방지

193 further
[fə́ːrðər]

부 더 멀리   형 추가의

I'm too tired to walk any **further**. 나는 너무 피곤해서 더 멀리 걸을 수가 없다.
Are there any **further** questions?
추가 질문 있나요?

194 furthermore
[fə́ːrðərmɔ̀ːr]

부 게다가, 더욱이 유 moreover

The house is beautiful. **Furthermore**, it's in a great location.
그 집은 예쁘다. 게다가, 좋은 위치에 있다.

> **Word Link**
> further와 more는 둘 다 증가 또는 추가를 나타내는 단어로, 두 단어가 합쳐지면 'furthermore(게다가, 더욱이)'가 돼요.

195 disaster
[dizǽstər]

명 재난, 재해, 참사 유 catastrophe

Thousands died in the natural **disaster**. 자연재해로 수천 명이 사망했다.

in a somewhat passive/aggressive manner 다소 소극적인/공격적인 방식으로

196 somewhat [sʌ́mhwʌ̀t]
부 어느 정도, 다소
She looked **somewhat** tired after her long walk.
오래 걸은 후에 그녀는 다소 피곤해 보였다.

197 passive [pǽsiv]
형 수동적인, 소극적인 반 active
Watching TV is a **passive** activity. TV를 보는 것은 수동적인 행위이다.

198 aggressive [əgrésiv]
형 공격적인
When I said no, he became **aggressive**.
내가 싫다고 말하자, 그는 공격적으로 되었다.
aggression 명 공격(성)

199 manner [mǽnər]
명 1 방식 2 (사람의) 태도; (-s) 예의
He solves problems in a peaceful **manner**.
그는 평화적인 방식으로 문제를 해결한다.
Her **manner** was polite. 그녀의 태도는 정중했다.
have good/bad **manners** 예의가 바르다/바르지 못하다

decades of dedication to the defense of civil rights 민권 수호를 위한 수십 년간의 헌신

200 decade [dékeid]
명 10년
The bridge was built a **decade** ago. 그 다리는 10년 전에 건설되었다.
참고 decades of 수십 년의

201 dedication [dèdikéiʃən]
명 전념, 헌신
I admire her **dedication** to helping the poor.
나는 가난한 사람들을 돕는 일에 대한 그녀의 헌신을 존경한다.
dedicate 동 전념[헌신]하다

202 defense [diféns]
명 방어, 수비
Many soldiers died in **defense** of their country.
많은 군인들이 국가를 수호하다 숨졌다.
defend 동 방어[수비]하다; 지키다   defensive 형 방어[수비]의; 방어적인

203 civil [sívəl]
형 시민의
Examples of **civil** duties include voting and paying taxes.
시민 의무의 예로는 투표와 세금 납부가 있다.

주제: 일과 직업

204 profession [prəféʃən]
명 (전문적인) 직업[직종]
She is an engineer by **profession**. 그녀는 직업이 엔지니어다.
professional 형 전문적인, 전문직의; 직업적인, 프로의

205 editor [édətər]
명 (신문·책 등의) 편집자
Book **editors** correct spelling errors. 책 편집자는 철자 오류를 수정한다.
edit 동 교정하다; 편집하다

206 interpret [intə́ːrprit]
동 1 해석하다 2 통역하다
I need someone to **interpret** my dream. 나는 내 꿈을 해석해 줄 누군가가 필요하다.
interpreter 명 통역사

207 interpreter [intə́ːrpritər]
명 통역사
The actor spoke to reporters through an **interpreter**.
그 배우는 통역사를 통해 기자들에게 말했다.
interpret 동 해석하다; 통역하다

> **Word Link**
> interpret(통역하다) + 명사형 접미사 -er(~하는 사람) → interpreter(통역사)

208 secretary [sékrətèri]
명 비서
When I called, her **secretary** said she was in a meeting.
내가 전화했을 때, 그녀의 비서는 그녀가 회의 중이라고 말했다.

209 operator [ápərèitər]
명 1 (장비·기계를) 조작하는 사람, 기사 2 전화 교환원
He is a crane **operator**. 그는 크레인 기사이다.
To speak with an **operator**, press zero. 교환원과 통화하려면, 0번을 누르세요.
operate 동 작동되다; 가동[조작]하다; 수술하다

210 secure [sikjúər]
형 1 안정된, 확실한 ⊕ insecure 2 안전한 ⊕ safe
There are no **secure** jobs these days. 요즘에는 안정된 직업이 없다.
security 명 안보, 보안

211 lay off
~를 해고[정리 해고]하다
The company **laid off** a hundred workers in December.
그 회사는 12월에 백 명의 노동자를 정리 해고했다.

212 turn down
거절하다
He politely **turned down** her job offer. 그는 정중하게 그녀의 일자리 제안을 거절했다.

DAILY TEST

정답 p.195

[01~10] 영어는 우리말로, 우리말은 영어로 쓰세요.

01 dedication _____
02 aggressive _____
03 furthermore _____
04 prevent _____
05 somewhat _____

06 이론, 학설 _____
07 중력 _____
08 시민의 _____
09 재난, 재해, 참사 _____
10 방어, 수비 _____

[11~14] 다음 괄호 안에 주어진 단어를 이용하여 영작하세요.

11 그 다리는 10년 전에 건설되었다. (build, decade, bridge, ago)
_____

12 그녀의 태도는 정중했다. (manner, polite)
_____

13 TV를 보는 것은 수동적인 행위이다. (passive, watch, activity)
_____

14 추가 질문 있나요? (there, questions, further, any)
_____

일과 직업

[15~20] 다음 빈칸에 알맞은 단어를 넣어, 대화를 완성하세요.

A: Why do you want to be a Polish 15_____?
B: I think I can help you. I speak excellent Polish. I can 16_____ very quickly.
A: Have you always been in this 17_____?
B: I used to be a 18_____ at a Polish company. I edited their magazine. I thought it was a 19_____ job. Then I was 20_____ _____ three weeks ago.

A: 당신은 왜 폴란드어 15**통역사**가 되고 싶은 건가요?
B: 제가 당신을 도와드릴 수 있을 것 같아서요. 전 폴란드어를 아주 잘해요. 굉장히 빨리 16**통역할** 수 있죠.
A: 항상 이 17**직종**에 종사하셨나요?
B: 저는 폴란드 회사에서 18**비서**로 일했어요. 그들의 잡지를 제가 편집했죠. 저는 그 일이 19**안정적인** 직업이라고 생각했어요. 그러다가 3주 전에 20**정리 해고되었습니다**.

DAY 09 • 045

DAY 10 Challenge

The School Trip

Okay, we should have been **punctual**, but getting to the museum was **complicated**. **Somehow**, Tom and I ended up being **dragged** along with the crowd at the station and we **emerged** from the wrong exit. So **annoying**. We were only a **quarter** of an hour late, but **nevertheless** Mr. Thomas showed no **mercy**. Tom made an **impressive** attempt to **negotiate**, and in this **instance**, we weren't **excluded** from the trip. **Thankful** but **exhausted**, I started to **weep** with relief.

학교 수학여행 그래, 우리는 시간을 엄수했어야 하지만, 박물관을 가는 건 복잡했다. 어찌된 일인지, 톰과 나는 역에서 인파와 함께 끌려 갔고 우리는 엉뚱한 출구로 나왔다. 너무 짜증나는 일이다. 우리는 겨우 15분 늦었지만, 그럼에도 불구하고 토마스 선생님은 자비를 베풀지 않았다. 톰은 인상적인 협상을 시도했고, 이번 경우에 우리는 수학여행에서 제외되지 않았다. 감사하지만 지친 채, 나는 안도의 눈물을 흘리기 시작했다.

Choose the correct word.

1 People who are _____ are usually known to be on time.
   ⓐ complicated   ⓑ annoying   ⓒ punctual   ⓓ exhausted

2 To come out from somewhere is to _____.
   ⓐ drag   ⓑ negotiate   ⓒ emerge   ⓓ exclude

3 If you arrive 15 minutes late, you arrive a(n) _____ of an hour late.
   ⓐ mercy   ⓑ quarter   ⓒ instance   ⓓ signature

4 To leave out someone is to _____ them.
   ⓐ emerge   ⓑ drag   ⓒ negotiate   ⓓ exclude

5 You will _____ if you hear that your loved one has died.
   ⓐ drag   ⓑ emerge   ⓒ sting   ⓓ weep

Answers 1 ⓒ 2 ⓒ 3 ⓑ 4 ⓓ 5 ⓓ

1 시간을 엄수하는 사람들은 보통 시간을 잘 지킨다. 2 어딘가에서 나오는 것은 모습을 드러내는 것이다. 3 만약 15분 늦었다면, 1시간의 4분의 1만큼 늦은 것이다. 4 누군가를 뺀다는 것은 배제하는 것이다. 5 사랑하는 사람이 죽었다는 소식을 들으면 울 것이다.

213	**punctual** [pʌ́ŋktʃuəl] punctuality *n.* 시간 엄수	*adj.* arriving or doing something at the planned time 시간을 지키는[엄수하는] 1 The trains were **punctual**. SYN on time ANT late
214	**complicated** [kɑ́mpləkèitid] complicate *v.* 복잡하게 만들다	*adj. not simple* 복잡한 2 The rules of the game were very **complicated**. SYN complex ANT simple
215	**somehow** [sʌ́mhàu]	*adv.* **1** *in some way or by some means* 어떻게든 3 We must find a solution **somehow**. *adv.* **2** *in a way not known or understood* 어찌된 일인지, 왠지 4 **Somehow**, I don't feel I can trust him.
216	**drag** [dræg]	*v. to pull someone or something with effort* (힘들여) 끌다[끌고 가다] 5 The firefighter **dragged** the man to safety.
217	**emerge** [imə́ːrdʒ]	*v. to appear from a hidden place or come out into view* 나오다, 모습을 드러내다 6 The swimmer **emerged** from the sea. SYN appear
218	**annoying** [ənɔ́iiŋ] annoy *v.* 짜증나게 하다, 귀찮게 하다	*adj. making you feel slightly angry* 짜증스러운 7 He has an **annoying** habit of borrowing my things without asking. SYN irritating

1 기차들은 시간을 엄수했다. 2 그 게임의 규칙은 굉장히 복잡했다. 3 우리는 어떻게든 해결책을 찾아내야만 한다. 4 나는 왠지 그를 믿을 수 있겠다는 생각이 안 든다. 5 그 소방관이 그 남자를 안전한 곳으로 끌고 나왔다. 6 수영하던 사람이 바다에서 모습을 드러냈다. 7 그에게는 내 물건을 물어보지 않고 빌려가는 짜증나는 습관이 있다.

DAY 10 • 047

219 quarter
[kwɔ́ːrtər]

n. **1** *one of four equal parts of something* 4분의 1

1 I cut the pizza into **quarters**.

n. **2** *one fourth of an hour* 15분

2 It is now a **quarter** past four.

220 nevertheless
[nèvərðəlés]

adv. in spite of what has just been said 그럼에도 불구하고

3 He was injured; **nevertheless**, he played in the final.

[SYN] however, yet

221 mercy
[mə́ːrsi]

n. kindness that makes you forgive someone 자비

4 The judge showed **mercy** to the young thief.

222 impressive
[imprésiv]

impress *v.* 깊은 인상을 주다, 감명을 주다

adj. having a lasting effect on the mind or feelings 인상적인

5 She is a very **impressive** speaker.

[SYN] memorable

[ANT] ordinary

223 negotiate
[nigóuʃièit]

negotiation *n.* 협상

v. to discuss something in order to reach an agreement 협상하다

6 He has good **negotiating** skills.

224 instance
[ínstəns]

n. a case or example; an occasion 보기, 사례; 경우

7 Tell us a little about him. For **instance**, where is he from?

8 In this **instance**, I think you are wrong.

[Plus+] · for instance 예를 들어

[SYN] example; case, occasion

225 exclude
[iksklúːd]

exclusion *n.* 제외, 배제; 차단

v. to leave out; to keep out 제외[배제]하다; (출입 등을) 거부[차단]하다

9 Don't **exclude** your little sister from the game.

10 In the past, women were **excluded** from school.

[ANT] include

---

1 나는 피자를 4등분했다.　2 지금은 4시 15분이다.　3 그는 부상을 입었으나, 그럼에도 불구하고 결승전에 출전했다.　4 판사는 어린 도둑에게 자비를 베풀었다.　5 그녀는 아주 인상적인 연설가이다.　6 그는 협상 능력이 좋다.　7 우리에게 그에 대해 좀 말해주세요. 예를 들어, 그는 어디 출신인가요?　8 나는 이 경우엔 네가 틀렸다고 생각한다.　9 네 여동생을 게임에서 빼지 말아라.　10 옛날엔 여자들은 학교에 다닐 수 없었다.

226 **thankful**
[θǽŋkfəl]
thank v. 고마워하다, 감사하다

adj. feeling or showing thanks 고맙게[다행으로] 생각하는

1 I am **thankful** for your kindness.

SYN grateful

227 **exhausted**
[igzɔ́ːstid]

adj. extremely tired 몹시 지친, 기진맥진한

2 **Exhausted**, the kids fell asleep.

SYN worn out, tired

228 **weep**
[wiːp]
(wept-wept)

v. to show strong feelings by crying 울다, 눈물을 흘리다

3 She **wept** with joy when she heard the news.

SYN cry

+ More Words

229 **unite**
[juːnáit]

v. to join together into a whole 연합하다

4 We will **unite** in fighting school violence.

SYN join, unify, combine
ANT divide, separate

230 **sting**
[stiŋ]
(stung-stung)

v. to make a tiny hole in the skin that causes pain (바늘·가시 등으로) 쏘다, 찌르다

5 A bee **stung** him on the arm.

231 **signature**
[sígnətʃər]
sign v. 서명하다
n. 표지판; 징후[조짐]

n. a person's name written in that person's handwriting 서명

6 Your **signature** is required on this form.

232 **refresh**
[rifréʃ]
refreshing adj. 상쾌한

v. to make someone feel less tired or less hot 생기를 되찾게[상쾌하게] 하다

7 A short nap will **refresh** you.

SYN revive

---

1 당신의 친절에 감사드립니다. 2 기진맥진해져, 아이들은 잠이 들었다. 3 그녀는 소식을 듣고 기뻐하며 눈물을 흘렸다. 4 우리는 학교 폭력과 싸우는 데 연합할 것이다. 5 벌이 그의 팔을 쏘았다. 6 이 양식에 당신의 서명이 필요합니다. 7 낮잠을 잠깐 자면 상쾌해질 거야.

REVIEW TEST DAY 06~10

정답 p.195

A 덩어리 표현 우리말에 맞게 빈칸을 채워 핵심 표현을 완성하세요.

01 _____ the _____ of aliens   외계인의 존재를 부정하다

02 _____ an _____ to gamble   도박하고 싶은 충동을 참다

03 _____ _____ with harsh comments   혹평으로 동료들을 기분 상하게 하다

04 _____ the outcome of a _____   재판의 결과를 예측하다

05 arrange an _____ _____   연례 회의를 준비하다

06 _____ a _____ location   주요한 위치를 차지하다

07 a _____ inspects _____ vehicles   정비공이 전기 자동차를 점검하다

08 make a significant _____ _____   상당한 기술적 진보를 이루다

09 under _____ _____ to resign   극심한 사임 압박을 받고 있는

10 a _____ that measures the _____   길이를 측정하는 장치

11 the military accomplishes a _____ _____   군대는 중대한 임무를 완수한다

12 can't afford the _____ _____   막대한 비용을 감당할 수 없다

13 _____ the theory of _____   중력의 이론을 증명하다

14 _____ _____ disasters   더 이상의 재난을 막다

15 in a somewhat _____ _____   다소 공격적인 방식으로

B 주제별 어휘 우리말에 맞게 빈칸을 채워 문장을 완성하세요.

자연과 환경

01 In the fall, geese _____ to the south.
가을에는, 거위들이 남쪽으로 이동한다.

02 Leaves _____ from green to brown.
나뭇잎들은 녹색에서 갈색으로 색이 바랜다.

03 _____ petals _____ on the ground.
연약한 꽃잎들이 땅에 뿔뿔이 흩어진다.

정보기술　04　It's time to _____ your robots, class!
　　　　　　　로봇을 조립할 시간이다, 얘들아!

　　　　　05　The final job is to _____ their legs.
　　　　　　　마지막 작업은 그것들의 다리를 붙여주는 것이다.

　　　　　06　Please do this _____ soon _____ _____.
　　　　　　　이것을 가급적 빨리 해라.

글과 언어　07　What's your _____ language?
　　　　　　　당신의 모국어는 무엇인가요?

　　　　　08　I decided to _____ _____ languages with different writing.
　　　　　　　나는 글자가 다른 언어는 제외하기로 했다.

　　　　　09　I'm practicing by _____ _____ into these sentences.
　　　　　　　나는 이 문장들 속에 복수형들을 삽입하면서 연습하고 있다.

일과 직업　10　Why do you want to be a Polish _____?
　　　　　　　당신은 왜 폴란드어 통역사가 되고 싶은가?

　　　　　11　I used to be a _____ in a Polish company.
　　　　　　　나는 폴란드 회사에서 비서로 일했다.

　　　　　12　I was _____ _____, three weeks ago.
　　　　　　　나는 3주 전에 정리 해고되었다.

C Challenge　우리말에 맞게 빈칸을 채워 문장을 완성하세요.

01　We should have been _____, but getting to the museum was _____.
　　우리는 시간을 엄수했어야 하지만, 박물관을 가는 건 복잡했다.

02　We were only a _____ of an hour late.
　　우리는 겨우 15분 늦었다.

03　_____, Mr. Thomas showed no _____.
　　그럼에도 불구하고 토마스 선생님은 자비를 베풀지 않았다.

04　_____ but _____, I started to _____ with relief.
　　감사하지만 지친 채, 나는 안도의 눈물을 흘리기 시작했다.

05　We will _____ in fighting school violence.
　　우리는 학교 폭력과 싸우는 데 연합할 것이다.

DAY 01~10 CUMULATIVE TEST

[01~30] 다음 단어의 뜻을 쓰세요.

01 exceed
02 modest
03 profit
04 oppose
05 purchase
06 combine
07 obey
08 confess
09 upward
10 locate
11 immediate
12 precious
13 wander
14 reveal
15 tidy
16 confirm
17 deny
18 offend
19 occupy
20 inspect
21 replace
22 pressure
23 device
24 accomplish
25 disaster
26 aggressive
27 secure
28 annoying
29 weep
30 refresh

[31~40] 다음 뜻을 가진 단어를 쓰세요.

31 소득, 수입
32 기부[기증]하다
33 피하다; 방지하다, 막다
34 가파른; 급격한
35 주저하다, 망설이다
36 예측[예견]하다
37 이상적인, 완벽한; 이상
38 깊이, 깊은 정도
39 이론, 학설
40 인상적인

[41~45] 다음 숙어의 뜻을 쓰세요.

41 call off
42 break into
43 cut back on
44 leave out
45 turn down

Know More

미드 속 영어표현 1

로맨틱 드라마

로맨틱 드라마에 자주 등장하는 유용한 영어표현을 배워 보세요.

play hard to get
밀당하다, 튕기다

말 그대로 해석하면 '손에 잡기 힘들게 굴다'라는 뜻인데, '(초대 등에 즉각 응하지 않고) 비싸게 굴다'라는 의미로 쓰여요.

> Stop **playing hard to get**, just text him.
> 밀당 그만하고, 걔한테 톡 보내봐.

have a crush on ~
~에게 홀딱 반하다

have a crush는 단순한 호감을 넘어, 그 사람이 자주 생각남과 동시에 더 많은 시간을 함께 보내고 싶은 감정을 갖게 되었을 때 사용하는 표현이에요.

> I **had a crush on** him at first sight.
> 나는 첫눈에 그에게 반했다.

ask ~ out
~에게 데이트 신청하다

누군가에게 밖에 나가자고 물어보는 것이므로 '데이트를 신청하다'라는 뜻이에요. go out with someone은 '~와 데이트하다, 사귀다'라는 뜻이에요.

> A: I know you **asked** her **out**. How did it go?
> B: She turned me down.
> 네가 리사에게 데이트 신청한 걸로 아는데, 어떻게 됐어?
> - 그녀가 거절했어.

have a good chemistry
잘 통하다, 케미가 좋다

'화학'이라는 뜻의 'chemistry'는 사람 사이의 화학적인 반응을 의미하기도 해요. 이성적으로 마음이 잘 통하거나, 동료간의 팀워크가 좋을 때도 쓰여요.

> I don't think I **have a good chemistry** with him. I don't want to see him again.
> 나는 그와 케미가 안 좋은 것 같아. 그를 다시 만나고 싶지 않아.

hit it off
금세 친해지다, 죽이 맞다

알게된 지 얼마 되지 않은 사이인데 통하는 게 많다고 표현하고 싶을 때 써요.

> I **hit it off** immediately with my new neighbors.
> 나는 새로운 이웃과 금세 친해졌어.

pop the question
청혼하다

pop the question이 아닌 pop a question이라고 하면 '깜짝 질문을 하다'라는 뜻이 되니 주의하세요!

> When is he going to **pop the question**?
> 그는 대체 언제 청혼을 하려나?

DAY 11

›› **grant** your **request** for a **loan** 대출 요청을 승인하다

233 grant
[grænt]

동 1 승인[허가]하다 2 인정하다
They **granted** me a tourist visa. 그들은 내게 관광 비자를 승인해주었다.
I **grant** that I was wrong. 내가 틀렸다는 것을 인정한다.

234 request
[rikwést]

명 요청, 부탁 동 요청하다, 부탁하다
They made a **request** for international aid. 그들은 국제 원조를 요청했다.
We **requested** a table by the window. 우리는 창가 쪽 테이블을 요청했다.

235 loan
[loun]

명 대출; 빌려줌 동 (돈을) 빌려주다 ⊕ lend
Most home buyers take out a **loan**. 대부분의 주택 구매자들은 대출을 한다.
Can you **loan** me ten dollars? 내게 10달러를 빌려줄 수 있어?

Plus+ · take out a loan 대출하다

›› a **standard response** to **complaints** 항의에 대한 일반적인 대응

236 standard
[stǽndərd]

명 표준, 기준 형 일반적인, 표준의
This airline has high safety **standards**. 이 항공사는 높은 안전 기준을 가지고 있다.
A 5-day work week is **standard** in Korea. 한국에서는 주 5일 근무가 일반적이다.

237 response
[rispáns]

명 1 응답, 대답 ⊕ answer, reply 2 반응, 대응 ⊕ reaction
I am writing in **response** to your email.
나는 너의 이메일에 답하는 글을 쓰고 있다.

Plus+ · in response to ~에 응하여[답하여]
respond 동 반응[응답]하다; 대답[응답]하다

238 complaint
[kəmpléint]

명 불평, 항의
I made a **complaint** about the noise. 나는 소음에 대해 항의를 했다.
complain 동 불평하다, 항의하다

239 apology
[əpálədʒi]

명 사과, 사죄
China demanded a formal **apology** from the US.
중국은 미국으로부터 정식 사과를 요구했다.

Word Link
항의에 대한 일반적인 반응은 '사과를 하는(offer an apology)' 것이다.

apologize 동 사과하다

≫ insist on walking despite an injured spine 척추 부상에도 불구하고 걷기를 고집하다

240 insist [insíst]
동 고집하다[주장하다/우기다]
He **insists** that she (should) come. 그는 그녀가 와야 한다고 주장한다.
insistence 명 고집, 주장

241 despite [dispáit]
전 ~에도 불구하고 윤 in spite of
Despite the snowstorm, he kept driving.
눈보라에도 불구하고, 그는 계속 운전했다.

242 injured [índʒərd]
형 부상당한, 다친
My grandfather was badly **injured** in the war.
우리 할아버지는 전쟁에서 크게 다쳤다.
injure 동 부상을 입히다   **injury** 명 부상

243 spine [spain]
명 척추, 등뼈
She injured her **spine** in a riding accident. 그녀는 승마 사고로 척추를 다쳤다.

≫ cure an internal wound 체내 부상을 치료하다

244 cure [kjuər]
명 치료(법), 치료제 동 치료하다 윤 treat
There's no **cure** for the common cold. 일반 감기에 대한 치료법은 없다.
cure a patient of a disease 환자의 병을 고치다

245 internal [intə́ːrnl]
형 1 내부의; 체내의 반 external 2 내부적인 반 external
An **internal** wall has been removed. 내벽이 제거되었다.
an **internal** inquiry into the matter 그 문제에 대한 내부 조사

246 external [ikstə́ːrnl]
형 1 외부[겉]의 반 internal
2 외부적인 반 internal
He cleaned only the **external** surfaces of the oven. 그는 오븐의 겉표면들만 청소했다.
external pressures on the economy 경제에 대한 외부적인 압력

Word Link
internal의 반의어는 external로, 'in-(안으로)'과 'ex-(밖으로)'는 서로 상반되는 접두사예요.

247 wound [wuːnd]
명 상처, 부상 윤 injury   동 상처[부상]를 입히다 윤 injure, hurt
The soldier had a **wound** on his leg. 그 군인은 다리에 부상을 입었다.
They were badly **wounded** in the war. 그들은 전쟁에서 심한 부상을 입었다.

주제: 건물과 건축

248 mend [mend]
동 수리[수선]하다, 고치다 ⓤ repair, fix
A man was **mending** the roof. 한 남자가 지붕을 수리하고 있었다.

249 pave [peiv]
동 (길·도로 등을) 포장하다
The town **paved** the dirt road with concrete.
그 마을은 그 흙길을 콘크리트로 포장했다.
pavement 명 포장도로

250 material [mətíəriəl]
명 1 재료 2 자료 형 물질적인 ⓤ physical
Wood is one of the oldest building **materials**.
목재는 가장 오래된 건축 재료들 중 하나다.
material damage to a church 교회에 가해진 물질적 피해

251 convert [kənvə́ːrt]
동 전환시키다[개조하다]; 전환[개조]되다
We **converted** the small bedroom into an office.
우리는 그 작은 침실을 사무실로 개조했다.
convertible 형 (다른 형태나 용도로) 전환 가능한   **conversion** 명 전환, 개조; 개종

252 section [sékʃən]
명 (여러 개로 나뉜 것의 한) 부분, 부문[파트]
The library has a large history **section**. 그 도서관에는 큰 역사 섹션[파트]이 있다.

253 drip [drip]
동 뚝뚝 떨어지다 명 (떨어지는) 액체 방울 (소리)
Water was **dripping** from the ceiling. 물이 천장에서 뚝뚝 떨어지고 있었다.
a **drip** of white paint 흰색 페인트 방울

254 separate [sépərət]
형 1 분리된 2 서로 다른, 별개의 ⓤ different
동 [sépərèit] 분리되다[하다] ⓤ divide
The house has a **separate** garage. 그 집은 분리된 차고를 갖고 있다.
A fence **separates** the two gardens. 울타리가 두 정원을 분리한다.
separation 명 분리, 구분; 헤어짐

255 without doubt
의심할 여지 없이
The Eiffel Tower is, **without doubt**, the most famous place in Paris.
에펠탑은 의심할 여지 없이 파리에서 가장 유명한 장소이다.

256 put up with
참다, 견디다 ⓤ stand, tolerate
I can't **put up with** the construction noise. 나는 공사 소음을 참을 수가 없다.

DAILY TEST

정답 p.195

[01~07] 다음 우리말과 같은 뜻이 되도록 빈칸에 알맞은 단어를 쓰세요.

01 경제에 대한 외부적인 압력 _____ pressures on the economy

02 국제 원조를 요청하다 make a _____ for international aid

03 그 문제에 대한 내부 조사 an _____ inquiry into the matter

04 눈보라에도 불구하고 _____ the snowstorm

05 대출하다 take out a _____

06 환자의 병을 고치다 _____ a patient of a disease

07 그의 다리에 부상을 입다 have a _____ on his leg

[08~11] 다음 괄호 안의 단어를 문맥에 맞게 알맞은 형태로 바꾸어 빈칸에 쓰세요.

08 China demanded a formal _____ from the US. (apologize)

09 I made a _____ about the noise. (complain)

10 My grandfather was badly _____ in the war. (injure)

11 I am writing in _____ to your email. (respond)

> 건물과 건축

[12~19] 다음 빈칸에 알맞은 단어를 넣어, 이야기를 완성하세요.

My parents are 12_____ a 13_____ of our garage. It will be a new bedroom for me. There will be a 14_____ bathroom next to it. But it's all going wrong. 15_____ _____, my parents are very stressed. Yesterday, they had to 16_____ a leak. Water was 17_____ through the roof. They had to pay for extra 18_____ to fix the problem. I don't know how they 19_____ _____ _____ it!

우리 부모님은 우리 차고의 한 13**구획[부분]**을 12**개조하고** 있다. 그건 내 새 침실이 될 것이다. 그 옆에는 14**분리된** 화장실이 있을 것이다. 하지만 일이 다 잘못되고 있다. 15**의심할 여지 없이**, 우리 부모님은 굉장히 스트레스를 받고 있다. 어제, 그들은 누수를 16**고쳐야** 했다. 물이 지붕을 통해 17**뚝뚝 떨어지고** 있었다. 그들은 문제를 고치기 위해 추가적인 18**재료[자재]**에 돈을 지불해야 했다. 나는 그들이 어떻게 그런 일을 19**견디는지** 알 수가 없다!

DAY 11 • 057

DAY 12

>> **entirely remove** ink **stains** 잉크 얼룩들을 완전히 제거하다

257 entirely
[intáiərli]

부 전적으로, 완전히
The accident was **entirely** her fault. 그 사고는 전적으로 그녀의 잘못이었다.
entire 형 전체의

258 remove
[rimúːv]

동 1 치우다 ❀ take away 2 없애다, 제거하다 ❀ get rid of
He **removed** the dirty dishes from the table.
그는 그 테이블에서 더러운 접시들을 치웠다.
remove all the weeds 모든 잡초들을 제거하다
removal 명 없애기, 제거

259 stain
[stein]

동 얼룩지게 하다, 더럽히다; 더러워지다 명 얼룩
The grass **stained** her skirt. 풀이 그녀의 치마를 얼룩지게 했다.
This carpet **stains** easily. 이 카펫은 쉽게 더러워진다.
leave a **stain** on the tablecloth 식탁보에 얼룩을 남기다

>> **struggle** to **maintain** a **steady relationship** 꾸준한 관계를 유지하려 애쓰다

260 struggle
[strʌ́gl]

동 분투하다, (크게) 애쓰다 명 투쟁, 분투
We **struggled** to survive in harsh conditions.
우리는 혹독한 환경에서 살아남기 위해 분투했다.
a **struggle** for independence 독립 투쟁

261 maintain
[meintéin]

동 유지하다, 지속하다
How can I **maintain** a healthy weight?
어떻게 하면 건강한 체중을 유지할 수 있을까?
maintenance 명 유지[지속]

262 steady
[stédi]

형 1 꾸준한, 일정한 2 흔들림 없는
There has been a **steady** increase in prices. 꾸준한 물가 상승이 있었다.
Keep the camera **steady**. 카메라가 흔들리지 않게 해라.

263 relationship
[riléiʃənʃìp]

명 관계, 관련
I have a good **relationship** with my parents. 나는 부모님과 관계가 좋다.

≫ a(n) convenient/efficient means of transportation 편리한/효율적인 교통수단

264 convenient
[kənvíːnjənt]

형 편리한 반 inconvenient
This machine is **convenient** to use. 이 기계는 사용하기 편리하다.
convenience 명 편의, 편리

265 efficient
[ifíʃənt]

형 능률적인, 효율적인; 유능한
the **efficient** use of energy 효율적인 에너지 사용
She is an **efficient** worker. 그녀는 유능한 직원이다.
efficiency 명 능률, 효율

266 means
[miːnz]

명 수단, 방법
The telephone is a **means** of communication. 전화기는 의사소통의 수단이다.

267 transportation
[trænspərtéiʃən]

명 1 수송, 운송 유 transport 2 수송[교통] 수단
the **transportation** of dangerous goods by sea 위험물의 해상 운송
take public **transportation** 대중교통을 이용하다

268 commute
[kəmjúːt]

동 통근하다
He **commutes** by train every day.
그는 매일 기차를 타고 통근한다.

> **Word Link**
> '통근자(commuter)'가 '출퇴근할 때(commute)' 가장 많이 이용하는 것이 '대중교통(public transportation)'이에요.

≫ punish criminals for violating the law 법을 어긴 범죄자들을 처벌하다

269 punish
[pʌ́niʃ]

동 처벌하다, 벌주다
He **punished** his son for telling lies. 그는 아들이 거짓말을 한 것에 대해 벌을 주었다.
punishment 명 처벌

270 criminal
[krímɪnl]

명 범죄자, 범인 형 범죄의
Police described the man as a dangerous **criminal**.
경찰은 그 남자를 위험한 범죄자로 묘사했다.
He has a **criminal** record. 그는 전과가 있다.
crime 명 범죄

271 violate
[váiəlèit]

동 1 위반하다, 어기다 2 침해하다
If you **violate** the law, you will be punished. 법을 위반하면, 처벌받게 될 것이다.
violate people's privacy 사람들의 사생활을 침해하다
violation 명 위반

주제: 윤리와 도덕

272 conscience [kɑ́nʃəns]
명 양심
He doesn't seem to have a **conscience**. 그는 양심이 없는 것 같다.

273 moral [mɔ́ːrəl]
형 1 도덕(상)의 2 도덕적인 반 immoral
Animal use in research is a **moral** issue. 연구에서의 동물 사용은 도덕상의 쟁점이다.
Her behavior was not **moral**. 그녀의 행동은 도덕적이지 않았다.
morally 부 도덕적으로

274 philosophy [filάsəfi]
명 철학
She teaches **philosophy** at a university. 그녀는 대학에서 철학을 가르친다.
philosopher 명 철학자

275 proper [prάpər]
형 1 적절한, 적당한 반 improper 2 (사회적·도덕적으로) 올바른 반 improper
Please put your shoes in their **proper** place.
여러분의 신발을 제자리에 놓아주세요.
properly 부 제대로, 적절히; 올바르게

276 fulfill [fulfíl]
동 1 이행하다, 수행하다 2 달성하다; 성취시키다
The man failed to **fulfill** his duties as a father.
그 남자는 아버지로서 자신의 의무를 이행하지 못했다.
fulfill your personal goals 너의 개인적인 목표들을 달성하다

277 observe [əbzə́ːrv]
동 1 관찰[주시]하다 2 준수하다, 따르다 유 obey
Children learn by **observing** adults. 아이들은 어른들을 관찰함으로써 배운다.
People must **observe** the law. 사람들은 법을 준수해야 한다.
observation 명 관찰, 주시

278 mature [mətjúər]
형 1 성숙한, 어른스러운 반 immature 2 성인이 된, 다 자란 반 immature
She has a **mature** attitude to work. 그녀는 일에 대해 성숙한 태도를 가진다.
Mature chickens start to lay eggs. 다 자란 닭들은 알을 낳기 시작한다.

279 be supposed to-v
~하기로 되어 있다[~해야 한다]
You **are** not **supposed to** smoke in the building. 건물 안에서는 흡연하면 안 된다.

280 cut in line
새치기하다
It is rude to **cut in line** in front of others.
다른 사람들 앞에서 새치기를 하는 것은 무례한 일이다.

DAILY TEST

정답 p.196

[01~10] 영어는 우리말로, 우리말은 영어로 쓰세요.

01 steady _____
02 remove _____
03 transportation _____
04 struggle _____
05 entirely _____

06 편리한 _____
07 유지하다, 지속하다 _____
08 수단, 방법 _____
09 관계, 관련 _____
10 통근하다 _____

[11~14] 다음 영영 풀이에 알맞은 단어를 골라 쓰세요.

| efficient | violate | stain | criminal |

11 _____ : someone who commits a crime
12 _____ : to leave a mark on something that is difficult to remove
13 _____ : to do something that is not allowed by a law, rule, etc.
14 _____ : working or operating quickly and effectively

윤리와 도덕

[15~22] 다음 빈칸에 알맞은 단어를 넣어, 이야기를 완성하세요.

Some people don't seem to have a 15_____. At the train station, I 16_____ a young businessman 17_____ _____ _____. "You are 18_____ _____ wait your turn!" I said. "Sorry," he said, "I can't miss my train. My 19_____ is to put myself first!" "That's not very 20_____," called out an old lady. "You are not a very 21_____ young man, are you?" said another. "The 22_____ thing to do is to go to the back of the line."

어떤 사람들은 15**양심**이 없는 것 같다. 기차역에서 나는 한 젊은 사업가가 17**새치기하고 있는** 모습을 16**주시했다**. "당신은 당신의 차례를 18**기다려야 해요**!"라고 내가 말했다. "미안합니다"라고 그는 말했다. "제가 탈 기차를 놓칠 수는 없어서요. 제 19**철학**은 제 자신을 먼저 생각하는 거든요!" "그건 별로 20**성숙하지 못하군**"이라고 한 할머니가 외쳤다. "당신은 그리 21**도덕적인** 젊은이가 아니군, 그렇지?"라고 또 다른 사람이 말했다. "22**올바른** 행동은 줄 뒤쪽으로 가는 것이야."

DAY 12 • 061

DAY 13

>> **instruct** soldiers to **shoot** on **sight** 병사들에게 보는 즉시 사살하라고 지시하다

281 **instruct**
[instrʌ́kt]

동 1 가르치다 2 지시하다
His uncle **instructs** him in English. 그의 삼촌은 그에게 영어를 가르친다.
The police **instructed** us to leave the area.
경찰은 우리에게 그 지역을 떠날 것을 지시했다.
instruction 명 설명, 지시 **instructor** 명 강사

282 **shoot**
[ʃuːt]

동 (shot-shot) 1 (총 등을) 쏘다 2 | 스포츠 | 슛을 하다
The hunter **shot** a deer. 그 사냥꾼은 사슴에게 총을 쏘았다.
He **shot** and scored a goal. 그는 슛을 했고, 골을 넣었다.

283 **sight**
[sait]

명 1 시력 2 보기, 봄 3 시야
I have good **sight**. 나는 시력이 좋다.
They fell in love at first **sight**. 그들은 첫눈에 사랑에 빠졌다.
come into **sight** 시야에 들어오다

>> a **critical factor** that **determines** the **fate** 운명을 결정짓는 중요한 요인

284 **critical**
[krítikəl]

형 1 비판적인 2 대단히 중요한 ㈜ crucial
She is **critical** of the restaurant's food. 그녀는 그 레스토랑 음식에 대해 비판적이다.
The president's support is **critical** to this project.
대통령의 지지가 이 프로젝트에 대단히 중요하다.
criticize 동 비난[비판]하다; 비평하다

285 **factor**
[fǽktər]

명 요인, 요소
Various **factors** influenced the government's decision.
여러 가지 요인이 정부의 결정에 영향을 미쳤다.

286 **determine**
[ditə́ːrmin]

동 결정하다, 정하다 ㈜ decide
The demand for a product **determines** its price.
상품에 대한 수요가 그것의 가격을 결정한다.
determined 형 단단히 결심한, 단호한 **determination** 명 결심, 결의

287 **fate**
[feit]

명 운명, 숙명
When we met again by chance, I felt it must have been **fate**.
우리가 우연히 다시 만났을 때, 나는 그것이 운명임을 느꼈다.

›› distinguish between myth and reality 신화와 현실을 구별하다

288 distinguish
[distíŋgwiʃ]
동 1 구별하다 2 구별 짓다, 차이를 나타내다
I can't **distinguish** the twin sisters. 나는 그 쌍둥이 자매를 구별할 수가 없다.
Speech **distinguishes** man from animals. 언어가 사람과 동물을 구별 짓는다.

289 myth
[miθ]
명 1 신화 (동) mythology 2 근거 없는 믿음
Kids love ancient Greek **myths**. 아이들은 고대 그리스 신화를 좋아한다.
It's a **myth** that money brings happiness.
돈이 행복을 가져온다는 것은 근거 없는 믿음이다.

290 reality
[riǽləti]
명 현실
The **reality** is that I can't afford to buy a house.
현실은 내가 집을 살 만한 여유가 없다는 것이다.

real 형 진짜의, 실제의, 실재하는

291 realistic
[rìːəlístik]
형 1 현실적인; 현실성 있는 2 사실적인
We must set **realistic** goals.
우리는 현실적인 목표를 세워야 한다.
The battle scene in the movie was **realistic**.
그 영화의 전쟁 장면은 사실적이었다.

> **Word Link**
> reality와 realistic은 모두 어근 'real(진짜의, 실제의, 실재하는)'에서 파생된 거예요.

›› have sufficient funds to assist storm victims 폭풍 피해자들을 돕기 위한 충분한 자금이 있다

292 sufficient
[səfíʃənt]
형 충분한 (유) enough (반) insufficient
That dish is **sufficient** for five people. 저 요리는 다섯 명이 먹기에 충분하다.

293 fund
[fʌnd]
명 기금, 자금
The old couple is saving for their retirement **fund**.
그 노부부는 은퇴 자금을 모으고 있다.

294 assist
[əsíst]
동 돕다, 거들다 (유) help
He **assisted** the girl with her homework. 그는 그 소녀의 숙제를 도왔다.
assistance 명 도움, 지원

295 victim
[víktim]
명 피해자, 희생자
These children are **victims** of war. 이 아이들은 전쟁의 희생자들이다.

주제: 미디어

296 broadcast [brɔ́ːdkæst]
동 (broadcast-broadcast) 방송하다 명 방송
The concert was **broadcast** live on TV.
그 콘서트는 TV에 생중계되었다.

297 commercial [kəmə́ːrʃəl]
형 상업의; 상업적인 명 (텔레비전·라디오의) 광고
The radio station is in the **commercial** district.
그 라디오 방송국은 상업 지구에 있다.
a car **commercial** 자동차 (방송) 광고

298 entertain [èntərtéin]
동 즐겁게 하다 ≒ amuse
The aim of the TV program is to **entertain** children.
그 TV 프로그램의 목적은 아이들을 즐겁게 해주는 것이다.
entertainment 명 오락(물)

299 appeal [əpíːl]
동 1 관심을 끌다, 매력이 있다 2 호소하다 명 1 매력 2 호소
The quiz show **appeals** to teenagers. 그 퀴즈쇼는 10대들의 관심을 끈다.
The police made an **appeal** for information on TV.
경찰은 TV에 출연해서 정보를 달라고 호소했다.

300 suitable [súːtəbl]
형 적절한, 적당한 ≒ proper
The TV show is not **suitable** for children. 그 TV 쇼는 아이들에게 적절하지 않다.
suit 동 맞다, 적합하다; 어울리다 명 정장

301 incredible [inkrédəbl]
형 1 믿을 수 없는, 믿기 힘든 ≒ unbelievable 2 놀라운, 굉장한 ≒ amazing
The movie tells an **incredible** story of love.
그 영화는 믿을 수 없는 사랑 이야기를 전한다.
incredibly 부 믿을 수 없을 정도로, 엄청나게

302 satellite [sǽtəlàit]
명 (인공)위성, 위성 (장치)
The BBC broadcasts by **satellite** and on the Internet.
BBC는 위성과 인터넷으로 방송을 한다.

303 on (the) air
방송 중인, 방송되고 있는
We're **on air** in ten minutes. 우리는 10분 뒤에 방송합니다.

304 in order to-v
~하기 위해[~하려고]
They use social media **in order to** promote their new products.
그들은 신상품을 홍보하기 위해 소셜 미디어를 이용한다.

DAILY TEST

정답 p.196

[01~10] 영어는 우리말로, 우리말은 영어로 쓰세요.

01 critical _____
02 sight _____
03 determine _____
04 myth _____
05 distinguish _____

06 운명, 숙명 _____
07 기금, 자금 _____
08 피해자, 희생자 _____
09 현실 _____
10 돕다, 거들다 _____

[11~14] 다음 괄호 안에 주어진 단어를 이용하여 영작하세요.

11 우리는 현실적인 목표를 세워야 한다. (realistic, goals, set, must)
_____

12 그의 삼촌은 그에게 영어를 가르친다. (in English, uncle, instruct)
_____

13 그는 슛을 했고, 골을 넣었다. (score, goal, shoot)
_____

14 저 요리는 다섯 명이 먹기에 충분하다. (people, for, dish, sufficient)
_____

미디어

[15~23] 다음 빈칸에 알맞은 단어를 넣어, 이야기를 완성하세요.

"When will you 15_____ our 16_____?" I asked. "I love your product," said Philip. "Your 17_____ new computer game is sure to 18_____ to young children. It certainly 19_____ my kids when I showed it to them. 20_____ _____ _____ reach as many children as possible, we need to find a 21_____ time to show your advertisement. I think we'll put it 22_____ _____ on 23_____ TV this Saturday morning."

"언제 저희 16**광고**를 15**방송해 주실** 건가요?"라고 나는 물었다. "난 당신 제품을 정말 좋아해요"라고 필립이 말했다. "당신의 17**놀라운** 새 컴퓨터 게임은 분명 어린 아이들의 18**관심을 끌** 거예요. 제가 그것을 제 아이들에게 보여줬을 때, 그 게임은 제 아이들을 확실히 19**즐겁게 해주었어요.** 가급적 많은 아이들에게 20**닿기 위해**, 우리는 당신의 광고를 보여줄 21**적당한** 시간대를 찾을 필요가 있어요. 제 생각엔 23**위성** TV에서 이번 토요일 아침에 22**방송할** 것 같군요."

DAY 13

DAY 14

>> **prefer** the **previous version** of this game 이 게임의 이전 버전을 더 좋아하다

305 prefer
[prifə́:r]

동 (~보다) …을 더 좋아하다[선호하다] ((to))
She **prefers** a good book to a movie. 그녀는 영화보다 좋은 책을 선호한다.
preference 명 선호

306 previous
[príːviəs]

형 앞의, 이전의 ≒ prior
He broke the **previous** world record. 그가 이전의 세계 기록을 깼다.
previously 부 이전에

307 version
[və́:rʒən]

명 (이전과 다른) -판, 형태
The English **version** of the novel was published last year.
그 소설의 영어판은 작년에 출판되었다.

>> it's a top **priority** to **ensure passenger** safety 승객의 안전을 보장하는 것이 최우선 사항이다

308 priority
[praiɔ́:rəti]

명 우선 사항, 우선적으로 할 것
With any new project, it's important to set **priorities**.
어떤 새로운 프로젝트이든, 우선 순위를 정하는 것이 중요하다.

309 ensure
[inʃúər]

동 반드시 ~하게 하다, 보장하다 ≒ make sure
Please **ensure** that all the windows are closed.
반드시 모든 창문을 닫도록 하세요.
Careful preparation **ensures** success. 철저한 준비가 성공을 보장한다.

310 passenger
[pǽsəndʒər]

명 승객
The bus stopped, and many **passengers** got off.
버스가 멈추고 많은 승객들이 내렸다.

311 fasten
[fǽsn]

동 1 매다[채우다] 2 고정시키다
Fasten your seat belts, please.
안전벨트를 착용해 주십시오.
fasten the papers with a paper clip
종이 클립으로 서류를 고정시키다

Word Link
차량이나 비행기에서는 '안전(safety)'을 위해 승객들은 '안전벨트를 매야 (fasten your seat belt)' 해요.

≫ indicate a gradual decrease in exports 수출에서 점진적인 감소를 나타내다

312 indicate
[índikèit]

동 1 나타내다, 보여 주다 2 가리키다
Those dark clouds **indicate** that it will rain. 저 먹구름은 비가 올 것을 나타낸다.
indicate a place on a map 지도에서 어떤 장소를 가리키다
indication 명 지시, 암시, 조짐

313 gradual
[grǽdʒuəl]

형 점진적인, 서서히 일어나는
There has been a **gradual** change in the climate.
점진적인 기후 변화가 있어 왔다.
gradually 부 서서히, 차츰

314 decrease
[dikríːs]

동 줄다; 줄이다 반 increase 명 [díːkriːs] 감소, 하락 반 increase
The population is **decreasing**. 인구가 감소하고 있다.
decrease the amount of food waste 음식물 쓰레기의 양을 줄이다
a **decrease** in house prices 집값 하락

315 export
[ikspɔ́ːrt]

동 수출하다 반 import 명 [ékspɔːrt] 수출; 수출품 반 import
The company **exports** cars to Brazil. 그 회사는 브라질에 자동차를 수출한다.
Our main **export** is rice. 우리의 주요 수출품은 쌀이다.

≫ detect an obvious flaw in your logic 당신의 논리에서 명백한 결함을 발견하다

316 detect
[ditékt]

동 발견하다, 감지하다 유 discover, notice
The new test enables doctors to **detect** disease early.
그 새로운 테스트는 의사들이 병을 조기에 발견할 수 있게 해준다.
detection 명 발견, 간파, 탐지 **detective** 명 형사; 탐정

317 obvious
[ábviəs]

형 분명한[명백한]
It's **obvious** that she's angry. 그녀가 화가 난 것이 분명하다.
obviously 부 확실히[분명히]

318 flaw
[flɔː]

명 결함, 결점
There are serious **flaws** in the software. 그 소프트웨어에 심각한 결함이 있다.

319 logic
[ládʒik]

명 논리
His arguments lack **logic**. 그의 주장에는 논리가 부족하다.
logical 형 논리적인

주제 경제

320 output [áutpʊt]
명 1 생산량, 산출량 2 (컴퓨터의) 출력 반 input
The company increased its car **output** last year.
그 회사는 작년에 자동차 생산량을 늘렸다.
Printers and monitors are **output** devices. 프린터와 모니터는 출력 기기들이다.

321 manufacture [mænjufǽktʃər]
동 제조[생산]하다 명 제조, 생산
This factory **manufactures** car parts. 이 공장은 자동차 부품들을 제조한다.

322 competitive [kəmpétətiv]
형 1 경쟁의, 경쟁적인 2 경쟁심이 강한
The job market is getting more **competitive**.
취업 시장은 경쟁이 더욱 심해지고 있다.
compete 동 경쟁하다; (경기 등에) 참가하다 **competition** 명 경쟁; 대회, 시합

323 consume [kənsúːm]
동 소비[소모]하다
A smaller vehicle **consumes** less fuel. 더 작은 차량이 더 적은 연료를 소모한다.
consumption 명 소비 **consumer** 명 소비자

324 multiply [mʌ́ltəplài]
동 1 증가[증대]하다; 증가[증대]시키다 유 increase 2 곱하다 반 divide
Complaints about the new cars have **multiplied**. 신차에 대한 불만이 증가했다.
Multiply the total cost by 3. 총 비용에 3을 곱하세요.

325 productive [prədʌ́ktiv]
형 생산적인
They had a very busy but **productive** day.
그들은 매우 바쁘지만 생산적인 하루를 보냈다.
productivity 명 생산성 **product** 명 제품, 생산물[품]

326 supply [səplái]
명 공급(량) 동 공급하다
There is a small **supply** of land for construction. 건축용 땅의 공급량이 적다.
The company **supplies** fish to local restaurants.
그 회사는 지역 레스토랑들에 생선을 공급한다.

327 make up for
보충하다, 만회하다
He worked late to **make up for** lost time.
그는 잃어버린 시간을 만회하기 위해 늦게까지 일했다.

328 get ahead
성공하다, 앞지르다
It is hard to **get ahead** in the movie business.
영화 사업에서 성공하는 것은 어렵다.

DAILY TEST

정답 p.196

[01~07] 다음 우리말과 같은 뜻이 되도록 빈칸에 알맞은 단어를 쓰세요.

01 집값 하락   a _____ in house prices

02 종이 클립으로 서류를 고정시키다   _____ the papers with a paper clip

03 지도에서 어떤 장소를 가리키다   _____ a place on a map

04 그 소설의 영어판   the English _____ of the novel

05 이전의 세계 기록   the _____ world record

06 성공을 보장하다   _____ success

07 점진적인 기후 변화   a _____ change in the climate

[08~09] 다음 짝지어진 단어의 관계가 나머지와 <u>다른</u> 하나를 고르세요.

08   ⓐ prefer – preference   ⓑ export – import
       ⓒ detect – detection   ⓓ consume – consumption

09   ⓐ logic – logical   ⓑ obvious – obviously
       ⓒ gradual – gradually   ⓓ previous – previously

경제

[10~17] 다음 빈칸에 알맞은 단어를 넣어, 대화를 완성하세요.

A: We have to increase our ¹⁰_____. This is a ¹¹_____ market. We'll never ¹²_____ _____ if we don't meet our targets. We need to ¹³_____ _____ _____ our losses last month.

B: Why? What happened?

A: Our machine broke. We only ¹⁴_____ 1,500 boxes.

B: Oh, no! That wasn't a very ¹⁵_____ month, was it? We need to ¹⁶_____ 6,000 boxes to our biggest customer.

A: Let's ¹⁷_____ our output by four, then. We need to work through the night.

A: 우리는 ¹⁰**생산량**을 늘려야 해. 여긴 ¹¹**경쟁이 치열한** 시장이야. 우리가 목표를 달성하지 못하면 절대 ¹²**성공할** 수 없을 거야. 우린 지난달의 손실을 ¹³**만회해야**만 해.
B: 왜? 무슨 일이 있었어?
A: 우리 기계가 고장이 났어. 우린 1,500상자밖에 ¹⁴**제조하지** 못했지.
B: 이런, 안돼! 그건 별로 ¹⁵**생산적인** 달이 아니었네, 그렇지? 우린 가장 큰 거래처에 6,000상자를 ¹⁶**공급해야** 하는데.
A: 그럼, 우리의 생산량을 네 배로 ¹⁷**증대시키자**. 우린 밤새 일해야 해.

DAY 15 Challenge

Daedalus and Icarus

Do you know this **memorable** myth, **translated** from the Greek and Latin? **Captured** by King Minos, the two men **bind elegant** wings, made from feathers and wax, to their arms. The wings **enable** them to escape. "Don't fly close to the sun," Daedalus **emphasizes** to his son, "**otherwise**, your wings will melt." In his **haste** to escape, Icarus flies upwards. "Fly low!" his **anxious** father **reminds** him. In **summary**, too close to the sun, Icarus's wings melt. Imagine Daedalus's **despair** as his son **descends** to his **cruel** death.

다이달로스와 이카루스 그리스어와 라틴어에서 번역된, 이 인상적인 신화를 아는가? 미노스 왕에게 포획된 두 남자는 깃털과 밀랍으로 만든 우아한 날개를 팔에 묶는다. 그 날개는 그들이 탈출할 수 있게 해준다. 다이달로스는 아들에게 "태양 가까이 날지 마라, 그렇지 않으면 네 날개가 녹을 것이다"라고 강조한다. 탈출을 서두르다, 이카루스는 위쪽으로 날게 된다. 불안해하는 아버지는 그에게 "낮게 날아"라고 상기시킨다. 요약하면, 태양에 너무 가까이 가서, 이카루스의 날개가 녹아버린 것이다. 아들이 참혹한 죽음으로 곤두박질칠 때, 다이달로스의 절망감을 상상해보라.

Choose the correct word.

1 To _____ an object is to grab and hold on to it.
   ⓐ remind   ⓑ capture   ⓒ bind   ⓓ translate

2 When something is high in quality, it is _____.
   ⓐ memorable   ⓑ elegant   ⓒ anxious   ⓓ cruel

3 In an emergency, you have to act in _____.
   ⓐ haste   ⓑ summary   ⓒ despair   ⓓ leak

4 To move downward is to _____.
   ⓐ capture   ⓑ emphasize   ⓒ descend   ⓓ bind

5 If fear changes to _____, you might give up trying.
   ⓐ summary   ⓑ haste   ⓒ literature   ⓓ despair

Answers 1 ⓑ 2 ⓑ 3 ⓐ 4 ⓒ 5 ⓓ

1 물체를 포획하는 것은 그것을 붙잡고 놓지 않는 것이다. 2 무언가가 질적으로 고급이면 그것은 우아한 것이다. 3 위기 상황에서는 서둘러 행동해야 한다. 4 아래로 내려가는 것은 하강하는 것이다. 5 두려움이 절망으로 바뀌면, 시도하기를 포기할 수도 있다.

329 memorable
[mémərəbl]
memory *n.* 기억(력); 추억

adj. worth remembering or very good 기억[주목]할 만한, 인상적인

1 She gave a **memorable** performance.

[SYN] unforgettable
[ANT] forgettable

330 translate
[trænsléit]
translation *n.* 번역[통역]
translator *n.* 번역가, 통역사

v. to change words into another language 번역[통역]하다

2 He can **translate** Japanese into English.

[SYN] interpret

331 capture
[kǽptʃər]

v. to catch someone as a prisoner; to catch animals 잡다; 포획하다

3 They **captured** over 40 enemy soldiers.
4 The rabbits were **captured** in nets.

[SYN] catch, seize, take
[ANT] release

332 bind
[baind]
(bound-bound)

v. to tie something with rope, string, etc. 묶다

5 He **bound** the newspapers with string.

[SYN] fasten, tie

333 elegant
[éligənt]

adj. attractive in appearance or behavior 우아한

6 She is wearing an **elegant** black dress.

[SYN] graceful

334 enable
[inéibl]

v. to make someone or something able or to allow ~할 수 있게 하다

7 The light **enables** us to see better.

[SYN] allow, let

335 emphasize
[émfəsàiz]
emphasis *n.* 강조

v. to say something in a strong way 강조하다

8 The teacher always **emphasizes** the importance of studying hard.

[SYN] stress

---

1 그녀는 기억에 남을 공연을 선보였다. 2 그는 일본어를 영어로 번역[통역]할 수 있다. 3 그들은 40명이 넘는 적군들을 포로로 잡았다. 4 그 토끼들은 그물로 포획당했다. 5 그는 끈으로 그 신문들을 묶었다. 6 그녀는 우아한 검은색 드레스를 입고 있다. 7 그 빛은 우리가 더 잘 볼 수 있게 해준다. 8 그 선생님은 열심히 공부하는 것의 중요성을 늘 강조하신다.

336	**otherwise** [ʌ́ðərwàiz]	*adv. if not, or else* 그렇지 않으면 1 Put your coat on; **otherwise**, you'll get cold.

337	**haste** [heist]	*n. great speed in doing something* 서두름, 급함 2 I had to finish my report in **haste**. **Plus+** · in haste 서둘러서 **SYN** hurry, rush

338	**anxious** [ǽŋkʃəs] anxiety *n.* 걱정, 불안	*adj.* 1 *worried and nervous* 불안해하는, 염려하는 3 She looks **anxious** about the interview. *adj.* 2 *eager to do something* 열망하는, 간절히 바라는 4 We were **anxious** to hear good news. **SYN** 1 worried, nervous 2 eager **ANT** 1 calm

339	**remind** [rimáind]	*v. to cause someone to remember something* 상기시키다, 생각나게 하다 5 Mom **reminded** me to take the medicine. 6 You **remind** me of your mother. **Plus+** · remind A of B A에게 B를 상기시키다

340	**summary** [sʌ́məri] summarize *v.* 요약하다	*n. a short statement of what has been previously stated* 요약, 개요 7 Let me give you a **summary** of the story.

341	**despair** [dispéər]	*n. the feeling of no longer having any hope* 절망 8 She was in **despair** over her lost dog.

342	**descend** [disénd]	*v. to move downward or to a lower position* 내려오다[가다] 9 The plane is beginning to **descend** now. **SYN** fall, lower **ANT** ascend, climb, rise

1 코트를 입어라, 그렇지 않으면 추울 거야. 2 나는 내 보고서를 서둘러 끝내야 했다. 3 그녀는 인터뷰 때문에 불안해 보인다. 4 우리는 좋은 소식을 듣기를 간절히 바랐다. 5 엄마가 내게 약을 먹으라고 상기시켰다. 6 널 보면 너희 어머니가 생각나. 7 내가 그 이야기를 요약해 줄게. 8 그녀는 잃어버린 개 때문에 절망하고 있었다. 9 비행기가 지금 하강하기 시작한다.

343 cruel
[krúːəl]

cruelty *n.* 잔인함

adj. showing no mercy; causing suffering 잔인한; 괴로운, 참혹한

1 Some people are **cruel** to animals.
2 a **cruel** death/sight

SYN mean, unkind
ANT kind; harmless

+ More Words

344 literature
[lítərətʃər]

n. written artistic works 문학

3 He is an expert in Greek **literature**.

345 sew
[sou]

v. to make or repair something with a needle and thread 바느질하다, 꿰매다

4 He collected feathers and **sewed** them together.

346 pronounce
[prənáuns]

pronunciation *n.* 발음

v. to make the sound of a letter, word, etc. 발음하다

5 How do you **pronounce** "Icarus"?

347 leak
[liːk]

n. a hole in a surface that lets a liquid or gas pass in or out 새는 곳; 누출

6 There is a **leak** in the water pipe.

v. to let a liquid or gas in or out through a hole (액체·기체가) 새게 하다[새다]

7 That engine **leaks** oil.
8 She put buckets on the floor because the ceiling was **leaking**.

348 concept
[kánsept]

n. a general idea or thought 개념

9 The idea of a soul is a religious **concept**.

---

1 어떤 사람들은 동물에게 잔인하다. 2 참혹한 죽음/광경 3 그는 그리스 문학의 전문가이다. 4 그는 깃털을 모아 같이 꿰맸다. 5 "Icarus"를 어떻게 발음하나요? 6 수도관에 새는 곳이 있다. 7 저 엔진은 기름이 샌다. 8 천장이 새고 있어서 그녀는 바닥에 양동이를 두었다. 9 영혼에 대한 생각은 종교적 개념이다.

REVIEW TEST DAY 11~15

A 덩어리 표현
우리말에 맞게 빈칸을 채워 핵심 표현을 완성하세요.

01 _____ your _____ for a loan   대출 요청을 승인하다

02 a _____ _____ to complaints   항의에 대한 일반적인 대응

03 cure an _____ _____   체내 부상을 치료하다

04 _____ _____ ink stains   잉크 얼룩들을 완전히 제거하다

05 struggle to maintain a _____ _____   꾸준한 관계를 유지하려 애쓰다

06 an _____ means of _____   효율적인 교통수단

07 _____ _____ for violating the law   법을 어긴 범죄자들을 처벌하다

08 _____ soldiers to _____ on sight   병사들에게 보는 즉시 사살하라고[쏘라고] 지시하다

09 a critical _____ that determines the _____   운명을 결정짓는 중요한 요인

10 _____ between _____ and reality   신화와 현실을 구별하다

11 have _____ funds to assist storm _____   폭풍 피해자들을 돕기 위한 충분한 자금이 있다

12 _____ the _____ version of this game   이 게임의 이전 버전을 더 좋아하다

13 it's a top _____ to ensure _____ safety   승객의 안전을 보장하는 것이 최우선 사항이다

14 indicate a _____ _____ in exports   수출에서 점진적인 감소를 나타내다

15 detect an _____ _____ in your logic   당신의 논리에서 명백한 결함을 발견하다

B 주제별 어휘
우리말에 맞게 빈칸을 채워 문장을 완성하세요.

건물과 건축

01 My parents are _____ a _____ of our garage.
우리 부모님은 우리 차고의 한 구획[부분]을 개조하고 있다.

02 There will be a _____ bathroom next to it.
그 옆에는 분리된 화장실이 있을 것이다.

03 I don't know how they _____ _____ _____ it!
나는 그들이 어떻게 그런 일을 견디는지 알 수가 없다!

윤리와 도덕 **04** Some people don't seem to have a _____.
어떤 사람들은 양심이 없는 것 같다.

05 You are not a very _____ young man, are you?
당신은 그리 도덕적인 젊은이가 아니군, 그렇지?

06 My _____ is to put myself first!
내 철학은 나 자신을 먼저 생각하는 것이다!

미디어 **07** When will you _____ our _____?
당신은 언제 우리의 광고를 방송할 건가요?

08 It certainly _____ my kids.
그것은 내 아이들을 확실히 즐겁게 해주었다.

09 We'll put it _____ _____ on _____ TV.
우리는 위성 TV에서 그것을 방송할 것이다.

경제 **10** We have to increase our _____. This is a _____ market.
우리는 생산량을 늘려야 한다. 여긴 경쟁이 치열한 시장이다.

11 We only _____ 1,500 boxes.
우리는 1,500상자만 제조했다.

12 That wasn't a very _____ month, was it?
그건 별로 생산적인 달이 아니었네, 그렇지?

C Challenge 우리말에 맞게 빈칸을 채워 문장을 완성하세요.

01 _____ by King Minos, the two men _____ _____ wings.
미노스 왕에게 포획된 두 남자는 우아한 날개를 묶는다.

02 The wings _____ them to escape.
그 날개는 그들이 탈출할 수 있게 해준다.

03 "Fly low!" his _____ father _____ him.
불안해하는 아버지는 그에게 "낮게 날아"라고 상기시킨다.

04 He is an expert in Greek _____.
그는 그리스 문학의 전문가이다.

05 There is a _____ in the water pipe.
수도관에 새는 곳이 있다.

DAY 16

>> **endure** the **ultimate insult** 최대의 모욕을 견디다

349 endure
[indúər]

동 참다, 견디다 유 stand

Many cancer patients have to **endure** extreme pain.
많은 암 환자들은 극심한 고통을 견뎌야 한다.

350 ultimate
[ʌ́ltəmət]

형 1 최종의, 궁극적인 유 final 2 최대[최고]의

Their **ultimate** goal is to increase profits. 그들의 궁극적인 목적은 수익 증대다.
the **ultimate** achievement 최대의 업적

ultimately 부 궁극적으로, 결국

351 insult
[insʌ́lt]

동 모욕하다 명 [ínsʌlt] 모욕, 모욕적인 말[행동]

She **insulted** me by calling me a fool. 그녀는 나를 바보라고 부르며 나를 모욕했다.
a personal **insult** 개인적인 모욕[인신 공격]

>> **durable** enough to **withstand extreme** heat 극도의 열을 견뎌낼 만큼 내구성이 있는

352 durable
[djúərəbl]

형 내구성이 있는, 오래가는

Tires are made of a **durable** material. 타이어는 내구성이 있는 물질로 만들어진다.
durable plastics 오래가는 플라스틱 제품들

353 fragile
[frǽdʒəl]

형 부서지기[손상되기] 쉬운 반 strong

Be careful with that vase - it's very **fragile**.
저 꽃병은 조심스럽게 다뤄. 그건 매우 부서지기 쉬워.

Word Link
물체를 묘사할 때, 오래 견디는 성질을 가진 것은 durable, 강하거나 튼튼하지 않은 것은 fragile이라고 표현해요.

354 withstand
[wiðstǽnd]

동 (withstood-withstood) 견뎌[이겨] 내다

This bridge was designed to **withstand** earthquakes.
이 다리는 지진을 견디도록 설계되었다.

355 extreme
[ikstríːm]

형 1 극도의, 극심한 2 지나친, 심각한 유 severe

The patient is in **extreme** pain. 그 환자는 극심한 통증을 겪고 있다.
extreme weather conditions 심각한 기상 상태

extremely 부 극도로, 극히

›› learn a phrase in a meaningful context 의미 있는 문맥 속에서 어구를 배우다

356 phrase [freiz]
명 구(句); 구절, 관용구
"In the kitchen" is a **phrase**, not a sentence. "부엌에서"는 구이지, 문장이 아니다.
a famous **phrase** 유명한 구절

357 phase [feiz]
명 (변화·발달의) 단계[국면] ❀ stage
When will the first **phase** of the project be completed?
그 프로젝트의 첫 단계는 언제 끝나나요?

> **Word Link**
> phrase와 phase는 전혀 다른 의미를 가지지만, 철자가 비슷해서 혼동되는 단어로 시험에 자주 출제돼요.

358 meaningful [míːniŋfəl]
형 의미 있는; 중요한
The test produced no **meaningful** results.
그 실험은 어떤 의미 있는 결과도 만들어내지 못했다.
meaning 명 뜻, 의미

359 context [kántekst]
명 1 (글의) 문맥 2 (어떤 일의) 정황, 맥락
The meaning of "fly" depends on its **context**. "fly"의 뜻은 문맥에 따라 달라진다.
look at an event in historical **context** 사건을 역사적 맥락에서 바라보다

›› have a massive impact on the domestic economy 국내 경제에 막대한 영향을 미치다

360 massive [mǽsiv]
형 1 거대한, 육중한 2 막대한
The bell is **massive**; it weighs over 40 tons.
그 종은 거대한데, 무게가 40톤이 넘는다.
a **massive** amount of money 엄청난 양의 돈

361 impact [ímpækt]
명 1 영향, 효과 ((on)) ❀ effect 2 충돌, 충격
Stress can have a negative **impact** on health.
스트레스는 건강에 부정적인 영향을 줄 수 있다.
explode on **impact** 충돌 시 폭발하다

362 domestic [dəméstik]
형 1 국내의 ⊕ international, foreign 2 가정의, 가사의
The airline only offers **domestic** flights. 그 항공사는 국내선만 제공한다.
domestic violence/chores 가정 폭력/집안일

363 economy [ikánəmi]
명 (the ~) 경제, 경기
The **economy** grew by 2% last year. 작년에 경제가 2% 성장했다.
economic 형 경제(상)의

주제: 정치

364 elect [ilékt]
통 선출하다, 선거하다
The people **elected** him as president of France.
국민들은 그를 프랑스의 대통령으로 선출했다.
election 명 선거

365 neutral [nú:trəl]
형 중립의, 중립적인
I try to remain **neutral** on political issues.
나는 정치적 이슈들에 중립을 유지하려 애쓴다.

366 appoint [əpɔ́int]
통 임명[지명]하다
The president **appointed** them as government officials.
대통령은 그들을 정부 관리로 임명했다.
appointment 명 임명; (만날) 약속, 예약

367 council [káunsəl]
명 (지방 자치 단체의) 의회
He is a member of the city **council**. 그는 시의회의 일원이다.
councilor 명 (시의회 등의) 의원

368 rank [ræŋk]
명 지위; 계급 통 (순위 등을) 매기다; (순위 등을) 차지하다
He holds a high **rank** in the government.
그는 정부에서 높은 지위를 차지한다.
Finland **ranks** among the safest countries in the world.
핀란드는 세계에서 가장 안전한 나라에 속한다.

369 district [dístrikt]
명 지구[지역]; (관할) 구역
Crimes are increasing in the poor **district**. 그 가난한 지역에 범죄가 증가하고 있다.

370 tense [tens]
형 긴장된[긴박한]; 긴장한
The situation became **tense** when the protest started.
그 시위가 시작되자 상황이 긴박해졌다.
tension 명 (심리적) 긴장; (관계 등의) 긴장 상태

371 run for
~에 출마하다[입후보하다]
She decided to **run for** mayor. 그녀는 시장 선거에 출마하기로 결심했다.

372 in office
재직하고 있는, 공직에 있는
The new president has been **in office** for less than a month.
그 새 대통령은 직무를 시작한지 한 달이 채 안되었다.

DAILY TEST

정답 p.196

[01~12] 영어는 우리말로, 우리말은 영어로 쓰세요.

01 context _____
02 phrase _____
03 massive _____
04 insult _____
05 meaningful _____
06 district _____

07 견뎌[이겨] 내다 _____
08 국내의; 가정의, 가사의 _____
09 경제, 경기 _____
10 부서지기[손상되기] 쉬운 _____
11 내구성이 있는, 오래가는 _____
12 선출하다, 선거하다 _____

[13~17] 다음 밑줄 친 부분과 바꿔 쓸 수 있는 알맞은 표현을 골라 연결하세요.

13 Stress can have a negative <u>impact</u> on health. • • ⓐ severe
14 The patient is in <u>extreme</u> pain. • • ⓑ effect
15 Many cancer patients have to <u>endure</u> extreme pain. • • ⓒ final
16 Their <u>ultimate</u> goal is to increase profits. • • ⓓ stand
17 When will the first <u>phase</u> of the project be completed? • • ⓔ stage

정치

[18~25] 다음 빈칸에 알맞은 단어를 넣어, 대화를 완성하세요.

A: Have you seen the news? It says that there's a new 18_____ leader 19_____ _____. She was officially 20_____ yesterday.

B: When did the councilors actually 21_____ her?

A: Two weeks ago. It was a 22_____ election. She now holds the highest 23_____ in the 24_____.

B: I wouldn't 25_____ _____ that job. It's too stressful!

A: 뉴스 봤어요? 새 18**의회** 의장이 19**재직 중**이래요. 그녀는 어제 공식적으로 20**임명되**었어요.
B: 의원들이 실제로 언제 그분을 21**선출한** 건가요?
A: 2주 전이요. 22**긴박한** 선거였어요. 그분은 이제 그 24**구역[지역구]**에서 가장 높은 23**지위**를 차지하고 있죠.
B: 나라면 그 일에 25**입후보하지** 않을 거예요. 그건 너무 스트레스 받는 일이에요!

DAY 16 • 079

DAY 17

>> **guarantee equal opportunities** for all 모두에게 동등한 기회를 보장하다

---

373 guarantee
[gærəntí:]

통 보장하다 명 1 보증(서) 2 보장(하는 것)

I **guarantee** that he is an honest person. 나는 그가 정직한 사람이란 것을 보장한다.
The TV comes with a year's **guarantee**.
그 TV는 1년간의 제품 보증서가 딸려 나온다.
There's no **guarantee** of success. 성공에 대한 보장은 없다.

---

374 equal
[í:kwəl]

형 1 동일한 2 평등한 통 (수·양 등이) ~과 같다

We are almost **equal** in height and weight. 우리는 키와 몸무게가 거의 같다.
Two plus three **equals** five. 2 더하기 3은 5다.

equality 명 평등   equally 부 똑같이, 동등하게

---

375 opportunity
[ὰpərtú:nəti]

명 기회 ⊕ chance

He had the **opportunity** to travel abroad. 그는 해외 여행할 기회가 있었다.
the **opportunity** of a lifetime 일생일대의 기회

>> the **initial symptoms** of **infection** 감염의 초기 증상들

---

376 initial
[iníʃəl]

형 처음의, 초기의 명 첫 글자, 이니셜

Initial reactions to the film were positive. 그 영화에 대한 첫 반응은 긍정적이었다.
The **initial** J stands for Jane. 그 이니셜 J는 Jane을 의미한다.

---

377 symptom
[símptəm]

명 증상

Take medicine to relieve cold **symptoms**.
감기 증상을 완화하기 위해서 약을 복용하라.

---

378 infection
[infékʃən]

명 감염, 전염(병)

Sharing needles can increase the danger of **infection**.
주사 바늘을 함께 쓰는 것이 감염의 위험을 높일 수 있다.
have an ear **infection** 중이염을 앓다

infect 동 감염시키다

---

379 infect
[infékt]

동 감염시키다

She **infected** her mom with the flu.
그녀는 엄마에게 독감을 옮겼다.

infection 명 감염, 전염(병)

> **Word Link**
> infection은 'infect(감염시키다) + -ion(명사 접미사)'로 만들어진 단어예요.

≫ suffer severe economic hardship 극심한 경제적 어려움을 겪다

380 suffer [sʌ́fər]
동 1 (병 등에) 고통받다 2 (불쾌한 일을) 겪다[당하다]
Tom **suffers** from a rare disease. 톰은 희귀병을 앓고 있다.
suffer a defeat 패배를 당하다
suffering 명 (육체적·정신적) 고통

381 severe [sivíər]
형 심각한 ⊕ serious
The patient is in **severe** pain. 그 환자는 극심한 통증에 시달리고 있다.
severely 부 심하게, 엄하게

382 economic [ìːkənámik]
형 경제(상)의
The country's **economic** growth is slow. 그 나라의 경제 성장은 더디다.
economy 명 경제, 경기

383 crisis [kráisis]
명 (복수형 crises) 위기, 고비
The car industry is now in **crisis**.
자동차 산업이 현재 위기에 처해 있다.

> **Word Link**
> '경제 위기'라고 말할 때, 영어로 economic crisis라고 표현해요.

384 hardship [háːrdʃip]
명 어려움, 고난
It is a poor country, and the people face great **hardship**.
그곳은 가난한 나라고, 국민들이 큰 고난에 직면해 있다.

≫ experts try to foresee the consequences of a war 전문가들이 전쟁의 결과를 예견하려 애쓰다

385 expert [ékspəːrt]
명 전문가 형 전문가의; 숙련된
He is an **expert** on classic literature. 그는 고전 문학 전문가이다.
Get some **expert** advice. 전문가의 조언을 좀 얻어라.
an **expert** driver 숙련된 운전자

386 foresee [fɔːrsíː]
동 (foresaw-foreseen) 예견하다 ⊕ predict
It is difficult to **foresee** what will happen.
무슨 일이 일어날지 예견하기 어렵다.

387 consequence [kánsəkwèns]
명 (발생한 일의) 결과 ⊕ result
Climate change can have serious **consequences**.
기후 변화가 심각한 결과를 가져올 수 있다.

주제 ▶ 노동과 사회

388 status [stéitəs]
명 1 지위, 신분 2 상태, 상황
In some countries, women still have lower **status**.
일부 국가에서는, 여성이 아직도 더 낮은 지위를 갖는다.

389 burden [bə́ːrdn]
명 짐, 부담 동 ~에게 짐[부담]을 지우다
Caring for old people can be a heavy **burden**.
노인들을 돌보는 일은 큰 부담일 수 있다.

390 coordinate [kouɔ́ːrdənèit]
동 조직하다; 조정하다
They **coordinated** their efforts to help the homeless.
그들은 노숙자들을 돕기 위해 조직적인 노력을 기울였다.
coordination 명 조직(화), 협동

391 expose [ikspóuz]
동 1 노출시키다, 드러내다 2 폭로하다
Children are **exposed** to violence on TV.
아이들은 TV에 나오는 폭력에 노출되어 있다.
exposure 명 노출

392 integrate [íntəgrèit]
동 통합시키다[되다] ((into, with))
The policy is to **integrate** disabled children into regular schools.
그 정책은 장애아동들을 일반 학교에 통합시키는 것이다.

393 generation [dʒènəréiʃən]
명 세대(비슷한 연령층), 같은 시대의 사람들
There is a huge **generation** gap between parents and their teenage children. 부모와 그들의 10대 자녀들 사이에는 큰 세대 차이가 있다.

394 labor [léibər]
명 노동, 근로
The company uses women and children for cheap **labor**.
그 회사는 값싼 노동을 위해 여성과 아이들을 이용한다.

395 against one's will
자신의 의지에 반해서
Sometimes we are forced to do things **against our will**.
때때로 우리는 우리들의 의지에 반해 억지로 어떤 일을 하게 된다.

396 regardless of
~에 상관없이
Treat everyone fairly, **regardless of** race and religion.
인종과 종교에 관계없이, 모든 사람들을 공평하게 대하라.

DAILY TEST

정답 p.196

[01~07] 다음 우리말과 같은 뜻이 되도록 빈칸에 알맞은 단어를 쓰세요.

01 숙련된 운전자   an _____ driver
02 무슨 일이 일어날지 예견하다   _____ what will happen
03 감기 증상들을 완화시키다   relieve cold _____
04 그 영화에 대한 첫 반응   _____ reactions to the film
05 큰 고난에 직면하다   face great _____
06 1년간의 제품 보증서   a year's _____
07 패배를 당하다   _____ a defeat

[08~11] 다음 짝지어진 두 단어의 관계가 같도록 빈칸에 알맞은 단어를 쓰세요.

08 economic : economy = _____ : equality
09 _____ : serious = foresee : predict
10 chance : _____ = result : consequence
11 infect : infection = _____ : suffering

노동과 사회

[12~18] 다음 빈칸에 알맞은 단어를 넣어, 이야기를 완성하세요.

"What shall we do?" sighed Mom. "My father is ninety-two and wants to leave us to live on his own! He doesn't want to be a ¹² _____, but he is too old to live by himself. We can't put him in a *nursing home ¹³ _____ his _____. But how do we ¹⁴ _____ his care?" "His ¹⁵ _____ worked hard all their lives," said Dad. "He has ¹⁶ _____ well into our home. We don't want to ¹⁷ _____ him to any stress by moving him. ¹⁸ _____ _____ the extra work, I think he should stay here."

*nursing home: 양로원

"우리가 어떻게 해야 할까?"라며 엄마가 한숨을 쉬었다. "우리 아버지는 92세인데 우리를 떠나서 혼자 힘으로 살고 싶어 하셔! 그는 ¹²**짐**이 되길 원치 않지만, 혼자 사시기엔 나이가 너무 많으셔. 우리가 그의 ¹³**의지에 반해서** 그를 양로원에 보낼 수도 없어. 하지만 그분을 돌보는 일을 어떻게 ¹⁴**조정하지**?" "그의 ¹⁵**세대**는 평생 열심히 일하셨지"라고 아빠는 말했다. "아버님은 우리 집에 잘 ¹⁶**통합되셨어[융화되셨어**]. 그분을 (다른 곳으로) 옮겨서 그를 스트레스에 ¹⁷**노출시키고** 싶진 않잖아. 일이 추가되는 것에 ¹⁸**상관없이**, 그는 여기 머물러야 한다고 나는 생각해."

DAY 18

>> not **intend** to **deceive/interfere** 속이려는/간섭하려는 의도는 없다

397 intend
[inténd]

동 의도[작정]하다
I **intend** to leave early in the morning. 나는 아침 일찍 떠날 작정이다.
intention 명 의도

398 deceive
[disíːv]

동 속이다, 기만하다
The man **deceived** me into buying this broken car.
그 남자는 나를 속여 내가 이 고장 난 차를 사게 했다.
deception 명 속임(수), 기만

399 interfere
[ìntərfíər]

동 간섭[참견]하다 ((in, with))
She tries not to **interfere** in her children's lives.
그녀는 자녀의 삶에 참견하지 않으려 애쓴다.
interference 명 간섭, 참견
참고 **interfere with** ~을 방해하다[~에 지장을 주다]

>> **found** an **institution** for **abandoned** children 버려진 아이들을 위한 기관을 설립하다

400 found
[faund]

동 설립하다 establish
The British Museum was **founded** in 1753. 대영박물관은 1753년에 설립되었다.
foundation 명 설립

401 institution
[ìnstətjúːʃən]

명 1 기관, 단체 2 제도, 관습
Harvard University is an outstanding educational **institution**.
하버드 대학은 뛰어난 교육 기관이다.

402 finance
[fáinæns]

명 1 재정, 재무 2 (-s) 자금, 재원
She is the minister of **finance**.
그녀는 재무 장관이다.
The library closed due to a lack of **finances**.
그 도서관은 자금 부족으로 문을 닫았다.
financial 형 금융[재정]의

Word Link
기관 설립을 위해서는 '재원을 마련해야(raise finances)' 해요.

403 abandon
[əbǽndən]

동 1 버리다; 버리고 떠나다 2 포기하다[단념하다] give up
The dog was **abandoned** by its owner. 그 개는 주인에게 버림받았다.
abandon your dream of being a singer 가수가 되려는 꿈을 포기하다

» not a **valid contract unless** it's signed 서명이 되어있지 않으면 유효한 계약이 아니다

404 valid [vǽlid]
- 형 1 타당한 2 (법적으로) 유효한
- His argument is **valid**. 그의 주장은 타당하다.
- The passport is only **valid** until May 20th. 그 여권은 5월 20일까지만 유효하다.

405 contract [kɑ́:ntrækt]
- 명 계약(서) 동 [kəntrǽkt] 계약하다
- She broke her **contract** when she left the company.
  그녀는 회사를 떠나면서 계약을 위반했다.
- The player is **contracted** to play until April.
  그 선수는 4월까지 뛰기로 계약되어 있다.

406 unless [ənlés]
- 접 ~하지 않으면 (= if ~ not)
- **Unless** you take this medicine, you won't get better.
  네가 이 약을 먹지 않으면, 낫지 않을 거야.

» **neglect** an **essential aspect** of **democracy** 민주주의의 필수적인 측면을 등한시하다

407 neglect [niglékt]
- 동 1 (돌보지 않고) 방치하다 2 등한시하다
- He **neglects** that poor dog. 그는 그 불쌍한 개를 방치한다.
- **neglect** the doctor's advice 의사의 충고를 등한시하다

408 essential [isénʃəl]
- 형 필수적인, 없어서는 안 될
- Regular exercise is **essential** for your health.
  규칙적인 운동은 건강에 필수적이다.
- **essence** 명 본질, 진수

409 aspect [ǽspekt]
- 명 측면
- Money affects all **aspects** of your life. 돈은 삶의 모든 측면에 영향을 준다.

410 democracy [dimɑ́krəsi]
- 명 민주주의
- Greece is the home of **democracy**. 그리스는 민주주의의 발상지이다.
- **democratic** 형 민주주의의, 민주적인

411 diverse [daivə́:rs]
- 형 다양한
- His interests are very **diverse**.
  그의 관심사는 매우 다양하다.
- **diversity** 명 다양성

Word Link
민주주의에 있어 필수적인 것은 '다양한 미디어[매체](diverse media)'를 통한 여러 목소리를 인정하는 것이에요.

주제: 교통상황

412 route [ruːt]
명 길, 경로; 노선
Let's look at the map and take the best **route**. 지도를 보고 가장 좋은 길로 가자.
Is your house on a bus **route**? 당신의 집은 버스 노선 상에 있나요?

413 delay [diléi]
명 지연, 지체 동 1 지연[지체]시키다 2 미루다
Flight **delays** sometimes occur. 비행기 지연은 이따금 일어난다.
Heavy rain **delayed** the start of the game. 폭우가 그 경기의 시작을 지연시켰다.
delay our vacation until next month 우리 휴가를 다음 달까지 미루다

414 approach [əpróutʃ]
동 접근하다 명 접근; 접근법
The train is **approaching** the station. 열차가 역에 접근하고 있다.
a new **approach** to handling heavy traffic
극심한 교통량을 처리하기 위한 새로운 접근법

415 parallel [pǽrəlèl]
형 평행의, 나란한
Two trains are running on **parallel** lines. 두 기차가 평행선 위를 달리고 있다.

416 curve [kəːrv]
명 곡선, 커브 동 구부러지다, 곡선을 이루다
Slow down at the **curve**. 커브에서 서행하세요.
The road **curves** like a snake. 그 도로는 뱀처럼 곡선을 이룬다.

417 spare [spɛər]
형 남는; 여분의 동 (시간·돈 등을) 할애하다[내어 주다]
Do you have a **spare** car key? 당신은 여분의 자동차 키가 있나요?
I can't **spare** the time to change your tire.
나는 너의 타이어를 교체할 시간을 내어 줄 수 없다.

418 rush [rʌʃ]
동 돌진하다, 급하게 가다 명 1 돌진 2 혼잡
The police **rushed** to the scene of the car accident.
경찰은 차 사고 현장에 급히 갔다.
make a **rush** for the exit 출구 쪽으로 돌진하다
avoid **rush** hour 혼잡 시간대를 피하다

419 run late
(예정보다) 늦어지다, 늦게 도착하다
Flights often **run late** or get canceled.
비행기는 종종 늦게 도착하거나 취소되기도 한다.

420 be stuck in
~에 갇히다, ~에 꼼짝 못하다
I was **stuck in** traffic for an hour. 나는 교통체증에 한 시간 동안 갇혀 있었다.

DAILY TEST

[01~12] 영어는 우리말로, 우리말은 영어로 쓰세요.

01 neglect _____
02 institution _____
03 abandon _____
04 intend _____
05 diverse _____
06 delay _____

07 ~하지 않으면 _____
08 계약(서); 계약하다 _____
09 측면 _____
10 속이다, 기만하다 _____
11 타당한; (법적으로) 유효한 _____
12 평행의, 나란한 _____

[13~17] 다음 괄호 안에서 알맞은 말을 고르세요.

13 The British Museum was (founded / foundation) in 1753.

14 The library closed due to a lack of (financial / finances).

15 Greece is the home of (democracy / democratic).

16 Regular exercise is (essence / essential) for your health.

17 She tries not to (interference / interfere) in her children's lives.

교통상황

[18~25] 다음 빈칸에 알맞은 단어를 넣어, 이야기를 완성하세요.

On Tuesdays, Louise had dance class in the village hall. Dad was 18_____ _____ after work. They set off on their usual 19_____ as soon as he got home. Soon they were 20_____ _____ heavy traffic. Nobody was going anywhere. They saw 21_____ lines of cars 22_____ around into the distance. They moved slowly forward, 23_____ the hall. Louise 24_____ into her dance class with two minutes left. "Sorry for the 25_____!" she cried.

화요일마다, 루이즈는 마을 회관에서 댄스 수업을 들었다. 아빠는 퇴근 후 18**늦어지고** 있었다. 아빠가 집에 도착하자마자 그들은 평소 가던 19**경로**로 출발했다. 곧 그들은 극심한 교통체증으로 20**꼼짝 못하게** 되었다. 아무도 그 어디로도 움직이지 못하고 있었다. 그들은 멀리서 21**평행**선을 이루고 있는 차들을 보았는데, 그것들은 22**곡선을 그리고** 있었다. 그들은 천천히 앞으로 움직이면서 그 회관에 23**다가갔다**. 루이즈는 2분을 남기고 그녀의 댄스 수업실로 24**급하게 들어갔다**. "25**지체해서** 미안해요!"라고 그녀가 외쳤다.

DAY 19

›› a compliment boosts confidence 칭찬은 자신감을 북돋운다

421 compliment
[kάmpləmənt]

명 칭찬 ⊕ praise 동 칭찬하다 ⊕ praise
She always gives me a **compliment**. 그녀는 늘 내게 칭찬을 해준다.
He **complimented** her on her speech. 그는 그녀의 연설에 대해 칭찬했다.

422 boost
[buːst]

동 신장시키다, 북돋우다 명 부양책
Companies work hard to **boost** sales.
기업들은 매출을 신장시키기 위해 열심히 일한다.
give a **boost** to the economy 경기를 부양하다

423 confidence
[kάnfədəns]

명 1 자신감 2 신뢰, 신임
He is full of **confidence**. 그는 자신감에 차 있다.
The players have **confidence** in their coach. 그 선수들은 그들의 감독을 신뢰한다.
confident 형 자신감 있는; 확신하는

›› tensions escalate in Pakistan's border region 파키스탄 국경 지역의 긴장이 고조되다

424 tension
[ténʃən]

명 1 (심리적) 긴장 2 (관계 등의) 긴장 상태
Breathing deeply helps to reduce **tension**.
심호흡은 긴장을 낮추는 데 도움이 된다.
growing **tensions** between the two countries
양국 간에 고조되고 있는 긴장 상태
tense 형 긴장된[긴박한]; 긴장한

425 escalate
[éskəlèit]

동 확대[증가]되다 ((into)); 확대[증가]시키다
The local war **escalated** into a global war. 국지전이 세계 전쟁으로 확대되었다.
The cold weather has **escalated** fuel prices. 추운 날씨가 연료비를 증가시켰다.

426 border
[bɔ́ːrdər]

명 국경, 경계
You need a passport to cross the **border**. 국경을 넘으려면 여권이 필요하다.
the **border** between the US and Mexico 미국과 멕시코 사이의 경계

427 region
[ríːdʒən]

명 지역, 지방 ⊕ area
This **region** is famous for its apples. 이 지역은 사과로 유명하다.
regional 형 지방[지역]의

≫ encourage individuals to conserve energy 개개인에게 에너지 절약을 장려하다

428 encourage [inkɔ́:ridʒ]
동 1 격려하다, 북돋우다 (반) discourage 2 장려[권장]하다 (반) discourage
Encourage each other with kind words. 다정한 말로 서로를 격려해라.
encourage people to save money 사람들에게 저축을 장려하다

429 discourage [diskɔ́:ridʒ]
동 1 낙담하게 하다 (반) encourage
2 막다[말리다] (반) encourage
His bad test grade **discouraged** him. 나쁜 시험 성적이 그를 낙담하게 했다.
discourage people from smoking 사람들이 흡연하는 것을 막다

> **Word Link**
> discourage는 encourage의 반의어로, 'dis-(반대, 떨어져서) + courage(용기)'로 만들어져요.

430 individual [ìndəvídʒuəl]
형 1 개개의, 개별의 2 개인(용)의 명 개인
Each **individual** nation has its capital. 각 개별 국가에는 수도가 있다.
respect for the rights of an **individual** 개인의 권리에 대한 존중
individually 부 개별적으로

431 conserve [kənsə́:rv]
동 1 아껴 쓰다 2 보호[보존]하다 (유) preserve
It is important to **conserve** energy. 에너지를 아껴 쓰는 것은 중요하다.
conservation 명 (자연 환경) 보호, 보존

≫ eventually arrest a murder suspect 마침내 살인 용의자를 체포하다

432 eventually [ivéntʃuəli]
부 결국, 마침내
I am sure that we'll succeed **eventually**. 나는 결국 우리가 성공할 거라 확신해.
eventual 형 궁극[최종]적인

433 arrest [ərést]
동 체포하다 명 체포
The police **arrested** the criminal. 경찰이 그 범죄자를 체포했다.
under **arrest** 체포된[구금중인]

434 murder [mə́:rdər]
명 살인 동 살해[살인]하다
The thief committed **murder**. 그 도둑은 살인을 저질렀다.
A woman was **murdered** last night. 지난밤에 한 여성이 살해당했다.

435 suspect [səspékt]
동 의심하다 명 [sʌ́spekt] 혐의자, 용의자
No one **suspects** you of cheating. 아무도 네가 부정행위를 했다고 의심하지 않아.
the main **suspect** 유력한 용의자

주제: 교육

436 discipline [dísəplin]
명 규율, 훈육 동 훈육하다
Some parents complain about the school's strict **discipline**.
일부 부모님들은 그 학교의 엄격한 규율에 불평한다.
discipline a child 아이를 훈육하다

437 idle [áidl]
형 1 게으른, 나태한 ≒ lazy 2 일하지[가동되지] 않는, 놀고 있는
The **idle** students never finished their homework.
그 나태한 학생들은 자신들의 숙제를 결코 끝내지 못했다.
lie **idle** 사용되지 않고[놀고] 있다

438 assign [əsáin]
동 (일 등을) 맡기다, 부여하다
She **assigned** a different task to the students.
그녀는 학생들에게 서로 다른 과제를 하나씩 부여했다.
assignment 명 과제, 임무

439 inspire [inspáiər]
동 용기를 북돋우다, 격려하다; (감정 등을) 불어넣다
The teacher **inspired** us to study much harder.
선생님은 우리에게 더 열심히 공부하라고 격려해주었다.
inspiration 명 고무, 격려; 영감

440 session [séʃn]
명 (특정 활동을 위한) 기간[시간]
After the lecture, there will be a question-and-answer **session**.
강의 후에, 질의응답 시간이 있을 것이다.

441 register [rédʒistər]
동 등록하다 명 등록부, 명부
How do I **register** for an English course? 영어 강좌에 어떻게 등록하나요?
registration 명 등록

442 brilliant [bríljənt]
형 1 훌륭한, 뛰어난 2 아주 밝은, 눈부신 ≒ bright
He is the most **brilliant** student in the class. 그는 반에서 가장 뛰어난 학생이다.
The school uniform is a **brilliant** blue. 그 교복은 아주 밝은 파란색이다.

443 turn in
~을 제출하다 ≒ hand in
You must **turn in** your homework by Friday.
너는 금요일까지 숙제를 제출해야 한다.

444 catch up (with)
(속도·진도를) 따라잡다
I missed a lot of classes, so it was difficult to **catch up**.
나는 수업을 많이 빠져서, 따라잡기가 어려웠다.

DAILY TEST

정답 p.197

[01~07] 다음 우리말과 같은 뜻이 되도록 빈칸에 알맞은 단어를 쓰세요.

01 체포된[구금중인]   under _____

02 국경을 넘다   cross the _____

03 아이를 훈육하다   _____ a child

04 경기를 부양하다   give a _____ to the economy

05 유력한 용의자   the main _____

06 사람들에게 저축을 장려하다 _____ people to save money

07 개인의 권리   the rights of an _____

[08~09] 다음 짝지어진 단어의 관계가 나머지와 <u>다른</u> 하나를 고르세요.

08 ⓐ confidence – confident   ⓑ tension – tense
    ⓒ conservation – conserve   ⓓ region – regional

09 ⓐ idle – lazy   ⓑ compliment – praise
    ⓒ encourage – discourage   ⓓ brilliant – bright

교육

[10~16] 다음 빈칸에 알맞은 단어를 넣어, 이야기를 완성하세요.

Today was *parent-teacher meeting day. It didn't go well. "Eric ¹⁰_____ _____ a ¹¹_____ essay on Shakespeare, last week," said my teacher. "He helps the younger students ¹²_____ _____ _____ their schoolwork. He often writes poems that ¹³_____ others. He also offered an after-school class for his friends. But if the subject isn't English, he isn't interested. Eric lacks ¹⁴_____. He's ¹⁵_____. Sorry Eric – I'm going to ¹⁶_____ you extra math and science homework."

*parent-teacher meeting: 학부모 교사 면담

오늘은 학부모 교사 면담의 날이었다. 일이 잘 안 되었다. "지난주 에릭은 셰익스피어에 대한 ¹¹**훌륭한** 에세이를 ¹⁰**제출했어요**"라고 선생님이 말했다. "그는 자기보다 어린 학생들이 학교 공부를 ¹²**따라잡을 수** 있도록 도와줍니다. 그는 종종 다른 사람들을 ¹³**격려하는** 시를 써요. 그는 또한 친구들에게 방과 후 수업을 제안하기도 했어요. 그런데 과목이 영어가 아닐 경우엔, 그는 관심을 보이지 않아요. 에릭은 ¹⁴**훈육**이 부족해요. 그는 ¹⁵**게으릅니다**. 미안하다, 에릭. 나는 너에게 추가적인 수학과 과학 숙제를 ¹⁶**부여할** 거야."

DAY 20 Challenge

The Young Thief

"You know the **saying**, 'carpe diem?'" I asked. "It means '**seize** the day.' Well, I saw this **attractive** watch and I took it. It was beautiful beyond **comparison** …"

"… and now you're suspended," **concluded** my school **counselor**. He tried to **assess** my actions. "A **random** theft from a teacher? Why? You're from a **stable** family. You're smart. That's **evident**, but now your sudden **desire** to steal means you'll have to **postpone** your studies, or even **quit** this college. **Whatever** your excuses are, nothing **justifies** your behavior. Such **definite** *stupidity **depresses** me."

*stupidity: 어리석음, 어리석은 짓

어린 도둑 "혹시 '카르페 디엠'이라는 말을 아세요?"라고 나는 물었다. "그건 '오늘을 붙잡아라'라는 의미예요. 자, 저는 이 매혹적인 시계를 보고 그걸 훔쳤어요. 그건 어디에 비할 수 없을 만큼 아름다웠어요…" "… 그런데 이제 넌 정학을 당한 상태야"라고 우리 학교 상담사는 말을 끝맺었다. 그는 내 행동에 대해 판단해보려 애썼다. "선생님에게서 닥치는 대로 도둑질을? 왜? 넌 안정적인 집안 출신이야. 너는 똑똑하지. 그건 분명하지만, 이제 너에게 생긴 갑작스러운 절도의 욕구는 네가 학업을 미뤄야 할 수도, 심지어 대학을 관둬야 할 수도 있다는 걸 의미해. 네 변명이 뭐든 간에, 아무것도 네 행동을 정당화하진 못해. 그러한 명백한 아둔함은 날 우울하게 하는구나."

Choose the correct word.

1 "To kill two birds with one stone" is a common _____.
 ⓐ counselor ⓑ comparison ⓒ desire ⓓ saying

2 To make a judgement about students' progress is to _____ it.
 ⓐ assess ⓑ justify ⓒ quit ⓓ conclude

3 Something that seems easy to notice is said to be _____.
 ⓐ attractive ⓑ random ⓒ definite ⓓ evident

4 If you _____ doing your homework, you will just have to do it later.
 ⓐ quit ⓑ seize ⓒ postpone ⓓ depress

5 To give reasons for what you do is to _____ your actions.
 ⓐ depress ⓑ justify ⓒ conclude ⓓ assess

Answers 1 ⓓ 2 ⓐ 3 ⓓ 4 ⓒ 5 ⓑ

1 "일석이조"는 흔한 속담이다. 2 학생들의 발전에 대해 판단을 내리는 것은 평가하는 것이다. 3 알아채기 쉬워 보이는 것은 명백한 것이라고 말한다. 4 숙제를 미루면 그냥 나중에 해야 할 것이다. 5 자신이 하는 일에 대한 이유를 대는 것은 자신의 행동을 정당화하는 것이다.

445 saying
[séiiŋ]

n. an old and well-known phrase 속담, 격언

1 "Kill two birds with one stone" is a **saying**.

SYN proverb

446 seize
[siːz]

v. to take something quickly and keep or hold it (사람·사물·기회 등을) 와락[꽉] (붙)잡다

2 Suddenly, he **seized** her hand.

3 **Seize** the chance; otherwise, you will regret it.

SYN grab

447 attractive
[ətræktiv]

attract *v.* 끌어들이다; (주의·흥미를) 끌다

adj. having a feature or quality that people like 매력적인, 멋진

4 There is an **attractive** garden in the yard.

SYN appealing, charming
ANT ugly, unattractive

448 comparison
[kəmpǽrisn]

compare *v.* (둘을) 비교하다; 비유하다

n. the act of comparing 비교(함); 비유

5 She is friendly; in **comparison**, her sister is shy.

Plus+ · in comparison 비교해 보면

449 conclude
[kənklúːd]

conclusion *n.* 결말; 결론

v. to form an opinion; to stop or finish 결론을 내리다; 끝내다

6 The teacher finally **concluded** that he did nothing wrong.

7 We **concluded** the meeting and went out for lunch.

SYN decide, determine; end, complete, finish

450 counselor
[káunsələr]

counsel *v.* (전문적인) 상담을 하다

n. a person who gives advice as a job 상담사

8 The school **counselor** helped him choose his courses.

451 assess
[əsés]

assessment *n.* 평가(한 의견)

v. to evaluate something in order to make a judgement about it 평가하다

9 We need to **assess** this new situation carefully.

SYN evaluate, judge

---

1 "돌 하나로 새 두 마리를 잡는다"라는 속담이 있다. 2 그는 갑자기 그녀의 손을 꽉 잡았다. 3 기회를 잡아라, 안 그러면 후회할 것이다. 4 그 마당에는 멋진 정원이 있다. 5 그녀는 친근한 데에 비해, 그녀의 여동생은 수줍음을 탄다. 6 선생님은 결국 그는 아무 잘못도 하지 않았다고 결론을 내렸다. 7 우리는 회의를 끝내고 점심을 먹으러 나갔다. 8 학교 상담사는 그가 수업을 선택하는 것을 도와주었다. 9 우리는 이 새로운 상황을 신중하게 평가해야 한다.

| 452 | **random** [rǽndəm] randomly *adv.* 무작위로 | *adj. made or done by chance* 무작위의, 임의의
 1 Pick a **random** number. |

| 453 | **stable** [stéibl] stability *n.* 안정(감) | *adj. steady and unlikely to move or change* 안정된, 안정적인
 2 This chair doesn't look very **stable**.
 3 The patient's condition is now **stable**.
 [SYN] firm, steady, secure |

| 454 | **evident** [évədənt] evidently *adv.* 분명히, 눈에 띄게 | *adj. easy to see or understand* 분명한, 눈에 띄는
 4 Her happiness is **evident** to all.
 [SYN] obvious, clear |

| 455 | **desire** [dizáiər] desirable *adj.* 바람직한 | *n. a strong wish; the feeling of wanting something* 욕구, 갈망; 바람
 5 The leader has a strong **desire** for power.
 6 He expressed a **desire** to visit me.
 [SYN] hope, wish |

| 456 | **postpone** [poustpóun] | *v. to change the date or time of a planned action to a later one* 연기하다, 미루다
 7 The match was **postponed** because of heavy snow.
 [SYN] put off, delay |

| 457 | **quit** [kwit] (quit-quit) | *v.* **1** *to leave a job, school, etc.* (직장·학교 등을) 그만두다
 8 She **quit** school at 17.
 v. **2** *to stop doing something* (하던 일을) 그만하다
 9 He **quit** smoking years ago.
 [SYN] 1 leave 2 stop, give up |

1 임의의 숫자를 하나 골라봐. 2 이 의자는 그리 안정적으로 보이지 않는다. 3 그 환자의 상태는 이제 안정적이었다. 4 그녀가 행복하다는 것은 모두에게 분명하다. 5 그 지도자는 힘에 대해 강한 갈망을 갖고 있다. 6 그는 나를 찾아오고 싶다는 바람을 표했다. 7 그 경기는 폭설 때문에 연기되었다. 8 그녀는 17살에 학교를 그만두었다. 9 그는 수년 전에 담배를 끊었다.

458 whatever
[wʌtévər]

pron. **1** *anything or everything that is wanted, needed, or possible*
(~하는 것은) 무엇이든지

1 Take **whatever** you want.

pron. **2** *no matter what* 어떤 ~라도

2 **Whatever** I suggest, she always disagrees.

459 justify
[dʒʌ́stəfài]
justification *n.* 정당화(하는 것)

v. to show to be true or right; to provide good reasons for
옳음을 보여주다; 정당화하다

3 You'll need evidence to **justify** your claim.

4 Nothing can **justify** violence.

460 definite
[défənit]
definitely *adv.* 확실히, 분명히

adj. clearly known, seen, or stated 확실한, 확고한

5 There is no **definite** answer yet.

SYN clear, certain

461 depress
[diprés]
depression *n.* 우울증, 우울함

v. to make someone feel sad 우울하게 하다

6 Failing the test **depressed** him.

ANT amuse

+ More Words

462 possess
[pəzés]
possession *n.* 소유(물)

v. to have or own something 소유[소지/보유]하다

7 I now **possess** a valuable painting.

SYN have, own

463 costly
[kɔ́ːstli]
cost *n.* 비용, 값
 v. (값·비용이) ~이다[들다]

adj. of high cost or value 값이 비싼

8 Diamonds are **costly**.

SYN expensive, valuable

ANT cheap

464 restrict
[ristríkt]
restriction *n.* 제한[규제]

v. to keep something within certain limits 제한[한정]하다

9 My parents **restricted** me to an hour of TV a day.

SYN limit

---

1 네가 원하는 것은 무엇이든지 가져가라. 2 내가 무슨 제안을 하든 그녀는 늘 동의하지 않는다. 3 네 주장이 옳다는 걸 보여주기 위해서는 증거가 필요할 것이다. 4 그 무엇도 폭력을 정당화할 수 없다. 5 아직 확실한 답은 없다. 6 시험에서 떨어지는 일은 그를 우울하게 만들었다. 7 이제 나는 값진 그림을 소유하고 있다. 8 다이아몬드는 값이 비싸다. 9 내 부모님은 내가 TV를 하루 한 시간만 시청하도록 제한하셨다.

REVIEW TEST DAY 16~20

정답 p.197

A 덩어리 표현 우리말에 맞게 빈칸을 채워 핵심 표현을 완성하세요.

01 endure the _____ _____ 최대의 모욕을 견디다

02 _____ enough to withstand _____ heat 극도의 열을 견뎌낼 만큼 내구성이 있는

03 learn a phrase in a _____ _____ 의미 있는 문맥 속에서 어구를 배우다

04 have a massive _____ on the _____ economy 국내 경제에 막대한 영향을 미치다

05 _____ _____ opportunities for all 모두에게 동등한 기회를 보장하다

06 the _____ symptoms of _____ 감염의 초기 증상들

07 suffer _____ economic _____ 극심한 경제적 어려움을 겪다

08 _____ try to _____ the consequences of a war
    전문가들이 전쟁의 결과를 예견하려 애쓰다

09 not _____ to _____ 속이려는 의도는 없다

10 _____ an _____ for abandoned children 버려진 아이들을 위한 기관을 설립하다

11 not a _____ _____ unless it's signed 서명이 되어있지 않으면 유효한 계약이 아니다

12 _____ an essential _____ of democracy 민주주의의 필수적인 측면을 등한시하다

13 a _____ boosts _____ 칭찬은 자신감을 북돋운다

14 _____ individuals to _____ energy 개개인에게 에너지 절약을 장려하다

15 eventually _____ a murder _____ 마침내 살인 용의자를 체포하다

B 주제별 어휘 우리말에 맞게 빈칸을 채워 문장을 완성하세요.

정치

01 There's a new _____ leader _____ _____.
    새 의회 의장이 재직 중이다.

02 When did the councilors actually _____ her?
    그 의원들이 실제로 언제 그녀를 선출했나?

03 She now holds the highest _____ in the _____.
    그녀는 이제 그 구역[지역구]에서 가장 높은 지위를 차지한다.

노동과 사회 **04** He doesn't want to be a _____.
그는 짐이 되길 원치 않는다.

05 We can't put him in a nursing home _____ his _____.
우리가 그의 의지에 반해서 그를 양로원에 보낼 수도 없다.

06 We don't want to _____ him to any stress by moving him.
우리는 그를 옮겨서 그를 스트레스에 노출시키고 싶진 않다.

교통상황 **07** They set off on their usual _____ as soon as he got home.
그가 집에 도착하자마자 그들은 평소 가던 경로로 출발했다.

08 Soon they were _____ _____ heavy traffic.
곧 그들은 극심한 교통체증으로 꼼짝 못하게 되었다.

09 They moved slowly forward, _____ the hall.
그들은 천천히 앞으로 움직이면서 그 회관에 다가갔다.

교육 **10** He often writes poems that _____ others.
그는 종종 다른 사람들을 격려하는 시를 쓴다.

11 Eric lacks _____. He's _____.
에릭은 훈육이 부족하다. 그는 게으르다.

12 I'm going to _____ you extra math and science homework.
나는 너에게 추가적인 수학과 과학 숙제를 부여할 것이다.

C Challenge 우리말에 맞게 빈칸을 채워 문장을 완성하세요.

01 He tried to _____ my actions.
그는 내 행동에 대해 판단해보려 애썼다.

02 Your sudden _____ to steal means you'll have to _____ your studies.
너에게 생긴 갑작스러운 절도의 욕구는 네가 학업을 미뤄야 할 것을 의미한다.

03 _____ your excuses are, nothing _____ your behavior.
네 변명이 뭐든 간에, 아무것도 네 행동을 정당화하진 못한다.

04 Such _____ stupidity _____ me.
그러한 명백한 아둔함은 날 우울하게 한다.

05 My parents _____ me to an hour of TV a day.
내 부모님은 내가 TV를 하루 한 시간만 시청하도록 제한했다.

DAY 11~20 CUMULATIVE TEST

[01~30] 다음 단어의 뜻을 쓰세요.

01 grant
02 apology
03 convert
04 remove
05 maintain
06 violate
07 critical
08 sufficient
09 assist
10 prefer
11 ensure
12 gradual
13 translate
14 anxious
15 cruel
16 endure
17 fragile
18 impact
19 equal
20 infect
21 severe
22 deceive
23 valid
24 essential
25 confidence
26 border
27 encourage
28 seize
29 assess
30 stable

[31~40] 다음 뜻을 가진 단어를 쓰세요.

31 부상당한, 다친
32 처벌하다, 벌주다
33 가르치다; 지시하다
34 분명한[명백한]
35 절망
36 내구성이 있는, 오래가는
37 노동, 근로
38 평행의, 나란한
39 우울하게 하다
40 무작위의, 임의의

[41~45] 다음 숙어의 뜻을 쓰세요.

41 put up with
42 be supposed to
43 make up for
44 run late
45 catch up

Know More

> 미드 속 영어표현 2

범죄 드라마

범죄 스릴러 드라마에 자주 등장하는 유용한 영어표현을 배워 보세요.

CSI
과학수사대

Crime Scene Investigation의 약자로, crime은 '범죄', scene은 '현장', 그리고 investigation은 '수사'를 의미해요. 따라서 CSI는 범죄 현장 조사를 하는 과학수사대를 뜻해요. 한국 과학수사대는 Korea의 K를 앞에 붙여 KCSI라고 해요.

take the Fifth
묵비권을 행사하다

the Fifth는 법정에서 자신에게 불리한 증언을 거부할 수 있는 피고인의 묵비권을 인정한 미국 헌법 수정조항 제5조에서 유래한 표현이에요. 따라서 "I'll take the Fifth."라고 하면, "나는 묵비권을 행사하겠다"는 의미예요.

hate crime
증오 범죄

hate는 명사로 '증오'를 뜻하고, crime은 '범죄'라는 뜻이에요. 인종, 종교 등과 관련하여 특정인에 대해 아무 이유없이 증오심을 갖고 해를 가하는 범죄를 증오 범죄라고 해요.

serial killer
연쇄 살인범

serial은 '연속'의 의미를 갖는 단어이고, killer는 '살인자'를 뜻하는 단어예요. 따라서 serial killer는 '연속으로 사람을 죽이는 사람'이라는 의미로, 연쇄 살인자[살인범]를 뜻해요. 참고로, 연쇄 살인은 serial killing 또는 serial murder라고 해요.

profiler
범죄 심리 분석관

profile은 원래 '프로필', '옆모습'이라는 뜻이에요. 보통 얼굴 특징은 옆면에서 잘 드러나는데, '프로파일러'는 일반 형사들이 발견하지 못하는 '범죄자의 특징'을 빠르게 파악해내는 사람이라는 뜻이에요.

Miranda rights
미란다 권리[원칙]

범죄수사물을 보면 범인을 체포할 때 항상 나오는 말이 있죠. "당신은 묵비권을 행사할 수 있고, 변호사를 선임할 수 있고..." 이를 '미란다 권리[원칙]'라 하는데, 경찰이 용의자를 구속 또는 심문하기 전에 반드시 고지해야 하는 용의자의 권리예요.

DAY 21

>> **gradually realize** how **fortunate** I am 얼마나 운이 좋은지 서서히 깨닫다

465 gradually
[grǽdʒuəli]

부 서서히, 차츰

The weather is **gradually** getting warmer. 날씨가 서서히 더 따뜻해지고 있다.

gradual 형 점진적인, 서서히 일어나는

466 realize
[ríːəlàiz]

동 1 깨닫다, 알아차리다 2 (소망 등을) 실현하다

I suddenly **realized** that the girl was crying.
나는 그 소녀가 울고 있다는 것을 갑자기 알아차렸다.

realize your dream 너의 꿈을 실현하다

realization 명 깨달음, 인식; 실현

467 fortunate
[fɔ́ːrtʃənət]

형 운이 좋은, 다행인 ⊕ lucky ⊖ unfortunate

I felt **fortunate** to have a good teacher.
나는 좋은 선생님을 만난 것에 운이 좋다고 느꼈다.

fortunately 부 다행스럽게도, 운 좋게도

>> **demand** a **thorough inquiry** into the **incident** 사건에 대한 철저한 조사를 요구하다

468 demand
[dimǽnd]

명 1 요구(사항) 2 수요   동 요구하다

Firms try to satisfy their customers' **demands**.
회사들은 고객들의 요구를 충족시키기 위해 애쓴다.

Demand for coal is falling. 석탄 수요가 떨어지고 있다.
demand an apology 사과를 요구하다

469 thorough
[θə́ːrou]

형 빈틈없는, 철저한

The police did a **thorough** search of the building.
경찰은 그 건물에 대해 철저한 수색을 했다.

470 inquiry
[inkwáiəri]

명 1 질문, 문의 ⊕ question 2 조사 ⊕ investigation

She refused to answer **inquiries**. 그녀는 질문에 대한 답변을 거부했다.
conduct an **inquiry** into his death 그의 죽음에 대한 조사를 실시하다

471 incident
[ínsədənt]

명 사건, 일

His carelessness caused a major **incident**. 그의 부주의함이 큰 사고를 초래했다.
without **incident** 아무 일 없이, 무사히

›› have a **respectful attitude** toward **seniors** 연장자들을 향한 공손한 태도를 가지다

472 respectful
[rispéktfəl]

형 존경심을 보이는, 공손한
He is **respectful** to his elders. 그는 어른들에게 존경심을 보인다.
respect 동 존경[존중]하다 명 존경, 존중

473 attitude
[ǽtitùːd]

명 태도, 자세
The people have a positive **attitude** to life.
그 사람들은 삶에 대한 긍정적인 태도를 가진다.

474 virtue
[vɚ́ːrtʃuː]

명 미덕, 덕목
Honesty is an important **virtue**.
정직은 중요한 덕목이다.

Word Link
개인이 갖춰야 할 바람직한 '태도(attitude)'를 일컬어 '덕목(virtue)'이라고 해요.

475 senior
[síːnjər]

형 (계급 등이) 고위의 반 junior 명 연장자, 손윗사람 반 junior
She is a **senior** manager for a large company. 그녀는 대기업의 고위 관리자이다.
a **senior** (citizen) 어르신(보통 65세 이상의 노인)
참고 미국에서 고등학교나 대학의 졸업반 학생을 **senior**이라고 함.

›› **grateful** for the **genuine concern/sympathy** 진심 어린 걱정에/동정에 감사하는

476 grateful
[gréitfəl]

형 고맙게 여기는, 감사하는 유 thankful 반 ungrateful
I am **grateful** for your help. 도와주셔서 고맙습니다.

477 genuine
[dʒénjuin]

형 1 진짜의, 진품의 반 fake   2 진실된, 진심 어린 유 sincere
That watch is made of **genuine** gold. 저 시계는 진짜 금으로 만들어졌다.
a **genuine** apology 진실된 사과

478 concern
[kənsɚ́ːrn]

명 1 우려, 걱정 2 관심사 동 걱정시키다
Experts expressed **concern** about the economy.
전문가들은 경제에 대해 우려를 표했다.
His main **concern** is his children. 그의 주요 관심사는 그의 자녀들이다.
My mother's illness **concerns** me. 엄마의 병이 걱정된다.
concerned 형 걱정하는, 염려하는

479 sympathy
[símpəθi]

명 동정, 연민
I have no **sympathy** for criminals. 나는 범죄자들을 동정하지 않는다.
sympathetic 형 동정적인, 동정 어린

주제: 인지능력

480 perceive [pərsíːv]
동 인지[감지]하다, 알아차리다
He **perceived** a change in her behavior. 그는 그녀의 행동에서 변화를 감지했다.
perception 명 지각, 자각

481 imply [implái]
동 1 넌지시 전하다, 암시하다 ≒ suggest 2 함축하다[내포하다]
Are you **implying** (that) I'm fat? 내가 뚱뚱하다고 넌지시 전하는 건가요?
Silence often **implies** consent. 침묵은 종종 동의를 내포한다.

482 assume [əsúːm]
동 가정[추정]하다
You went to the same school, so I **assumed** (that) you knew each other. 너희는 같은 학교에 다녔고, 그래서 나는 너희들이 서로 안다고 추정했다.
assumption 명 가정

483 recognize [rékəgnàiz]
동 1 알아보다 2 인정[인식]하다
I **recognized** him by his red hair. 나는 그의 빨간 머리를 보고 그를 알아보았다.
recognize school violence as a problem 학교 폭력을 문제로 인식하다
recognition 명 알아봄; 인정

484 conscious [kánʃəs]
형 1 알고 있는, 자각하는 ((of)) ≒ aware 2 의식이 있는 ↔ unconscious
I was **conscious** of someone watching me.
나는 누군가 나를 보고 있음을 자각했다.
He hit his head, but he was still **conscious**.
그는 머리를 부딪혔지만, 여전히 의식이 있었다.

485 insight [ínsàit]
명 통찰(력)
Most parents have an **insight** into their children's minds.
대부분의 부모는 자녀들의 마음을 꿰뚫어본다.

486 contrary [kántreri]
형 반대의, 반대되는 명 (the ~) 정반대, 반대되는 것
We have **contrary** opinions on the issue.
우리는 그 이슈에 대해 반대되는[다른] 의견을 갖고 있다.
contrary to popular belief 일반적인 믿음과는 달리

487 make sense
이해가 되다; 말이 되다
This sentence doesn't **make sense**. 이 문장은 이해가 되지 않는다.

488 tell ~ from ...
~와 …를 구별[구분]하다
It is hard to **tell** the copy **from** the original. 복사본과 원본을 구별하는 것은 어렵다.

DAILY TEST

정답 p.197

[01~07] 다음 우리말과 같은 뜻이 되도록 빈칸에 알맞은 단어를 쓰세요.

01	아무 일 없이, 무사히	without _____
02	중요한 덕목	an important _____
03	너의 꿈을 실현하다	_____ your dream
04	대기업의 고위 관리자	a _____ manager for a large company
05	사과를 요구하다	_____ an apology
06	철저한 수색	a _____ search
07	삶에 대한 긍정적인 태도	a positive _____ to life

[08~11] 다음 밑줄 친 부분과 바꿔 쓸 수 있는 알맞은 표현을 골라 연결하세요.

08 She refused to answer <u>inquiries</u>. • • ⓐ thankful

09 I am <u>grateful</u> for your help. • • ⓑ lucky

10 I felt <u>fortunate</u> to have a good teacher. • • ⓒ questions

11 I was <u>conscious</u> of someone watching me. • • ⓓ aware

인지능력

[12~17] 다음 빈칸에 알맞은 단어를 넣어, 대화를 완성하세요.

A: Look, Barry. I'm ¹²_____ that you're angry with me. You think I ¹³_____ that you are a liar.

B: Didn't you?

A: On the ¹⁴_____. I ¹⁵_____ that you're one of the most honest people around. I can ¹⁶_____ a good person _____ a bad person. I was talking about Barry *Jenkins*, not you.

B: That ¹⁷_____ _____. He's lied to me, too. I'm glad we cleared that up.

A: 이것 봐, 배리. 네가 나에게 화났다는 걸 ¹²**알고** 있어. 네가 거짓말쟁이라고 내가 ¹³**넌지시 나타냈다고** 너는 생각하는 거지.
B: 그럼 아니야?
A: 그 ¹⁴**정반대야**. 난 네가 주변에서 가장 정직한 사람 중 한 명이라고 ¹⁵**인정해**. 나는 좋은 사람과 나쁜 사람을 ¹⁶**구분할** 수 있어. 난 배리 *젠킨스*에 대해 말하고 있었던 거야, 네가 아니라.
B: 그럼 ¹⁷**이해가 되네**. 그는 나한테도 거짓말을 한 적이 있거든. 우리가 이 일을 정리해서 다행이야.

DAY 22

›› fancy interior decorations 화려한 내부 장식

489 fancy [fǽnsi]
[형] 1 화려한, 장식이 많은 2 고급의
She is wearing a **fancy** dress. 그녀는 화려한 드레스를 입고 있다.
We had dinner at a **fancy** restaurant. 우리는 고급 식당에서 저녁을 먹었다.

490 interior [intíəriər]
[명] 내부, 안쪽 [반] exterior   [형] 내부의, 실내의 [반] exterior
The **interior** of the house is simple. 그 집의 내부는 간소하다.
The **interior** walls are painted white. 실내 벽이 흰색으로 칠해져 있다.

491 decoration [dèkəréiʃən]
[명] 장식; 장식품
He's good at cake **decoration**. 그는 케이크 장식을 잘한다.
Christmas **decorations** 크리스마스 장식품들
decorate [동] 꾸미다, 장식하다

›› approve/reject practical suggestions 유용한 제안들을 승인하다/거절하다

492 approve [əprúːv]
[동] 1 찬성하다 ((of)) 2 승인하다 [반] disapprove
Do you **approve** of my idea? 내 생각에 찬성하니?
approve a new plan 새로운 계획을 승인하다
approval [명] 찬성; 승인

493 reject [ridʒékt]
[동] 거절하다, 거부하다 [반] accept
She **rejected** the job offer. 그녀는 그 일자리 제안을 거절했다.
rejection [명] 거절, 거부

494 practical [prǽktikəl]
[형] 1 실제적인 2 실용적인, 유용한
He lacks **practical** experience in business.
그는 사업에서 실제적인 경험이 부족하다.
learn **practical** English 실용 영어를 배우다

495 suggestion [səgdʒéstʃən]
[명] 1 제안, 제의 2 시사[암시]
Can I make a **suggestion**? 제안 하나 해도 될까?
There was no **suggestion** that he was telling a lie.
그가 거짓말을 하고 있다는 암시는 전혀 없었다.
suggest [동] 제안하다; 시사[암시]하다

▶▶ overcome an injury/obstacle 부상을/장애를 극복하다

496 overcome [òuvərkʌ́m]
동 (overcame-overcome) 1 극복하다, 이겨내다 2 이기다 ⊕ defeat
He **overcame** many difficulties. 그는 많은 어려움을 이겨냈다.

497 recover [rikʌ́vər]
동 회복되다; 회복하다, 되찾다
He has fully **recovered** from his surgery.
그는 수술에서 완전히 회복되었다.
recover a stolen item 도난 물품을 되찾다
recovery 명 회복

> **Word Link**
> '부상에서 회복되다'라고 할 때 recover from an injury라고 말해요.

498 injury [índʒəri]
명 부상 ⊕ wound
The man suffered serious **injuries** to his head.
그 남자는 머리에 심각한 부상을 입었다.
injure 동 부상을 입히다

499 obstacle [ábstəkl]
명 장애, 장애물
Debt is a major **obstacle** to economic growth.
부채는 경제 성장에 주된 장애물이다.

▶▶ provide some proof of identity 신분을 증명할 만한 것을 제시하다

500 provide [prəváid]
동 제공[공급]하다 ⊕ supply
The hotel **provides** guests with excellent service.
그 호텔은 손님들에게 훌륭한 서비스를 제공한다.

501 proof [pru:f]
명 증거(물), 증명 ⊕ evidence
There is no **proof** that she committed the crime.
그녀가 그 범죄를 저질렀다는 증거는 없다.
prove 동 입증[증명]하다; (~으로) 판명되다

502 identity [aidéntəti]
명 1 신원, 신분 2 독자성, 주체성
Your passport shows your **identity**. 너의 여권은 너의 신원을 보여준다.
a national/cultural **identity** 국가/문화 정체성

503 identify [aidéntəfài]
동 (신원 등을) 확인하다[알아보다]
She **identified** the man as her attacker.
그녀는 그 남자가 자신을 공격한 사람임을 확인했다.
identification 명 신원 확인, 신분 증명; 식별

> **Word Link**
> identity와 identify의 공통 어원인 ident는 라틴어로 '같음'이라는 뜻이에요.

주제: 인간관계

504 interact [ìntərǽkt]
동 소통하다, 교류하다
She **interacts** well with other children in the class.
그녀는 반에서 다른 아이들과 잘 소통한다.
interaction 명 상호 작용[영향]

505 cooperate [kouɑ́pərèit]
동 협력하다, 협동하다
The two writers **cooperated** in writing the history book.
그 두 저자는 협력해서 그 역사책을 썼다.
cooperative 형 협력[협동]하는

506 junior [dʒúːnjər]
형 하급[부하]의 (반) senior   명 손아랫사람 (반) senior
There are several people **junior** to me. 내 아랫사람[부하 직원]이 몇 명 있다.
He is my **junior** by two years. 그는 나보다 두 살 손아래다.
참고 미국 대학 4년제의 3학년생, 고교 3년제의 2학년생을 junior이라고 함.

507 sacrifice [sǽkrəfàis]
동 희생하다   명 희생
He **sacrificed** everything for his family. 그는 가족을 위해 모든 것을 희생했다.
make **sacrifices** 희생하다

508 faith [feiθ]
명 믿음, 신뢰; 신념 ((in)) (유) belief, trust
Local people have lost **faith** in the police. 지역민들은 경찰에 대한 신뢰를 잃었다.

509 owe [ou]
동 1 빚지고 있다 2 ~은 … 덕분이다 ((to))
He **owes** me some money. 그는 내게 약간의 돈을 빚지고 있다.
I **owe** my success to my teacher. 나의 성공은 나의 선생님 덕분이다.

510 awkward [ɔ́ːkwərd]
형 1 어색한; 서투른 2 곤란한
I feel **awkward** around other people.
나는 다른 사람들의 곁에 있으면 어색함을 느낀다.
ask **awkward** questions 곤란한 질문들을 하다

511 get along (with)
(~와) 잘 지내다
They seem to **get along with** each other. 그들은 서로와 잘 지내는 것 같다.

512 run into
1 ~와 우연히 마주치다 2 (안 좋은 상황 등을) 만나다[겪다]
I **ran into** my classmate at a bookstore. 나는 서점에서 우연히 반 친구를 만났다.
run into danger/trouble 위험을 만나다/곤란을 겪다

DAILY TEST

정답 p.197

[01~10] 영어는 우리말로, 우리말은 영어로 쓰세요.

01 interior _____
02 overcome _____
03 fancy _____
04 practical _____
05 identity _____

06 장애, 장애물 _____
07 장식; 장식품 _____
08 증거(물), 증명 _____
09 제공[공급]하다 _____
10 부상 _____

[11~14] 다음 영영 풀이에 알맞은 단어를 골라 쓰세요.

| recover | cooperate | reject | identify |

11 _____ : to refuse to believe, accept, or consider something
12 _____ : to find out who someone is or what something is
13 _____ : to work with another person or group to do something
14 _____ : to become healthy again after an illness or injury

인간관계

[15~21] 다음 빈칸에 알맞은 단어를 넣어, 이야기를 완성하세요.

It doesn't matter what your ¹⁵_____ is. We should all ¹⁶_____ _____ _____ each other. No matter what language you speak, we can still ¹⁷_____ with each other. Yes, we will always ¹⁸_____ _____ problems. Yes, things can get ¹⁹_____. There have to be ²⁰_____ to keep friendships strong. But when we ²¹_____ with each other, life becomes much more pleasant.

너의 ¹⁵**신념**이 무엇인지는 중요하지 않다. 우리는 모두 서로와 ¹⁶**잘 지내야** 한다. 네가 어떤 언어로 말하든, 우린 여전히 서로 ¹⁷**소통할** 수 있다. 그렇다, 우리는 늘 여러 문제들을 ¹⁸**겪을** 것이다. 그렇다, 상황이 ¹⁹**어색해질** 수도 있다. 우정을 튼튼하게 유지하기 위해선 ²⁰**희생들**이 있어야 한다. 하지만 우리가 서로 ²¹**협력한다**면, 삶은 훨씬 더 즐거워질 것이다.

DAY 22 • 107

DAY 23

>> an **urgent** need to **construct** a **shelter** 피난처를 건설할 긴급한 필요성

513 urgent
[ə́ːrdʒənt]

형 긴급한, 다급한

We had an **urgent** meeting to discuss the problem.
그 문제를 논의하기 위해 우리는 긴급 회의를 가졌다.

urgency 명 긴박한 일, 긴급(성)

514 construct
[kənstrʌ́kt]

동 1 건설하다 2 구성하다

They plan to **construct** a new bridge across the river.
그들은 강 위에 새 다리를 건설할 계획이다.

a well-**constructed** novel 구성이 잘 된 소설

construction 명 건설; 공사; 구성

515 shelter
[ʃéltər]

명 피난처, 보호소 동 피난처를 제공하다, 보호하다

He took the cat to an animal **shelter**. 그는 그 고양이를 동물 보호소로 데려갔다.
The tree **sheltered** us from the rain. 그 나무가 비로부터 우리를 보호해 주었다.

>> give a **vivid account** of his sea **voyage** 그의 항해에 관해 생생한 기술을 하다

516 vivid
[vívid]

형 1 (기억·묘사 등이) 생생한 2 (색 등이) 선명한

I have **vivid** memories of my childhood.
나는 내 어린 시절에 대한 생생한 기억을 갖고 있다.

This picture has **vivid** colors. 이 그림은 색상이 선명하다.

517 account
[əkáunt]

명 1 계좌 2 설명, 기술

I don't have a bank **account**. 나는 은행 계좌가 없다.
give a full **account** of the incident 그 사건에 대해 모든 설명을 하다

518 illustrate
[íləstrèit]

동 1 분명히 보여주다 2 삽화를 넣다

He gave a few examples to **illustrate** the point. 그는 요점을 분명히 하기 위해 몇 가지 예를 들었다.
an **illustrated** book 삽화가 들어간 책

illustration 명 실례, 보기; 삽화

> **Word Link**
> 어떤 개념이나 주장을 시각적으로 보여주거나 구체적인 예시로 설명하는 행위를 illustrate라고 해요.

519 voyage
[vɔ́iidʒ]

명 (바다·우주로의 긴) 여행, 항해

The Titanic sank on its first **voyage**. 타이타닉호는 첫 항해에서 침몰했다.

›› investing involves an element of risk 투자하는 것은 위험 요소를 수반한다

520 invest [invést]
동 투자하다
He **invested** his money in a new company. 그는 새 회사에 자신의 돈을 투자했다.
investment 명 투자

521 involve [inválv]
동 1 수반[포함]하다 2 관련[연루]시키다 ((in))
My job **involves** working long hours. 내 일은 장시간 일하는 것을 포함한다.
Don't **involve** me in your problems. 네 문제에 나를 끌어들이지 마.

522 element [éləmənt]
명 (구성) 요소
Honesty was a key **element** in his success. 정직은 그의 성공에서 핵심 요소였다.

523 risk [risk]
명 1 위험(성) ⊕ danger 2 위험 요소
Smoking can increase the **risk** of heart disease.
흡연이 심장병의 위험을 증가시킬 수 있다.
risky 형 위험한

›› make frequent reference to his literary work 그의 문학 작품을 자주 언급하다

524 frequent [fríːkwənt]
형 잦은, 빈번한
She is a **frequent** visitor to France. 그녀는 프랑스를 자주 방문한다.
frequently 부 자주, 흔히

525 reference [réfərəns]
명 1 참고[참조] 2 언급
These books are for **reference** only. 이 책들은 오직 참고를 위한 것이다.
He made no **reference** to his illness. 그는 자신의 병을 언급하지 않았다.
refer 동 참고[참조]하다; 가리키다, 나타내다; 언급하다

526 literary [lítərèri]
형 문학의, 문학적인
His story was published in a **literary** magazine.
그의 이야기는 문학 잡지에 게재되었다.
literature 명 문학

527 creation [kriéiʃən]
명 1 창작, 창출 2 창작품
The **creation** of the famous painting took three years.
그 유명한 그림의 창작에는 3년이 걸렸다.
create 동 만들어 내다, 창작[창조]하다

> **Word Link**
> 장편이나 단편 소설, 시와 같이 글로 쓴 작품을 일컬어 영어로 'literary creation(문학적 창작품)'이라고 해요.

주제: 사건과 사고

528 collapse [kəlǽps]
동 붕괴되다, 무너지다
The bridge **collapsed** because of heavy traffic.
그 다리는 많은 교통량으로 인해 붕괴되었다.

529 fright [frait]
명 (섬뜩하게) 놀람, 두려움
When the police arrived, he was shaking with **fright**.
경찰이 도착했을 때, 그는 두려움에 떨고 있었다.
frighten 동 겁먹게[놀라게] 하다

530 burst [bəːrst]
동 (burst-burst) 1 터지다 2 갑자기 ~하다
The water pipes froze and **burst**. 수도 파이프들이 얼어서 터졌다.
Firefighters **burst** the door open and rescued them.
소방관들이 문을 벌컥 열고 그들을 구했다.

531 encounter [inkáuntər]
동 (위험 등에) 맞닥뜨리다 명 (뜻밖의) 만남, 마주침 ((with))
We **encountered** a bear in the woods! 우리는 숲에서 곰을 맞닥뜨렸어!

532 caution [kɔ́ːʃən]
명 조심, 신중
Please use **caution** when crossing the street. 길을 건널 때 조심하세요.
cautious 형 조심스러운, 신중한

533 coincide [kòuinsáid]
동 1 동시에 일어나다 ((with)) 2 일치하다 ((with))
The attack **coincided** with the summer holiday season.
그 공격은 여름 휴가 시즌에 겹쳐 일어났다.
My opinion **coincides** with yours. 내 의견은 너의 것과 일치한다.
coincidence 명 우연의 일치

534 explode [iksplóud]
동 폭발하다 ⊕ go off; 폭발시키다
A bomb **exploded** in a crowded subway station.
붐비는 지하철 역에서 폭탄이 터졌다.
explosion 명 폭발

535 so far
지금까지
There have been three earthquakes **so far** this year.
올해 들어 지금까지 세 차례의 지진이 있었다.

536 (every) now and then
가끔, 때때로
Accidents happen **every now and then**. 사고는 때때로 일어난다.

DAILY TEST

정답 pp.197~198

[01~07] 다음 우리말과 같은 뜻이 되도록 빈칸에 알맞은 단어를 쓰세요.

01 그 유명한 그림의 창작   the _____ of the famous painting

02 요점을 분명히 하다   _____ the point

03 심장병의 위험   the _____ of heart disease

04 동물 보호소   an animal _____

05 그 사건에 대해 모든 설명을 하다   give a full _____ of the incident

06 내 어린시절에 대한 생생한 기억들   _____ memories of my childhood

07 그의 성공의 핵심 요소   a key _____ in his success

[08~11] 다음 밑줄 친 부분을 문맥에 맞게 고쳐 쓰세요.

08 We had an <u>urgency</u> meeting to discuss the problem.

09 His story was published in a <u>literature</u> magazine.

10 She is a <u>frequently</u> visitor to France.

11 They plan to <u>construction</u> a new bridge across the river.

사건과 사고

[12~20] 다음 빈칸에 알맞은 단어를 넣어, 이야기를 완성하세요.

¹²_____ and _____, I think about the terrible moment when our car ¹³_____. It was the most frightening thing I have ever ¹⁴_____. Don't worry – no one was in the car. Suddenly, the tires ¹⁵_____, and the car ¹⁶_____. My little sister cried out in ¹⁷_____. I remember the date, as it ¹⁸_____ with my birthday. I say this with ¹⁹_____ : ²⁰_____ _____, our new car has been fine.

¹²**때때로**, 나는 우리 자동차가 ¹³**폭발했던** 그 끔찍한 순간에 대해 생각해본다. 내가 지금까지 ¹⁴**맞닥뜨린** 가장 겁나는 일이었다. 걱정은 하지 마라. 차 안엔 아무도 없었다. 갑자기 타이어들이 ¹⁵**터졌고**, 차가 ¹⁶**붕괴되었다[주저앉았다]**. 내 여동생이 ¹⁷**두려움**에 울음을 터뜨렸다. 나는 그 날짜를 기억한다, 왜냐하면 그때가 내 생일과 ¹⁸**일치했기** 때문에. 나는 이것을 ¹⁹**조심**스럽게 말하겠다. ²⁰**지금까지는**, 우리 새 자동차가 멀쩡하다.

DAY 24

>> have **absolute authority** to **regulate** firearms 총기를 규제할 절대적인 권한을 가지다

---

537 absolute
[ǽbsəlùːt]

형 1 완전한, 완벽한 2 절대적인

They have **absolute** agreement on all issues.
그들은 모든 문제에 대해 완전히 동의한다.

have **absolute** power 절대 권력을 가지다

absolutely 부 전적으로, 틀림없이

---

538 authority
[əθɔ́ːrəti]

명 1 권한 2 권위

I have no **authority** to make a decision. 내게는 결정할 권한이 없다.
speak with **authority** 권위 있게 말하다

---

539 regulate
[régjulèit]

동 1 규제[통제]하다 2 조절하다

The government **regulates** gambling. 정부는 도박을 규제한다.
regulate the room's temperature 방의 온도를 조절하다

regulation 명 규제, 통제

>> **relatively rapid progress** in **artificial** intelligence 인공 지능의 비교적 빠른 진전

---

540 relatively
[rélətivli]

부 비교적; 상대적으로

This device is **relatively** easy to use. 이 기기는 비교적 사용하기 쉽다.

relative 형 비교적인; 상대적인 명 친척

---

541 rapid
[rǽpid]

형 빠른, 급한 유 fast, quick

The patient made a **rapid** recovery. 그 환자는 빠른 회복을 보였다.

rapidly 부 빨리, 급속히

---

542 progress
[prágres]

명 진전, 진행 동 [prəgrés] 진행[진척]되다

Are you making any **progress** with your work? 너의 일에 어떤 진전이 있니?
The project is **progressing** slowly. 그 프로젝트는 천천히 진행되고 있다.

progressive 형 진보[혁신]적인; 점진적인

---

543 artificial
[àːrtəfíʃəl]

형 인공적인, 인조의 반 natural

Ice cream often has **artificial** colors in it.
아이스크림에는 종종 인공 색소가 들어가 있다.

an **artificial** flower 조화(造花)[인조 꽃]

establish a committee to settle a dispute 분쟁을 해결하기 위해 위원회를 설립하다

544 establish [istǽbliʃ]
동 설립하다 ⓟ found
They **established** the company in 1994. 그들은 1994년에 회사를 설립했다.
establishment 명 설립; (설립된) 시설

545 committee [kəmíti]
명 위원회
She's on the International Olympic **Committee**.
그녀는 국제 올림픽 위원회(IOC) 소속이다.

546 settle [sétl]
동 1 (논쟁 등을) 해결하다 2 정착하다
Let's **settle** the matter among ourselves. 자체적으로 그 문제를 해결하자.
After they got married, they **settled** in Paris. 결혼 후, 그들은 파리에 정착했다.
settlement 명 해결; 정착

547 dispute [dispjú:t]
명 분쟁, 논쟁 동 반박하다, 이의를 제기하다
The cause of the accident is still in **dispute**.
그 사건의 원인은 아직도 논쟁거리이다.
dispute a claim/decision 주장/결정에 이의를 제기하다

548 debate [dibéit]
명 토론, 논쟁 동 토론[논쟁]하다
They had a **debate** on gun control.
그들은 총기 규제에 관해 논쟁했다.
debate the issue of prices
물가에 대한 문제를 토론하다

> **Word Link**
> dispute는 흔히 대립된 의견으로 논쟁[언쟁]하는 것을, debate는 특히 공적인 문제에 관해 격식을 갖춰 토론하는 것을 말해요.

see this issue from a historical perspective 역사적 관점에서 이 문제를 바라보다

549 issue [íʃu:]
명 쟁점, 문제(점)
The students talked about environmental **issues**.
그 학생들은 환경 문제에 대해 이야기했다.

550 historical [histɔ́:rikəl]
형 역사(상)의, 역사적
The novel is based on **historical** fact. 그 소설은 역사적 사실에 기반을 두고 있다.
history 명 역사 historic 형 역사적으로 중요한, 역사적인

551 perspective [pərspéktiv]
명 관점, 시각
The book was written from a child's **perspective**.
그 책은 아이의 관점에서 쓰였다.

주제: 세계이슈

552 occur [əkə́ːr]
통 일어나다, 발생하다 ≒ happen, take place
Where were you when the bomb attack **occurred**?
그 폭탄 공격이 일어났을 때 당신은 어디에 있었나요?

553 sweep [swiːp]
통 (swept-swept) 1 쓸다, 청소하다 2 (장소를) 휩쓸다
He **sweeps** the yellow dust off his car every morning.
매일 아침 그는 차에서 황사를 쓸어 낸다.
A terrible storm **swept** through the area. 끔찍한 폭풍이 그 지역을 휩쓸고 지나갔다.

554 cease [siːs]
통 중단되다, 그치다; 중단하다 ≒ end, stop ↔ continue
After two weeks, the heavy rain **ceased**. 2주 후에, 폭우가 그쳤다.

555 declare [diklɛ́ər]
통 선언[선포]하다
Russia **declared** war on Ukraine. 러시아는 우크라이나에 대한 전쟁을 선포했다.
declaration 명 선언

556 immigrate [íməgrèit]
통 (다른 나라로) 이민을[이주해] 오다
His family **immigrated** to America to make more money.
그의 가족은 더 많은 돈을 벌기 위해 미국으로 이민을 갔다.
immigration 명 이주, 이민 **immigrant** 명 이민자

557 independent [ìndipéndənt]
형 1 (국가가) 독립한 2 자립심이 강한 ↔ dependent
The country recently became **independent**. 그 나라는 최근에 독립했다.
an **independent** young woman 자립심이 강한 젊은 여성
independence 명 독립, 자립

558 revive [riváiv]
통 활기를 되찾다; 소생[회복]시키다 ≒ recover
The world economy is beginning to **revive**.
세계 경제가 활기를 되찾기 시작하고 있다.
revival 명 회복, 부활

559 wipe out
~을 완전히 파괴하다[없애 버리다]
The whole village was **wiped out** by the earthquake.
그 마을 전체가 그 지진에 의해 파괴되었다.

560 in spite of
~에도 불구하고 ≒ despite
All the passengers were safe **in spite of** the terrible accident.
그 끔찍한 사고에도 불구하고 그 승객들 모두 안전했다.

DAILY TEST

정답 p.198

[01~10] 영어는 우리말로, 우리말은 영어로 쓰세요.

01 dispute _____
02 authority _____
03 settle _____
04 perspective _____
05 debate _____
06 인공적인, 인조의 _____
07 비교적; 상대적으로 _____
08 위원회 _____
09 역사(상)의, 역사적 _____
10 설립하다 _____

[11~14] 다음 괄호 안에 주어진 단어를 이용하여 영작하세요.

11 그 환자는 빠른 회복을 보였다. (recovery, make, patient, rapid)
_____

12 그 정부는 도박을 규제한다. (regulate, gambling, government)
_____

13 그 학생들은 환경 문제에 대해 이야기했다. (talk, environmental, students, issues)
_____

14 그 프로젝트는 천천히 진행되고 있다. (progress, project, slowly)
_____

세계이슈

[15~21] 다음 빈칸에 알맞은 단어를 넣어, 이야기를 완성하세요.

Would you like to ¹⁵_____ to Australia? I don't think I would. It can be dangerous there. Wildfires regularly ¹⁶_____ in Australia. They ¹⁷_____ through the country. They can ¹⁸_____ whole towns and burn crops. When this happens, a state of emergency is ¹⁹_____. ²⁰_____ _____ _____ the destruction, nature ²¹_____ itself. But I think I'll stay where I am.

당신은 호주로 ¹⁵**이민을 가고** 싶은가? 나라면 그러지 않을 것 같다. 거긴 위험할 수 있다. 호주에서는 산불이 정기적으로 ¹⁶**발생한다**. 그것들은 나라 전체를 ¹⁷**휩쓸고 간다**. 그것들은 마을들 전체를 ¹⁸**완전히 파괴하고** 농작물을 태워버릴 수 있다. 이런 일이 일어나면, 비상 사태가 ¹⁹**선포된**다. 그런 파괴에도 ²⁰**불구하고**, 자연은 스스로 ²¹**회복한다**. 그렇지만 난 내가 있는 곳에 그냥 있을 것 같다.

DAY 25 Challenge

The Amateur Detective

When my grandpa **retired** from the police, he **grabbed** any opportunity to play detective. One time, he saw a **rusty container** hidden in a **shallow** ditch. He investigated the container, and found a lady's **sparkling**, **priceless** jewelry. Another time, he **disturbed** a dealer **distributing** drugs at an art **institute**. He had an **extraordinary instinct** for spotting **clues**. **Moreover**, his **accurate** memory meant he could easily **recall** criminal faces. His skills have led to many convictions. Go, Grandpa!

아마추어 탐정 경찰에서 은퇴하면서 우리 할아버지는 탐정 역할을 할 기회를 잡았다. 한번은, 할아버지가 얕은 도랑에 숨겨져 있던 녹슨 용기를 보았다. 그는 그 용기를 조사했고, 한 여성의 반짝이는, 귀중한 보석을 발견해냈다. 또 한번은, 어느 미술 협회에서 중개상이 약을 유통하는 것을 그가 훼방 놓았다. 할아버지는 단서를 찾아내는 데 탁월한 본능을 가졌다. 게다가, 그의 정확한 기억은 범죄자의 얼굴들을 쉽게 기억해낼 수 있음을 의미했다. 할아버지의 능력으로 인해 많은 범죄자가 유죄 판결을 받았다. 할아버지, 화이팅!

Choose the correct word.

1. When you _____, you stop working.
   - ⓐ disturb   ⓑ recall   ⓒ retire   ⓓ grab

2. A(n) _____ painting is likely to be stolen by thieves.
   - ⓐ rusty   ⓑ shallow   ⓒ accurate   ⓓ priceless

3. A charity might _____ food to the poor.
   - ⓐ recall   ⓑ grab   ⓒ distribute   ⓓ disturb

4. A cartoon superhero normally has _____ powers.
   - ⓐ sparkling   ⓑ extraordinary   ⓒ shallow   ⓓ rusty

5. A(n) _____ watch shows the exact time.
   - ⓐ accurate   ⓑ shallow   ⓒ priceless   ⓓ extraordinary

Answers 1 ⓒ 2 ⓓ 3 ⓒ 4 ⓑ 5 ⓐ

1 은퇴를 하면 일을 그만두는 것이다. 2 대단히 귀중한 그림은 도둑들에게 도난을 당할 가능성이 높다. 3 자선단체는 가난한 사람들에게 음식을 나누어 줄 것이다. 4 만화의 영웅은 보통 비범한 힘을 가지고 있다. 5 정확한 시계는 딱 맞는 시간을 보여준다.

561 retire
[ritáiər]
retirement *n.* 은퇴[퇴직]

v. to give up a job or career and not work anymore, usually because they reach a certain age 은퇴[퇴직]하다

1 Most Americans **retire** when they turn sixty-five.

[SYN] leave, quit, resign

562 grab
[græb]

v. to take hold of someone or something suddenly or with force (붙)잡다, 움켜잡다

2 The man **grabbed** his coat and ran out.

3 The shocking headline **grabbed** his attention.

[SYN] hold, seize

563 rusty
[rʌ́sti]
rust *n.* (금속의) 녹

adj. covered with rust 녹슨

4 I left out tools in the rain and they became **rusty**.

564 container
[kəntéinər]
contain *v.* (~이) 들어있다, 포함[함유]하다; (감정을) 억누르다

n. 1 *an object such as a box or can that can hold something* 용기, 그릇

5 A lot of food is sold in plastic **containers**.

n. 2 *a very large metal box used for transporting goods* (화물 수송용) 컨테이너

6 The **container** ship arrived at the port.

565 shallow
[ʃǽlou]

adj. measuring little from top to bottom 얕은

7 The lake is quite **shallow**.

[ANT] deep

566 sparkle
[spáːrkl]

v. to produce small flashes of light 반짝이다

8 The diamond ring **sparkled**.

[SYN] shine

567 priceless
[práislis]
price *n.* 값, 가격

adj. extremely valuable or important 값을 매길 수 없는, 대단히 귀중한

9 This painting is **priceless**.

[SYN] valuable, precious

[ANT] worthless

---

1 대부분의 미국인은 65살이 되면 은퇴한다. 2 그 남자는 코트를 집어 들고 뛰쳐나갔다. 3 그 충격적인 표제가 그의 관심을 붙들었다. 4 내가 빗속에 연장을 두고 와서 그것들에 녹이 슬었다. 5 많은 음식이 플라스틱 용기에 담겨 팔린다. 6 화물 수송용 배가 항구에 도착했다. 7 이 호수는 꽤 얕다. 8 다이아몬드 반지가 반짝거렸다. 9 이 그림은 대단히 귀중한 것이다.

568 disturb
[distə́:rb]
disturbance *n.* 방해

v. to stop someone from working, sleeping, etc. 방해하다

1 Sorry to **disturb** you, but could I ask a quick question?

[SYN] interrupt, bother

569 distribute
[distríbju:t]
distribution *n.* 나누어 줌, 배부

v. to give or deliver something to people 나누어 주다, 분배[배포]하다

2 They **distribute** safety helmets to the workers.

3 Several people were arrested for **distributing** racist pamphlets.

[SYN] deliver, give out
[ANT] collect

570 institute
[ínstətù:t]

n. an organization created for a particular purpose 기관[협회]

4 The research **institute** was founded in 2000.

[SYN] institution, organization

571 extraordinary
[ikstrɔ́:rdənèri]

adj. far beyond the ordinary; very surprising 비범한; 놀랄 만한

5 The child has **extraordinary** abilities.

[SYN] exceptional, outstanding; incredible
[ANT] ordinary

572 instinct
[ínstiŋkt]

n. natural behavior that is not learned; something you know without thinking about it 본능; 직감

6 A cat's natural **instinct** is to chase mice.

7 trust your **instincts**

573 clue
[klu:]

n. a hint that helps solve a problem or mystery 단서, 실마리

8 The police are still searching the house for **clues**.

[SYN] hint

---

1 방해해서 죄송합니다만, 잠깐 질문을 해도 괜찮을까요? 2 그들은 일꾼들에게 안전모를 나누어 주었다. 3 몇몇 사람들이 인종차별적인 팸플릿을 배포한 혐의로 체포되었다. 4 그 연구 기관은 2000년에 세워졌다. 5 그 아이는 비범한 능력을 가지고 있다. 6 고양이의 본능은 쥐를 쫓는 것이다. 7 너의 직감을 믿다 8 경찰은 아직 단서를 찾기 위해 그 집을 수색 중이다.

574 moreover
[mɔːróuvər]

adv. beyond what has already been said 게다가, 더욱이

1 He is smart; **moreover**, he is very creative.

[SYN] in addition, furthermore

575 accurate
[ǽkjurət]

accuracy *n.* 정확(도)
accurately *adv.* 정확히

adj. free from mistakes or errors 정확한

2 She gave an **accurate** description of the thief.

[SYN] correct, exact, precise

[ANT] inaccurate

576 recall
[rikɔ́ːl]

v. to remember something from the past 기억해 내다, 상기하다

3 I want to call him, but I can't **recall** his phone number.

[SYN] remember

+ More Words

577 method
[méθəd]

n. a particular way of doing something 방법, 방식

4 Modern **methods** of solving crime depend a lot on DNA.

[SYN] way

578 consult
[kənsʌ́lt]

consultant *n.* 상담가, 컨설턴트

v. to ask for the professional opinion of someone 상담[상의]하다

5 I want to **consult** my lawyer before I say anything.

579 license
[láisəns]

n. a paper or card that shows legal permission to do or own something 면허[자격]증

6 What's the fine for driving without a driver's **license** in the US?

580 pregnant
[prégnənt]

pregnancy *n.* 임신

adj. having a baby developing inside the body 임신한

7 There is a rumor that she is **pregnant** with twins.

---

1 그는 똑똑하다. 게다가, 그는 굉장히 창의적이다. 2 그녀는 그 도둑에 대해 정확한 서술을 했다. 3 나는 그에게 전화하고 싶은데, 그의 전화번호를 기억해 낼 수가 없다. 4 범죄를 해결하는 현대 방식은 DNA에 많이 의존한다. 5 뭔가 말하기 전에 제 변호사와 상의하고 싶습니다. 6 미국에서 운전 면허증 없이 운전하는 것에 대한 벌금은 얼마인가요? 7 그녀가 쌍둥이를 임신했다는 루머가 있다.

REVIEW TEST DAY 21~25

정답 p.198

A 덩어리 표현 우리말에 맞게 빈칸을 채워 핵심 표현을 완성하세요.

01 _____ realize how _____ I am 얼마나 운이 좋은지 서서히 깨닫다

02 demand a _____ _____ into the incident 사건에 대한 철저한 조사를 요구하다

03 have a respectful _____ toward _____ 연장자들을 향한 공손한 태도를 가지다

04 grateful for the _____ _____ 진심 어린 걱정에 감사하는

05 _____ _____ decorations 화려한 내부 장식

06 approve _____ _____ 유용한 제안들을 승인하다

07 _____ an _____ 부상을 극복하다

08 _____ some proof of _____ 신분을 증명할 만한 것을 제시하다

09 _____ need to construct a _____ 피난처를 건설할 긴급한 필요성

10 give a vivid _____ of his sea _____ 그의 항해에 관해 생생한 기술을 하다

11 investing involves an _____ of _____ 투자하는 것은 위험 요소를 수반한다

12 have _____ _____ to regulate firearms 총기를 규제할 절대적인 권한을 가지다

13 _____ rapid progress in _____ intelligence 인공 지능의 비교적 빠른 진전

14 _____ a committee to settle a _____ 분쟁을 해결하기 위해 위원회를 설립하다

15 see this issue from a _____ _____ 역사적 관점에서 이 문제를 바라보다

B 주제별 어휘 우리말에 맞게 빈칸을 채워 문장을 완성하세요.

인지능력

01 I'm _____ that you're angry with me.
네가 나에게 화났다는 걸 알고 있다.

02 I _____ that you're one of the most honest people around.
나는 네가 주변에서 가장 정직한 사람 중 한 명이라고 인정한다.

03 That _____ _____.
그럼 이해가 된다.

인간관계 04 We should all _____ _____ _____ each other.
우리는 모두 서로와 잘 지내야 한다.

05 It doesn't matter what your _____ is.
너의 신념이 무엇인지는 중요하지 않다.

06 There have to be _____ to keep friendships strong.
우정을 튼튼하게 유지하기 위해선 희생들이 있어야 한다.

사건과 사고 07 I think about the terrible moment when our car _____.
나는 우리 자동차가 폭발했던 그 끔찍한 순간에 대해 생각해본다.

08 Suddenly, the tires _____, and the car _____.
갑자기 타이어들이 터졌고, 차가 붕괴되었다[주저앉았다].

09 I remember the date, as it _____ with my birthday.
나는 그 날짜를 기억한다, 왜냐하면 그때가 내 생일과 일치했기 때문에.

세계이슈 10 Would you like to _____ to Australia?
당신은 호주로 이민을 가고 싶은가?

11 Wildfires can _____ _____ whole towns and burn crops.
산불은 마을들 전체를 완전히 파괴하고 농작물을 태워버릴 수 있다.

12 In _____ _____ the destruction, nature _____ itself.
그런 파괴에도 불구하고, 자연은 스스로 회복한다.

C Challenge 우리말에 맞게 빈칸을 채워 문장을 완성하세요.

01 My grandpa _____ from the police.
우리 할아버지는 경찰에서 은퇴했다.

02 He saw a _____ _____ hidden in a _____ ditch.
그는 얕은 도랑에 숨겨져 있던 녹슨 용기를 보았다.

03 He had an _____ _____ for spotting clues.
그는 단서를 찾아내는 데 탁월한 본능을 가졌다.

04 His _____ memory meant he could easily _____ criminal faces.
그의 정확한 기억은 그가 범죄자의 얼굴들을 쉽게 기억해낼 수 있음을 의미했다.

05 There is a rumor that she is _____ with twins.
그녀가 쌍둥이를 임신했다는 루머가 있다.

DAY 26

» **properly dispose** of **nuclear** waste 원자력 폐기물을 적절히 처리하다

581 properly
[प्रápərli]

부 제대로, 적절히; 올바르게

The computer isn't working **properly**. 컴퓨터가 제대로 작동이 안 되고 있다.

proper 형 적절한, 적당한; (사회적·도덕적으로) 올바른

582 dispose
[dispóuz]

동 ~을 없애다[처리하다] ((of))

After your picnic, please **dispose** of the trash.
소풍 후에, 쓰레기를 처리해 주세요.

disposal 명 처리, 처분

583 nuclear
[nú:kliər]

형 원자력의; 핵(무기)의

Nuclear power is used to make electricity. 원자력은 전기를 만드는 데 사용된다.
The United States has **nuclear** weapons. 미국은 핵무기를 갖고 있다.

» **generate** a **fierce controversy** over the death **penalty**
사형제도에 대한 격렬한 논쟁을 일으키다

584 generate
[dʒénərèit]

동 발생시키다, (행동·감정 등을) 일으키다

The human body **generates** heat. 인체는 열을 발생시킨다.

585 fierce
[fiərs]

형 1 사나운 2 격렬한

A **fierce** lion escaped from the zoo. 사나운 사자가 동물원을 탈출했다.
face **fierce** opposition 격렬한 반대에 직면하다

586 controversy
[kántrəvə̀:rsi]

명 논란, 논쟁

The company's animal testing caused great **controversy**.
그 회사의 동물 실험은 큰 논란을 야기했다.

controversial 형 논란이 많은

587 penalty
[pénəlti]

명 1 처벌, 형벌 ⓤ punishment 2 |스포츠| 벌칙; 페널티골

The **penalty** for his crime is two years in prison.
그의 범죄에 대한 처벌은 징역 2년이다.
The referee gave the team a **penalty** in the final minute.
심판은 마지막 순간에 그 팀에게 벌칙[페널티]을 주었다.

require broad political reform 광범위한 정치 개혁을 필요로 하다

588 require [rikwáiər]
통 1 필요로 하다 ⊕ need 2 (법·규칙 등이) 요구하다
Babies **require** a lot of parental care. 아기들은 부모의 많은 보살핌을 필요로 한다.
All are **required** to wear a seat belt. 모두에게 안전벨트 착용이 요구된다.
requirement 명 필요한 것, 필요조건

589 broad [brɔːd]
형 1 (폭이) 넓은 ⊕ wide ⊖ narrow 2 폭넓은, 광범위한
The athlete has **broad** shoulders. 그 운동선수는 넓은 어깨를 가지고 있다.
a man of **broad** experience 폭넓은 경험을 가진 사람

590 political [pəlítikəl]
형 정치적인
He is interested in **political** issues. 그는 정치적인 문제에 관심이 많다.
politics 명 정치, 정계; 정치학   **politically** 부 정치적으로

> **Word Link**
> political 은 'politics(정치) + -al (형용사 접미사)'로 만들어진 단어예요.

591 politics [pálətiks]
명 1 정치, 정계 2 정치학
He is thinking of entering **politics**.
그는 정계에 입문할 생각을 하고 있다.
political 형 정치적인

592 reform [rifɔ́ːrm]
동 개혁[개선]하다 명 개혁, 개선
The law needs to be **reformed**. 그 법은 개선되어야 할 필요가 있다.
the **reform** of the educational system 교육 제도 개선

eliminate prejudice against disabled people 장애인에 대한 편견을 없애다

593 eliminate [ilímənèit]
동 없애다, 제거하다 ⊕ remove
Credit cards **eliminate** the need for cash.
신용 카드는 현금의 필요성을 없애 준다.
elimination 명 제거

594 prejudice [prédʒudis]
명 편견, 선입관
Women still face **prejudice** in the workplace.
여성들은 여전히 직장 내 편견에 직면한다.

595 disabled [diséibld]
형 장애를 가진
He is physically **disabled**. 그는 신체 장애가 있다.
참고 **the disabled** 장애인들

주제: 스포츠

596 compete [kəmpíːt]
동 1 경쟁하다 2 (경기 등에) 참가하다
Two soccer clubs are **competing** to sign the same player.
두 축구 클럽이 같은 선수와 계약하기 위해 경쟁하고 있다.
competition 명 경쟁; 대회, 시합 **competitive** 형 경쟁의, 경쟁적인; 경쟁심이 강한

597 participate [pɑːrtísəpèit]
동 참여[참가]하다 ((in)) ⊕ take part
He **participated** in the marathon with his friend.
그는 친구와 함께 마라톤에 참가했다.
participation 명 참가

598 substitute [sʌ́bstətùːt]
명 대신하는 사람[것]; 대용품 동 대신[대체]하다 ⊕ replace
The coach had to find a **substitute** for Harry.
코치는 해리를 대신할 사람을 찾아야 했다.
He was **substituted** in the second half. 그는 후반전에 교체되었다.

599 whistle [wísl]
명 호루라기[호각]; 휘파람 동 호각을 불다; 휘파람을 불다
The referee blew his **whistle**. 심판이 호각을 불었다.
The crowd **whistled** as the player came out.
그 선수가 나오자 관중들이 휘파람을 불었다.

600 twist [twist]
동 1 비틀어 돌리다[구부리다] 2 삐다[접질리다]
Twist your body to the right, then to the left.
몸을 오른쪽으로 틀었다가, 다시 왼쪽으로 트세요.
He **twisted** his ankle in the game. 그는 그 경기에서 발목을 삐었다.
twisted 형 뒤틀린, 삔[접질린]

601 stiff [stif]
형 1 (근육이) 뻐근한 2 뻣뻣한, 딱딱한
I have a **stiff** neck after basketball practice. 농구 연습 후에 나는 목이 뻐근했다.

602 physical [fízikəl]
형 1 신체[육체]의 ⊖ mental 2 물질의, 물질적인 ⊕ material
He runs for **physical** training every day. 그는 체력 훈련을 위해 매일 달리기를 한다.

603 as well as
~뿐만 아니라
Golf requires strength **as well as** skill. · 골프는 기술 뿐만 아니라 힘도 필요하다.

604 put off
연기하다, 미루다
The final match was **put off** because of bad weather.
결승전은 악천후 때문에 연기되었다.

DAILY TEST

정답 p.198

[01~07] 다음 우리말과 같은 뜻이 되도록 빈칸에 알맞은 단어를 쓰세요.

01 격렬한 반대에 직면하다   face _____ opposition
02 교육 제도 개선   the _____ of the educational system
03 정치적인 문제   _____ issues
04 직장 내 편견에 직면하다   face _____ in the workplace
05 제대로 작동하다   work _____
06 큰 논란을 야기하다   cause great _____
07 쓰레기를 처리하다   _____ of the trash

[08~11] 다음 밑줄 친 부분과 바꿔 쓸 수 있는 알맞은 표현을 골라 연결하세요.

08 The <u>penalty</u> for his crime is two years in prison. •   • ⓐ need
09 The athlete has <u>broad</u> shoulders.   •   • ⓑ punishment
10 Babies <u>require</u> a lot of parental care.   •   • ⓒ remove
11 Credit cards <u>eliminate</u> the need for cash.   •   • ⓓ wide

스포츠

[12~20] 다음 빈칸에 알맞은 단어를 넣어, 이야기를 완성하세요.

"Ow! My ankle!" cried Bill. "It's ¹²_____ really badly!" The referee blew his ¹³_____. Ken came on as a ¹⁴_____. Bill was carried off the field. Jack was the team's doctor. "When you ¹⁵_____ at this level, ¹⁶_____ injuries can be bad," he said. "I'll give you some *painkillers ¹⁷_____ _____ _____ some ice for your ankle. Don't ¹⁸_____ _____ taking the medicine. You'll feel ¹⁹_____ tomorrow." "Perhaps I should expect to get hurt when I ²⁰_____ in sports," sighed Bill.

*painkiller: 진통제

"아야! 내 발목!" 빌이 소리쳤다. "정말 심하게 ¹²접질렸어!" 심판이 ¹³호루라기를 불었다. 켄이 ¹⁴교체 선수로 들어갔다. 빌은 경기장 밖으로 실려 나갔다. 잭은 그 팀의 의사였다. "이 수준의 ¹⁵경쟁을 할 때는, ¹⁶신체 부상이 심할 수가 있어요"라고 그는 말했다. "발목을 위해 얼음 ¹⁷뿐만 아니라 진통제도 좀 줄게요. 약 먹는 거 ¹⁸미루지 마세요. 내일 ¹⁹뻐근한 느낌이 들 거예요." "스포츠에 ²⁰참여할 땐 다치는 것을 예상을 해야 하나 봐요"라며 빌은 한숨을 쉬었다.

DAY 26 • 125

DAY 27

>> **summarize** a **biography** in one **paragraph** 전기를 한 단락으로 요약하다

605 summarize [sʌ́məràiz]
- 동 요약하다 유 sum up
- The news article can be **summarized** in five sentences.
  그 신문 기사는 다섯 문장으로 요약될 수 있다.
- **summary** 명 요약, 개요

606 biography [baiágrəfi]
- 명 전기, 일대기
- I read a **biography** of King Sejong. 나는 세종대왕의 전기를 읽었다.
- 참고 **autobiography** 자서전

607 paragraph [pǽrəgræf]
- 명 단락, 절(節)
- Turn to page 23 and look at the opening **paragraph**.
  23페이지를 펼쳐 도입 단락을 보세요.

>> have a **range** of sports **facilities available** 이용 가능한 다양한 스포츠 시설들이 있다

608 range [reindʒ]
- 명 1 (수·양·정도의 변동) 범위 동 (범위가) ~에서 … 사이다
- His blood pressure is in the normal **range**. 그의 혈압은 정상 범위에 있다.
- The rugs come in a **range** of colors. 그 깔개는 다양한 색상으로 나온다.
- Ticket prices **range** from thirty to fifty dollars. 표 값은 30에서 50달러 사이다.
- Plus+ · a range of 다양한

609 facility [fəsíləti]
- 명 (-ies) (생활 편의) 시설, 설비
- The campsite provides only basic **facilities**.
  그 캠프장은 기본적인 시설만 제공한다.

610 complex [kəmpléks]
- 형 복잡한 유 complicated 반 simple
- 명 [kámpleks] (건물) 단지, 복합 건물
- A computer is a **complex** machine.
  컴퓨터는 복잡한 기계다.
- build a housing **complex** 주택 단지를 건설하다

Word Link 명사 complex는 여러 가지 시설들이 들어서 있는 건물을 뜻해요. 예를 들어, 아파트 단지를 apartment complex라고 해요.

611 available [əvéiləbl]
- 형 구할[이용할] 수 있는
- That book is not **available** in this bookstore. 저 책은 이 서점에서는 구할 수 없다.
- be made **available** 이용 가능하다

›› eager to obtain a teacher's certificate 교사 자격증 따기를 갈망하는

612 eager [íːgər]
형 간절히 바라는, 갈망하는
We are **eager** to win this game. 우리는 이 경기를 이기길 간절히 바란다.
eager for power 권력을 갈망하는

613 obtain [əbtéin]
동 얻다, 획득하다 ≒ get, gain
To **obtain** a driver's license, you have to pass a test.
운전 면허증을 얻으려면, 시험을 통과해야 한다.

614 certificate [sərtífikət]
명 증명서, 자격증
You should have a **certificate** to be a teacher.
선생님이 되려면 자격증이 있어야 한다.

615 qualify [kwάləfài]
동 자격을 얻다; 자격을 주다
He **qualified** as a doctor two years ago.
그는 2년 전에 의사 자격을 얻었다.
Her experience **qualified** her for the job.
그녀의 경험이 그 일자리에 대한 자격을 주었다.
qualification 명 자격[자질/능력]

> **Word Link**
> qualify는 특정 직무나 역할을 할 수 있는 자격을 주는 것으로, 자격을 인정받은 사람에게 공식 발급되는 문서가 certificate예요.

›› represent a dramatic shift in public opinion 여론의 극적인 변화를 나타내다

616 represent [rèprizént]
동 1 대표하다 2 나타내다, 상징하다
He **represented** his company at the meeting. 그는 그 회의에서 회사를 대표했다.
Red roses **represent** the feeling of love. 빨간색 장미는 사랑의 감정을 상징한다.
representative 명 대표자 형 대표적인

617 dramatic [drəmǽtik]
형 극적인, 인상적인
There was a **dramatic** fall in fuel costs. 연료비에 극적인 하락이 있었다.

618 shift [ʃift]
동 옮기다, 이동하다 명 변화, 이동
Our family **shifted** from town to town. 우리 가족은 이 마을 저 마을로 옮겨 다녔다.
her sudden **shifts** of mood 그녀의 갑작스러운 기분 변화

619 public [pʌ́blik]
형 1 대중의 2 공공의 ↔ private 명 (the ~) 대중
His ideas have very little **public** support.
그의 생각은 대중의 지지를 거의 받지 못한다.
a **public** library 공공 도서관

주제: 인류와 역사

620 origin [ɔ́:rədʒin]
명 1 기원, 유래 2 출신[혈통/태생]
The **origin** of the universe is still a mystery. 우주의 기원은 아직도 수수께끼다.
Her family is of African **origin**. 그녀의 가족은 아프리카 혈통이다.

621 republic [ripʌ́blik]
명 공화국
The Roman **Republic** was founded in 509 BC.
로마 공화국은 기원전 509년에 세워졌다.

622 conquer [káŋkər]
동 1 (나라·민족을) 정복하다 2 (곤란 등을) 극복하다
Napoleon **conquered** many countries. 나폴레옹은 많은 나라들을 정복했다.
conquest 명 정복

623 invade [invéid]
동 1 침입[침략]하다 2 침해하다
The German army **invaded** Poland in 1939.
1939년에 독일군이 폴란드를 침략했다.
invade our privacy 우리의 사생활을 침해하다
invasion 명 (적군의) 침략[침입]; 침해, 침범

624 revolution [rèvəlú:ʃən]
명 혁명, 변혁
Many people died during the French **Revolution**.
프랑스 혁명 동안 많은 사람들이 죽었다.
revolutionary 형 혁명의, 혁명적인

625 ruin [rú:in]
동 파괴하다; 망치다 ⊕ destroy 명 파괴, 파멸
The Great Chicago Fire of 1871 **ruined** many buildings.
1871년의 시카고 대화재는 많은 건물들을 파괴했다.

626 related [riléitid]
형 1 관련된 2 친척의 ((to))
History and politics are closely **related**. 역사와 정치는 밀접하게 관련되어 있다.
relate 동 관련시키다

627 hand down
~을 물려주다 ⊕ pass down
The king **handed down** his gold ring to his son.
그 왕은 자신의 왕관을 그의 아들에게 물려주었다.

628 die out
멸종되다 ⊕ disappear
Dinosaurs **died out** millions of years ago. 공룡은 수백만 년 전에 멸종됐다.

DAILY TEST

정답 p.198

[01~12] 영어는 우리말로, 우리말은 영어로 쓰세요.

01 complex _____
02 shift _____
03 range _____
04 public _____
05 eager _____
06 obtain _____
07 전기, 일대기 _____
08 극적인, 인상적인 _____
09 구할[이용할] 수 있는 _____
10 단락, 절(節) _____
11 증명서, 자격증 _____
12 (생활 편의) 시설, 설비 _____

[13~17] 다음 괄호 안에서 알맞은 말을 고르세요.

13 He (qualification / qualified) as a doctor two years ago.

14 Red roses (representative / represent) the feeling of love.

15 The news article can be (summary / summarized) in five sentences.

16 Many people died during the French (Revolution / Revolutionary).

17 History and politics are closely (related / relate).

인류와 역사

[18~24] 다음 빈칸에 알맞은 단어를 넣어, 이야기를 완성하세요.

France is a 18_____ that can trace its 19_____ to the ancient *Gauls. The French fought more battles than any other country in Europe. They loved to 20_____ and 21_____ other countries. They even fought each other in a 22_____. Some old French traditions are 23_____ _____. Fighting is one of them! Now they only 24_____ _____ peaceful traditions.

*Gaul: 갈리아 ((고대 켈트 사람의 땅; 지금의 북이탈리아·프랑스·벨기에 등을 포함함))

프랑스는 18**공화국**인데, 고대 갈리아까지 그 19**기원들**을 추적할 수 있다. 프랑스인들은 유럽의 다른 어떤 나라들보다도 더 많은 전투에서 싸웠다. 그들은 다른 나라들을 20**침략하고** 21**정복하는** 일을 즐겼다. 그들은 심지어 22**혁명** 때도 서로 싸웠다. 몇몇 오래된 프랑스 전통들은 23**사라지고** 있다. 싸우는 것도 그 중 하나다! 이제 그들은 평화로운 전통들만 24**물려준다**.

DAY 28

>> **evaluate candidates** for a **particular** job 특정 일자리의 지원자들을 평가하다

629 evaluate
[ivæljuèit]

동 평가하다 유 assess

Teachers give tests to **evaluate** what their students have learned.
교사들은 그들의 학생들이 무엇을 배웠는지를 평가하기 위해 시험을 낸다.

evaluation 명 평가

630 candidate
[kændidèit]

명 후보자, 지원자

The **candidates** for mayor will debate on TV.
시장 후보자들이 TV 토론을 할 것이다.

631 particular
[pərtíkjulər]

형 특별한; 특정한

For no **particular** reason, she quit the job.
특별한 이유도 없이, 그녀는 일을 관두었다.

particularly 부 특히

>> **rely** on **overseas imports** for oil 석유를 해외 수입에 의존하다

632 rely
[rilái]

동 의지하다; 신뢰하다, 믿다 ((on, upon)) 유 depend

He **relies** on his parents for living expenses.
그는 생활비를 부모님께 의지한다.

rely on your advice 너의 충고를 신뢰하다

633 overseas
[òuvərsí:z]

부 해외에[로] 유 abroad   형 [óuvərsì:z] 해외의, 외국의

We lived **overseas** for five years. 우리는 5년간 해외에서 살았다.
an **overseas** student/visitor 외국 유학생/방문객

634 import
[impɔ́:rt]

동 수입하다 반 export   명 [ímpɔ:rt] 수입; 수입품 반 export

We **import** all of our meat from France.
우리는 우리의 모든 육류를 프랑스에서 수입한다.
Coffee is a foreign **import**. 커피는 외국 수입품이다.

635 refine
[rifáin]

동 1 정제하다 2 개선[개량]하다

Sugar and oil are **refined** before use.
설탕과 석유는 사용 전에 정제된다.

refine a design 디자인을 개선하다

Word Link
땅속에서 뽑아낸 석유는 '정제하는(refine)' 과정을 거친 후, '휘발유(gasoline)'나 '경유(diesel)' 등으로 사용돼요.

≫ a **desperate attempt** to **rescue** a **drowning** man 물에 빠진 남자를 구하려는 필사적인 시도

636 desperate [déspərət]
형 1 필사적인, 절박한 2 절망적인
He was **desperate** for a job. 그는 직업을 구하는 데 필사적이었다.
a **desperate** situation 절망적인 상황

637 attempt [ətémpt]
명 시도 동 시도하다
He made several **attempts** to escape. 그는 여러 번의 탈출 시도를 했다.
attempt to solve a problem 문제를 풀려고 시도하다

638 rescue [réskjuː]
동 구조[구출]하다 ⊕ save 명 구조, 구출
The fireman **rescued** a boy from the burning house.
그 소방관은 불타고 있는 집에서 한 소년을 구출했다.
wait for **rescue** 구조를 기다리다

639 drown [draun]
동 물에 빠져 죽다, 익사하다
She fell in the river and **drowned**. 그녀는 강에 빠져 익사했다.

≫ **terribly concerned** about an **increase** in **pollution** 공해의 증가에 대해 몹시 우려하는

640 terribly [térəbli]
부 너무, 몹시 ⊕ extremely
I'm **terribly** sorry to be late. 늦어서 정말 죄송합니다.

641 concerned [kənsə́ːrnd]
형 걱정하는, 염려하는 ⊕ worried
Her family was very **concerned** about her safety.
그녀의 가족은 그녀의 안전에 대해 매우 걱정했다.
concerned parents 염려하는 부모들
concern 명 우려, 걱정; 관심사 동 걱정시키다

642 increase [inkríːs]
동 증가하다[시키다] ⊕ decrease 명 [ínkriːs] 증가 ⊕ decrease
The price of oil **increased**. 유가가 올랐다.
Reading will **increase** your vocabulary. 독서는 어휘를 늘려 줄 것이다.
an **increase** in the crime rate 범죄율의 증가

643 pollution [pəlúːʃən]
명 오염, 공해
Air **pollution** can cause breathing problems.
대기 오염은 호흡 문제를 야기할 수 있다.
pollute 동 오염시키다

주제: 대화와 소통

644 convince [kənvíns]
동 1 확신[납득]시키다 2 설득하다 ⊕ persuade
He **convinced** us that his story was true.
그는 자신의 이야기가 사실임을 우리에게 확신시켜주었다.
conviction 명 (강한) 신념, 확신   **convinced** 형 확신하는

645 quarrel [kwɔ́:rəl]
명 (말)다툼[언쟁]
They had a terrible **quarrel** about money. 그들은 돈과 관련해 심한 말다툼을 했다.

646 communicate [kəmjú:nəkèit]
동 1 연락하다, 의사소통을 하다 2 전하다, 전달하다
I have trouble **communicating** in English.
나는 영어로 의사소통을 하는데 어려움이 있다.
communicate his ideas to others 그의 생각을 다른 사람들에게 전하다
communication 명 의사소통, 연락

647 primary [práiməri]
형 1 주된, 주요한 ⊕ main 2 최초의, 초기의
The **primary** goal of this course is to improve your speaking skills.
이 강의의 주된 목표는 말하기 실력을 향상시키는 것이다.
the **primary** stage 초기 단계

648 propose [prəpóuz]
동 1 제안[제의]하다 ⊕ suggest 2 청혼[프로포즈]하다
He **proposed** a new plan at the meeting. 그는 회의에서 새로운 계획을 제안했다.
proposal 명 제안; 청혼

649 suppose [səpóuz]
동 1 추측하다, 생각하다 2 가정하다
He didn't answer his phone, so I **suppose** (that) he is busy.
그가 전화를 받지 않아서, 나는 그가 바쁘다고 추측한다.
Suppose (that) you are in my position. 네가 내 입장이라고 가정하자.

650 confine [kənfáin]
동 1 한정하다, 제한하다 ⊕ restrict 2 가두다
Please **confine** your questions to this topic. 질문을 이 주제에 한정해주세요.
be **confined** in a dark room 어두운 방에 갇혀 있다

651 cut in (on)
(~에) 끼어들다
My little brother kept **cutting in on** our conversation.
내 남동생은 계속 우리 대화에 끼어들었다.

652 stick to
~을 고수하다[지키다]
He'll **stick to** his promise this time.
그가 이번에는 자신의 약속을 지킬 것이다.

DAILY TEST

정답 p.198

[01~07] 다음 우리말과 같은 뜻이 되도록 빈칸에 알맞은 단어를 쓰세요.

01 심한 말다툼을 하다   have a terrible _____
02 범죄율의 증가   an _____ in the crime rate
03 구조를 기다리다   wait for _____
04 문제를 풀려고 시도하다   _____ to solve a problem
05 절망적인 상황   a _____ situation
06 외국 유학생   an _____ student
07 특별한 이유 없이   for no _____ reason

[08~09] 다음 짝지어진 단어의 관계가 나머지와 <u>다른</u> 하나를 고르세요.

08 ⓐ rely – depend   ⓑ concerned – worried
    ⓒ convince – persuade   ⓓ import – export

09 ⓐ pollute – pollution   ⓑ particular – particularly
    ⓒ evaluate – evaluation   ⓓ propose – proposal

대화와 소통

[10~17] 다음 빈칸에 알맞은 단어를 넣어, 대화를 완성하세요.

A: Sorry to ¹⁰_____ _____ _____ you, but I couldn't help overhearing your phone call. You have a ¹¹_____ with the Department of Transportation, I believe?

B: Yes. They're ¹²_____ that all street lights should be turned off at night.

A: You have to ¹³_____ them to change their minds. Their plan would be too dangerous. Your ¹⁴_____ argument is about safety, right?

B: I ¹⁵_____ it is.

A: Just ¹⁶_____ with them clearly. ¹⁷_____ _____ the point you want to make.

A: ¹⁰**끼어들어서** 죄송합니다만, 전화하시는 걸 엿듣지 않을 수가 없었어요. 교통부와 ¹¹**다툼**이 있으신 것 같은데, 맞나요?
B: 네. 그분들이 밤에는 가로등을 다 꺼야 한다고 ¹²**제안하고** 있어요.
A: 그분들이 마음을 바꾸도록 ¹³**설득해야** 해요. 그들의 계획은 너무 위험할 거예요. 당신의 ¹⁴**주된** 주장이 안전에 대한 것이죠, 맞죠?
B: 그렇다고 ¹⁵**생각합니다**[그런 것 같습니다].
A: 그냥 그분들과 명확하게 ¹⁶**의사소통 하세요**. 말하고자 하는 요점을 ¹⁷**고수하세요**.

DAY 29

>> the town's **resident population diminishes** 그 마을의 거주 인구가 감소하다

653 resident [rézədnt]
명 거주자, 주민 형 거주하는
This parking space is for **residents** only. 이 주차장은 주민 전용이다.
She is **resident** in Mexico. 그녀는 멕시코에 거주한다[살고 있다].
residence 명 주택, 거주지

654 population [pɑ̀pjuléiʃən]
명 인구
India has a **population** of more than one billion. 인도는 인구가 10억 이상이다.

655 diminish [dimíniʃ]
동 줄어들다, 감소하다; 줄이다 유 decrease
The pain **diminished** after he took aspirin. 그가 아스피린을 먹은 후에 통증이 줄었다.
diminish the risk of war 전쟁의 위험을 줄이다

>> **discriminate** based on **gender/religion** 성별에/종교에 근거해 차별하다

656 discriminate [diskrímənèit]
동 1 차별하다 2 구별[식별]하다
It is illegal to **discriminate** against women. 여성에 대해 차별하는 것은 불법이다.
discriminate between A and B A와 B를 구별[식별]하다
discrimination 명 차별

657 protest [prətést]
동 항의[반대]하다 유 demonstrate
명 [próutest] 항의; 시위 유 demonstration
Drivers **protested** about the rising cost of fuel. 운전자들은 연료비 인상에 대해 항의했다.
take part in a peaceful **protest** 평화 시위에 참여하다

Word Link
'차별에 대해 항의하다'는 영어로 protest against [about] a discrimination이라고 해요.

658 gender [dʒéndər]
명 (사회적인) 성, 성별
The school divided the classes by **gender**. 그 학교는 성별로 학급을 나누었다.
참고 **sex** (생물학적인) 성, 성별

659 religion [rilídʒən]
명 종교, -교
The law promises freedom of **religion**. 그 법은 종교의 자유를 약속한다.
the Christian **religion** 기독교
religious 형 종교의; 신앙심이 깊은

>> have an **enormous influence** on the **overall** economy 전체 경제에 막대한 영향을 미치다

660 **enormous**
[inɔ́ːrməs]

형 막대한, 거대한 ⊕ huge

The Atlantic Ocean contains an **enormous** amount of water.
대서양에는 막대한 양의 물이 있다.

661 **influence**
[ínfluəns]

명 영향(력) 동 영향을 미치다 ⊕ affect

The goalkeeper's injury had a big **influence** on the match.
골키퍼의 부상이 경기에 큰 영향을 끼쳤다.

influence a decision/an outcome 결정/결과에 영향을 미치다

662 **overall**
[óuvərɔ̀ːl]

형 전체의, 전반적인 부 [òuvərɔ́ːl] 전반적으로

The **overall** situation isn't bad. 전반적인 상황은 나쁘지 않다.
Overall, prices are still rising. 전반적으로, 물가가 여전히 오르고 있다.

>> not **dare** to **criticize government officials** 감히 정부 관리들을 비판하지 못하다

663 **dare**
[dɛər]

동 감히 ~하다, ~할 용기가 있다

How **dare** you say such a thing? 네가 감히 어떻게 그런 말을 할 수 있어?
I didn't **dare** (to) say what I thought. 나는 내가 생각하는 것을 말할 용기가 없었다.

664 **criticize**
[krítəsàiz]

동 1 비난[비판]하다 빤 praise 2 비평하다

The teacher **criticized** him for his bad behavior.
선생님은 그의 나쁜 행실에 대해 그를 비난했다.

criticize a poem 시를 비평하다

criticism 명 비판; 비평   **critical** 형 비판적인; 대단히 중요한

665 **government**
[gʌ́vərnmənt]

명 정부

The **government** is planning to increase taxes.
정부는 세금 올리는 것을 계획하고 있다.

666 **govern**
[gʌ́vərn]

동 통치하다[다스리다] ⊕ rule

The king **governed** the country in the past.
과거에는 왕이 그 나라를 다스렸다.

Word Link
government는 'govern(통치하다) + -ment(명사 접미사)'로 만들어진 거예요.

667 **official**
[əfíʃəl]

형 1 공무[직무]상의 2 공식의   명 공무원, 관리

They are on an **official** visit to Paris. 그들은 공무상 파리를 방문 중이다.
make an **official** announcement 공식 발표를 하다
a senior **official** 고위 공무원

주제: 농축산업

668 crop [krap]
명 1 (농)작물 2 수확량
Corn is an important **crop**. 옥수수는 중요한 작물이다.
The apple **crop** was small this year. 올해는 사과 수확량이 적었다.

669 cultivate [kʌ́ltəvèit]
동 1 (땅을) 경작하다 2 재배하다 ⊕ grow
The farmer worked hard to **cultivate** the land.
그 농부는 땅을 경작하기 위해 열심히 일했다.
cultivate vegetables 채소들을 재배하다
cultivation 명 경작; 재배

670 breed [briːd]
동 (bred-bred) 1 (동물이) 새끼를 낳다 2 사육하다, 기르다
Many animals **breed** in spring. 많은 동물들이 봄에 새끼를 낳는다.
breed a horse 말을 사육하다

671 reproduce [rìːprədúːs]
동 1 번식하다 2 복제하다
Chickens **reproduce** by laying eggs. 닭은 알을 낳는 것으로 번식한다.
reproduce a photograph 사진을 복제하다
reproduction 명 번식; 복제

672 yield [jiːld]
동 (수익·결과 등을) 내다, 산출하다 ⊕ produce
Her garden **yielded** lots of vegetables this year.
올해 그녀의 정원은 많은 채소들을 산출했다.

673 flavor [fléivər]
명 (독특한) 맛, 풍미
Most fruits have sweet **flavors**. 대부분의 과일들은 단맛을 갖고 있다.
flavored 형 (~의) 맛이 나는

674 loosen [lúːsn]
동 느슨하게[헐겁게] 하다 ⊕ tighten
She **loosened** the chain around the dog's neck.
그녀는 그 개의 목 둘레에 있는 사슬을 느슨하게 했다.

675 a great deal of
다량의, 많은 ⊕ a lot of, plenty of
It takes **a great deal of** time and effort to harvest crops.
농작물을 수확하는 것은 많은 시간과 노력을 필요로 한다.

676 get rid of
~을 없애다 ⊕ remove
Farmers regularly **get rid of** the weeds in their fields.
농부들은 정기적으로 그들 밭의 잡초들을 제거한다.

DAILY TEST

[01~10] 영어는 우리말로, 우리말은 영어로 쓰세요.

01 overall _____
02 diminish _____
03 official _____
04 influence _____
05 discriminate _____

06 막대한, 거대한 _____
07 정부 _____
08 (사회적인) 성, 성별 _____
09 종교, -교 _____
10 인구 _____

[11~14] 다음 영영 풀이에 알맞은 단어를 골라 쓰세요.

| dare | criticize | loosen | govern |

11 _____ : to make something less tight or strongly fixed
12 _____ : to officially control and lead a group of people
13 _____ : to have enough courage or confidence to do something
14 _____ : to say that you think somebody or something is bad

농축산업

[15~21] 다음 빈칸에 알맞은 단어를 넣어, 이야기를 완성하세요.

In nineteenth-century England, *hops were a traditional farm 15_____. Hop plants are grown on tall poles in fields. Their flowers are used to make beer. The farmers 16_____ many different types of hops. Some 17_____ bigger crops and better 18_____ than others. These days, however, farmers are 19_____ _____ _____ their hop fields. Hops need 20_____ _____ _____ of attention. It's easier to 21_____ the flavor of the beer with chemicals. Now a piece of farming history has almost disappeared.

*hop: 홉 열매((맥주에 쓴맛을 내는 것))

19세기 영국에서 홉 열매는 전통적인 농장 15**작물**이었다. 홉 식물들은 들판에서 높은 기둥에 받쳐진 상태로 키워진다. 그것들의 꽃은 맥주를 만드는 데에 사용된다. 농부들은 여러 다른 종류의 홉을 16**재배했다**. 일부는 다른 것들보다 더 큰 작물과 더 나은 18**맛들**을 17**내놓았다**. 하지만 오늘날 농부들은 그들의 홉 밭들을 19**없애고** 있다. 홉은 20**많은** 주의를 필요로 한다. 화학 물질들을 가지고 그 맥주의 맛을 21**복제하는**[재현하는] 것이 더 쉽다. 이제 농업 역사의 한 조각이 거의 사라졌다.

DAY 30 Challenge

Delicious Revenge

Concentrating hard, the **diligent** student carefully **chopped** a **precise portion** of poisonous mushrooms. Then he made a **splendid** omelet with them and presented it to the **professor** for lunch, **pretending** to smile. "Bon appétit" he **announced**, in his most **sincere** voice. "A **miserable** death is your **destiny**," he added under his breath as the professor began to eat. Trying to control his **temper**, he smiled as the professor **swallowed** the final mouthful. "*Good riddance!" said the student. "You **robbed** me of my career. My **suspension** was a mistake."

*good riddance: 속이 시원하다

맛있는 복수   열심히 집중한 채, 그 근면성실한 학생은 신중하게 독버섯의 정확한 1인분을 썰었다. 그런 다음 그는 그것들로 근사한 오믈렛을 만들어 교수님에게 점심으로 가져다 드리며 웃는 척했다. "즐거운 식사 되세요"라고 그는 진심 어린 목소리로 말했다. "비참한 죽음이 당신의 운명이야"라며 교수가 먹기 시작했을 때 그는 속삭이듯 덧붙였다. 애써 화를 누르며, 그는 교수님이 마지막 한 입을 삼킬 때 웃었다. "속이 시원하군!" 학생이 말했다. "당신은 내 경력을 앗아 갔어. 날 정학 시킨 건 실수였던 거야."

Choose the correct word.

1 The Niagara Falls is a _____ sight.
   ⓐ splendid   ⓑ diligent   ⓒ precise   ⓓ miserable

2 A person who _____ to be sick is not really sick.
   ⓐ swallows   ⓑ pretends   ⓒ concentrates   ⓓ announces

3 A very unhappy situation may be described as _____.
   ⓐ miserable   ⓑ precise   ⓒ splendid   ⓓ sincere

4 A bad _____ might get you into trouble.
   ⓐ portion   ⓑ temper   ⓒ suspension   ⓓ destiny

5 If you are forced to leave a job for a short period of time, you are under _____.
   ⓐ temper   ⓑ destiny   ⓒ professor   ⓓ suspension

1 나이아가라 폭포는 아름다운 광경이다. 2 아픈 척 하는 사람은 아프지 않은 사람이다. 3 아주 불행한 상황은 비참한 상황이라고 할 수 있다. 4 성질이 나쁘면 문제가 생길 수 있다. 5 일에서 잠시 떠나 있기를 강요당했다면 정직을 당한 것이다.

Answers 1 ⓐ 2 ⓑ 3 ⓐ 4 ⓑ 5 ⓓ

677	**concentrate** [kánsəntrèit] concentration *n.* 집중	*v.* to give your attention to the thing you are doing 집중하다 1 I'm trying to **concentrate** on my work. Plus+ · concentrate on ~에 집중하다 SYN focus
678	**diligent** [dílədʒənt]	*adj.* trying steadily and with great effort to achieve a goal 부지런한, 성실한 2 He is **diligent** and never hands in his report late. ANT lazy, idle
679	**chop** [tʃɑp]	*v.* to cut something into pieces with a sharp tool (토막으로) 썰다[다지다] 3 **Chop** onions and put them into the soup.
680	**precise** [prisáis] precisely *adv.* 바로, 정확히	*adj.* exact and accurate 정확한, 정밀한 4 Using a **precise** recipe will make your dish perfect. SYN accurate, correct, exact
681	**portion** [pɔ́ːrʃən]	*n.* 1 a part of a whole 부분[일부] 5 She spends a small **portion** of her income on food. *n.* 2 an amount of food that is enough for one person (음식의) 1인분 6 This restaurant serves very large **portions**. SYN 1 part 2 serving
682	**splendid** [spléndid]	*adj.* excellent or beautiful and impressive 훌륭한, 인상적인[아름다운] 7 All the rooms have **splendid** views. SYN impressive, excellent, wonderful
683	**professor** [prəfésər]	*n.* a teacher at a university or college 교수 8 The **professor** both teaches and does research.

1 나는 지금 일에 집중하려고 하고 있다. 2 그는 성실하며 절대 보고서를 늦게 제출하지 않는다. 3 양파를 다져 그것들을 수프에 넣어라. 4 정밀한 조리법을 사용하는 것이 네 요리를 완벽하게 할 것이다. 5 그녀는 수입의 작은 부분만을 음식에 쓴다. 6 이 식당은 1인분의 양이 매우 많다. 7 모든 객실이 훌륭한 전망을 갖고 있다. 8 교수는 가르치는 일과 연구하는 일을 다 한다.

684 pretend
[priténd]
pretension *n.* 가식, 허세

v. to act as if something is true when it is not true ~인 척하다

1 The boy **pretended** to be sick and didn't go to school.

685 announce
[ənáuns]
announcement *n.* 발표
announcer *n.* 아나운서

v. **1** *to make something known publicly* 발표하다, 알리다

2 They **announced** plans to close five factories.

v. **2** *to say something in a loud and confident way* (큰 소리로) 알리다

3 She suddenly **announced** that she was ready to go.

[SYN] **1** declare **2** state

686 sincere
[sinsíər]
sincerely *adv.* 진심으로

adj. real and true, not pretended 진실된, 진심 어린

4 Please accept my **sincere** apology.

[SYN] genuine, real, true
[ANT] insincere, false

687 miserable
[mízərəbl]
misery *n.* 비참, 처량함

adj. very unhappy 비참한, 불행한

5 Tom had a **miserable** childhood.

[SYN] sad, unhappy
[ANT] delighted, cheerful

688 destiny
[déstəni]

n. the things that will happen in the future 운명

6 The **destiny** of our nation depends on this vote!
7 control your own **destiny**

[SYN] fate

689 temper
[témpər]

n. **1** *a tendency to become angry very quickly* 성질, 성미

8 Try to control your **temper**.

n. **2** *the state of your mind or feelings* 기분

9 She is in a bad **temper** today.

[SYN] **2** mood

---

1 소년은 아픈 척하고 학교에 가지 않았다. 2 그들은 다섯 개의 공장을 닫겠다는 계획을 발표했다. 3 그녀는 갑자기 갈 준비가 다 되었다고 알렸다.
4 부디 제 진심 어린 사과를 받아주세요. 5 톰은 불행한 유년 시절을 보냈다. 6 우리 나라의 운명은 이 투표에 달려 있다! 7 네 자신의 운명을 통제하다
8 성질 좀 조절하려고 노력해라. 9 그녀는 오늘 기분이 나쁘다.

690	**swallow** [swálou]	*v.* to cause food to go from the mouth to the stomach 삼키다
		1 Chew your food well before you **swallow**.

691	**rob** [rab] robbery *n.* 강도 (행위) robber *n.* 강도, 도둑	*v.* to steal something; to keep someone from getting something that they wanted (사람·장소에서) 강탈하다; (행복 등을) 빼앗다[잃게 하다]
		2 Someone **robbed** the bank last night.
		3 His illness **robbed** him of a normal childhood.

692	**suspension** [səspénʃən] suspend *v.* 매달다; (잠시) 중단하다; 정직[정학]시키다	*n.* the act of making someone leave a job or school as a punishment for a period of time 정직, 정학
		4 I am under **suspension** for breaking the school rules.

+ More Words

693	**consist** [kənsíst]	*v.* to be made up of something (~로) 구성되다
		5 Breakfast **consisted** of eggs and milk.
		Plus+ • consist of ~으로 이루어지다[구성되다]

694	**crush** [krʌʃ]	*v.* **1** to press something so hard that it breaks 으스러[쭈그러]뜨리다
		6 I **crushed** the can before I threw it away.
		v. **2** to break something into small pieces by pressing 으깨다
		7 **Crush** the nuts and put them on the cake.

695	**rid** [rid] (rid-rid)	*v.* to cause something undesirable to go away 없애다, 제거하다
		8 He completely **rid** his diet of fast food.
		Plus+ • rid A of B A에게서 B를 없애다

696	**omit** [oumít] omission *n.* 생략; 누락	*v.* to fail to include or do something 생략하다, 빼다
		9 You can **omit** sugar from the recipe.
		SYN leave out

1 삼키기 전에 음식을 잘 씹어라. 2 누군가가 어젯밤에 은행을 털었다. 3 그의 병은 그에게서 평범한 유년 시절을 앗아갔다. 4 나는 교칙을 어겨서 정학 당한 상태다. 5 아침 식사는 계란과 우유로 구성되어 있었다. 6 나는 버리기 전에 캔을 쭈그러뜨렸다. 7 견과를 으깨 케이크 위에 올려라. 8 그는 식단 에서 패스트푸드를 완전히 제거했다. 9 그 조리법에서 설탕은 생략해도 된다.

REVIEW TEST DAY 26~30

정답 p.199

A 덩어리 표현 우리말에 맞게 빈칸을 채워 핵심 표현을 완성하세요.

01 _____ dispose of _____ waste 원자력 폐기물을 적절히 처리하다

02 generate a _____ _____ over the death penalty
   사형제도에 대한 격렬한 논쟁을 일으키다

03 require _____ political _____ 광범위한 정치 개혁을 필요로 하다

04 _____ _____ against disabled people 장애인에 대한 편견을 없애다

05 _____ a _____ in one paragraph 전기를 한 단락으로 요약하다

06 have a range of sports _____ _____ 이용 가능한 다양한 스포츠 시설들이 있다

07 _____ to obtain a teacher's _____ 교사 자격증 따기를 갈망하는

08 represent a _____ _____ in public opinion 여론의 극적인 변화를 나타내다

09 evaluate _____ for a _____ job 특정 일자리의 지원자들을 평가하다

10 _____ on _____ imports for oil 석유를 해외 수입에 의존하다

11 _____ concerned about an increase in _____ 공해의 증가에 대해 몹시 우려하는

12 the town's _____ _____ diminishes 그 마을의 거주 인구가 감소하다

13 _____ based on _____ 성별에 근거해 차별하다

14 have an enormous _____ on the _____ economy 전체 경제에 막대한 영향을 미치다

15 not dare to criticize _____ _____ 감히 정부 관리들을 비판하지 못하다

B 주제별 어휘 우리말에 맞게 빈칸을 채워 문장을 완성하세요.

스포츠 01 The referee blew his _____. Ken came on as a _____.
       심판이 호루라기를 불었다. 켄이 교체 선수로 들어갔다.

       02 When you _____ at this level, _____ injuries can be bad.
       이 수준의 경쟁을 할 때는, 신체 부상이 심할 수가 있다.

       03 Don't _____ _____ taking the medicine.
       약 먹는 것을 미루지 마라.

인류와 역사 **04** They loved to _____ and _____ other countries.
그들은 다른 나라들을 침략하고 정복하는 일을 즐겼다.

05 They even fought each other in a _____.
그들은 심지어 혁명 때도 서로 싸웠다.

06 They only _____ _____ peaceful traditions.
그들은 평화로운 전통들만 물려준다.

대화와 소통 **07** Sorry to _____ _____ _____ you.
끼어들어서 죄송합니다.

08 They're _____ that all street lights should be turned off at night.
그들은 밤에는 가로등을 다 꺼야 한다고 제안하고 있다.

09 _____ _____ the point you want to make.
말하고자 하는 요점을 고수하라.

농축산업 **10** The farmers _____ many different types of hops.
농부들은 여러 다른 종류의 홉을 재배했다.

11 Hops need _____ _____ _____ of attention.
홉은 많은 주의를 필요로 한다.

12 It's easier to _____ the flavor of the beer with chemicals.
화학 물질들을 가지고 그 맥주의 맛을 복제하는[재현하는] 것이 더 쉽다.

C Challenge 우리말에 맞게 빈칸을 채워 문장을 완성하세요.

01 He carefully _____ a _____ _____ of poisonous mushrooms.
그는 신중하게 독버섯의 정확한 1인분을 썰었다.

02 He presented it to the _____ for lunch, _____ to smile.
그는 교수님에게 그것을 점심으로 가져다 드리며, 웃는 척했다.

03 "Bon appétit" he _____, in his most _____ voice.
"즐거운 식사 되세요"라고 그는 진심 어린 목소리로 큰 소리로 알렸다.

04 You _____ me of my career. My _____ was a mistake.
당신은 내 경력을 강탈했다. 나의 정학은 실수였다.

05 I _____ the can before I threw it away.
나는 버리기 전에 캔을 쭈그러뜨렸다.

DAY 21~30 CUMULATIVE TEST

[01~30] 다음 단어의 뜻을 쓰세요.

01 realize
02 demand
03 grateful
04 reject
05 injury
06 interact
07 construct
08 vivid
09 explode
10 absolute
11 rapid
12 declare
13 grab
14 priceless
15 moreover
16 generate
17 broad
18 compete
19 range
20 represent
21 ruin
22 particular
23 rescue
24 convince
25 protest
26 influence
27 reproduce
28 concentrate
29 temper
30 rob

[31~40] 다음 뜻을 가진 단어를 쓰세요.

31 빈틈없는, 철저한
32 회복되다; 회복하다, 되찾다
33 투자하다
34 비교적; 상대적으로
35 녹슨
36 사나운; 격렬한
37 자격을 얻다; 자격을 주다
38 오염, 공해
39 (독특한) 맛, 풍미
40 ~인 척하다

[41~45] 다음 숙어의 뜻을 쓰세요.

41 tell ~ from ...
42 get along with
43 wipe out
44 as well as
45 get rid of

Know More

미드 속 영어표현 3

하이틴 드라마

하이틴 드라마에 자주 등장하는 유용한 영어표현을 배워보세요.

Get out of here!
말도 안돼! 뻥치시네!

말 그대로 해석하면 '여기서 나가'라는 의미예요. 믿을 수 없는 이야기에 대해 '말도 안돼!'라고 대답할 때 쓸 수 있어요.

> A: I saw Heungmin Son yesterday!
> B: Get out of here!
> 나 어제 손흥민을 봤어! - 뻥치시네!

a teacher's pet
선생님이 편애하는 학생

직역하면 "선생님의 애완동물"이에요. "학교에서 선생님으로부터 총애를 받는 학생"이라는 뜻이지만, 못마땅해하는 뉘앙스로 사용하는 표현이에요.

> Tommy is the teacher's pet.
> 토미는 선생님이 편애하는 학생이야.

bestie
절친

bestie는 '베프, 절친'이란 뜻이에요. best friend에서 best를 좀 귀엽게 발음한 느낌이죠.

> A: Who's that girl you always hang out with?
> B: Oh, that's Lily. She's my bestie.
> 네가 항상 어울려다니는 저 소녀는 누구야? - 아, 릴리라고, 내 절친이야.

boss ~ around
~에게 이래라 저래라 하다

boss는 '사장'이라는 뜻 외에 '사장 노릇', 즉 '지시하고, 감독하고, 부려먹는 행위'를 나타내는 동사로도 쓰여요. 말그대로 보스처럼 군다는 의미죠.

> A: Finish the report by tomorrow.
> B: Don't boss me around!
> 내일까지 그 보고서 끝내. - 나한테 이래라 저래라 하지마!

call the roll
출석을 부르다

roll은 '명단'이라는 뜻이에요. 따라서 call the roll은 명단에 있는 사람들을 부르다, 즉 출석을 부른다는 뜻이 되는 거죠.

> The teacher calls the roll at the start of class to check who's here.
> 선생님은 누가 있는지 확인하기 위해 수업 시작 때 출석을 부른다.

burn the midnight oil
밤새워 공부하다[일하다]

전기가 없던 시절에 기름을 담은 등잔을 태워 불을 켰던 것에서 유래해요. 한밤중까지 밝게 불을 밝혀 공부하거나 일한다는 뜻이에요.

> I have to burn the midnight oil to finish my homework before it's due.
> 숙제를 마감일 전에 끝내려면 나는 밤새워 공부해야 한다.

DAY 31

>> **unlike** a **typical** computer **monitor** 전형적인 컴퓨터 모니터와는 다른

697 unlike
[ʌnláik]

전 1 ~와 다른 2 ~와는 달리 3 ~답지 않은
The two sisters are **unlike** each other. 그 두 자매는 서로 다르다.
Unlike you, I'm not a good dancer. 너와는 달리, 나는 춤을 잘 못 춰.
It's **unlike** Harry to be so late. 이렇게 늦는 것은 해리답지 않다.

698 typical
[típikəl]

형 전형적인, 대표적인
He looks like the **typical** tourist with his shorts and his camera.
반바지에 카메라를 든 그는 전형적인 관광객처럼 보인다.

typically 부 일반적으로; 전형적으로

699 monitor
[mánətər]

명 (컴퓨터 등의) 화면, 모니터 동 감시[관찰]하다
This computer **monitor** isn't working. 이 컴퓨터 모니터가 작동하지 않는다.
monitor the situation closely 상황을 면밀히 관찰하다

>> win a **thrilling** victory in a **professional league** 프로 리그에서 짜릿한 승리를 거두다

700 thrilling
[θríliŋ]

형 짜릿한, 스릴 만점의
The book is a **thrilling** adventure story. 이 책은 스릴 만점의 모험 이야기이다.

thrill 명 전율, 흥분 동 황홀하게 만들다

701 hollow
[hálou]

형 속이 빈 ⊕ empty
The tree trunk is **hollow** inside.
그 나무 둥치는 속이 비어 있다.

> **Word Link**
> 관용적 표현인 win a hollow victory는 직역하면 '속이 빈 승리를 거두다'로, '무의미한 승리를 거두다'라는 뜻이에요.

702 professional
[prəféʃənl]

형 1 전문적인, 전문직의 2 직업적인, 프로의 ⊖ amateur
You need to seek **professional** advice. 너는 전문적인 조언을 구할 필요가 있다.
a **professional** athlete 프로 선수

profession 명 (전문적인) 직업[직종]

703 league
[liːg]

명 1 (스포츠 경기의) 리그 2 연합, 연맹
He is playing in the French Football **League**.
그는 프랑스 축구 리그에서 뛰고 있다.
the **League** of Nations 국제 연맹

species generally evolve throughout time 종은 일반적으로 시간에 걸쳐 진화한다

704 species [spíːʃiːz]
명 (분류상) 종(種)
Cats and dogs belong to different **species**. 고양이와 개는 다른 종에 속한다.

705 generally [dʒénərəli]
부 1 일반적으로, 대체로 2 보통 ≒ usually
He is **generally** regarded as the best singer in Korea.
그는 일반적으로 한국에서 최고의 가수로 간주된다.
general 형 일반[보편/전반]적인

706 evolve [iválv]
동 1 (서서히) 발전하다[시키다] 2 진화하다[시키다]
The small store **evolved** into a big company. 그 작은 가게가 큰 회사로 발전했다.
Did birds **evolve** from dinosaurs? 새는 공룡으로부터 진화했나요?
evolution 명 발전[진전]; 진화

707 throughout [θruːáut]
전 1 ~의 도처에 2 ~동안 내내, 줄곧
English is used **throughout** the world. 영어는 세계 도처에서 사용된다.
He slept **throughout** the movie. 그는 영화 보는 내내 잤다.

meditate to relieve anxiety 불안을 완화하기 위해 명상하다

708 meditate [médətèit]
동 명상하다
She **meditates** before yoga class. 그녀는 요가 수업 전에 명상을 한다.
meditation 명 명상

709 relieve [rilíːv]
동 1 (고통 등을) 없애다 2 (심각성을) 완화하다[줄이다]
Regular exercise helps **relieve** stress. 규칙적인 운동은 스트레스 해소에 도움이 된다.
relief 명 안도, 안심; (고통 등의) 경감, 완화; 구호(품)

710 anxiety [æŋzáiəti]
명 걱정, 불안
Many students suffer from test **anxiety**. 많은 학생들이 시험 불안증을 겪는다.
anxious 형 불안해하는, 염려하는

711 nerve [nəːrv]
명 1 신경 2 (-s) 불안, 긴장
Various injuries can cause **nerve** damage.
다양한 부상이 신경 손상을 야기할 수 있다.
calm your **nerves** 긴장을 가라앉히다
nervous 형 긴장한, 불안한

Word Link
anxiety는 보통 불안한 심리 상태를 나타내고, nerves는 긴장된 상태를 나타내요.

DAY 31

주제: 인체와 건강

712 decay [dikéi]
동 썩다, 부패하다 명 부식, 부패
Sugar makes your teeth **decay**. 설탕은 네 치아를 썩게 만든다.
prevent **decay** 부식을 막다

713 moderate [mάdərət]
형 적당한, 중간의
Moderate exercise is necessary for good health.
적당한 운동은 건강을 위해 필요하다.
Cook corn over a **moderate** heat. 중간 세기의 불에 놓고 옥수수를 익혀라.
moderately 부 적당히, 중간 정도로

714 paralyze [pǽrəlàiz]
동 1 마비시키다 2 무력하게 만들다
The disease **paralyzed** her right arm. 그 병이 그녀의 오른팔을 마비시켰다.
paralysis 명 마비

715 flesh [fleʃ]
명 (사람·동물의) 살, 고기
An injury to your **flesh** can be very painful.
살에 난 부상은 매우 고통스러울 수 있다.

716 stroke [strouk]
명 1 타격, 스트로크 2 뇌졸중
He got a point with a backhand **stroke**. 그는 백핸드 스트로크로 한 점을 얻었다.
My father had a **stroke**. 나의 아버지는 뇌졸중을 일으켰다.

717 joint [dʒɔint]
명 관절; 연결 부분 형 공동의, 합동의
My grandmother has pain in her knee **joints**.
나의 할머니는 무릎 관절에 통증이 있다.
a **joint** effort to improve public health
대중의 건강을 향상시키기 위한 공동의 노력

718 snore [snɔːr]
동 코를 골다 명 코 고는 소리
Why do people **snore**? 사람들은 왜 코를 골까?

719 pass away
사망하다[돌아가시다]
My grandfather **passed away** after a long illness.
우리 할아버지는 병을 오래 앓다가 돌아가셨다.

720 not only ~ but also ...
~뿐만 아니라 …도
Exercise has many benefits **not only** physically **but also** mentally.
운동은 신체적으로 뿐만 아니라 정신적으로도 많은 이점이 있다.

DAILY TEST

정답 p.199

[01~12] 영어는 우리말로, 우리말은 영어로 쓰세요.

01 monitor _____
02 generally _____
03 league _____
04 unlike _____
05 throughout _____
06 evolve _____

07 명상하다 _____
08 걱정, 불안 _____
09 속이 빈 _____
10 (분류상) 종(種) _____
11 (사람·동물의) 살, 고기 _____
12 짜릿한, 스릴 만점의 _____

[13~17] 다음 밑줄 친 부분을 문맥에 맞게 고쳐 쓰세요.

13 You need to seek profession advice.

14 Regular exercise helps relief stress.

15 Various injuries can cause nervous damage.

16 He looks like the typically tourist with his shorts and his camera.

17 Moderately exercise is necessary for good health.

인체와 건강

[18~24] 다음 빈칸에 알맞은 단어를 넣어, 이야기를 완성하세요.

Tooth 18_____, 19_____, aching 20_____ … all these things are more common when you get old. It's not much fun! To stay fit and healthy, you need to exercise and eat a 21_____ diet. But do it NOW. 22_____ _____ will you stay slim, but you will also feel good. You are also less likely to 23_____ at night. Remember: If you ignore this advice, you are sure to 24_____ _____ at a younger age.

치아 18**부식**, 19**뇌졸중들**, 쑤시는 20**관절들**… 나이가 들면 이런 것들이 더 흔하다. 별로 재미 있는 일은 아니다! 계속 튼튼하고 건강하게 있기 위해선, 운동하고 21**적당한** 식사를 할 필요가 있다. 하지만 지금 당장 그렇게 해라. 날씬함을 유지할 수 있을 22**뿐만 아니라** 기분도 좋을 것이다. 밤에 23**코를 골** 가능성도 더 적어진다. 기억해라. 이 충고를 무시한다면, 여러분은 분명 더 어린 나이에 24**사망하고** 말 것이다.

DAY 31

DAY 32

>> **estimate** the **damage** at **approximately** $10,000   피해를 대략 1만 달러로 추정하다

721 estimate [éstəmèit]
동 추정하다, 어림잡다   명 [éstəmət] 추정(치)
Police **estimate** the crowd at 15,000. 경찰은 군중을 만 오천 명으로 추산하고 있다.
give an **estimate** 추정치를 제공하다[견해를 내다]

722 damage [dǽmidʒ]
명 손상, 피해   동 손상을 주다, 피해를 입히다
The storm caused serious **damage** to many houses. 폭풍이 많은 주택에 심각한 피해를 입혔다.
insects that **damage** crops
농작물에 피해를 입히는 곤충들

723 approximately [əprɑ́ksəmətli]
부 대략, 거의   유 about, around
The flight is **approximately** four hours long. 비행시간은 거의 4시간이다.
approximate 형 거의 정확한, 근사치인

>> **attain** a **remarkable achievement indeed**   참으로 놀랄 만한 업적을 이루다

724 attain [ətéin]
동 (노력하여) 이루다, 달성하다   유 achieve, accomplish
I will **attain** my goal of becoming a scientist.
나는 과학자가 되겠다는 나의 목표를 이룰 것이다.
attain success 성공을 달성하다

725 remarkable [rimɑ́ːrkəbl]
형 주목할 만한, 놀랄 만한   유 extraordinary
She is a very **remarkable** artist. 그녀는 매우 주목할 만한 예술가이다.
remarkably 부 주목할 만하게, 눈에 띄게

726 achievement [ətʃíːvmənt]
명 업적, 성취
Winning the award was a great **achievement**.
그 상을 받는 것은 대단한 업적이었다.
a sense of **achievement** 성취감
achieve 동 달성하다, 성취하다

727 indeed [indíːd]
부 정말[참으로], 확실히
He is **indeed** a great poet. 그는 정말 위대한 시인이다.

without regard to personal religious beliefs 개인의 종교적 신념에 관계없이

728 regard [rigάːrd]
동 (~로) 여기다[간주하다] 명 고려, 관심
I **regard** him as my best friend. 나는 그를 나의 가장 친한 친구라고 생각한다.
have no **regard** for other people's feelings 다른 사람들의 감정에 관심 없다

729 personal [pə́ːrsənl]
형 개인의, 개인적인
I don't answer questions about my **personal** life.
나는 내 사생활에 관한 질문에 답하지 않는다.
personality 명 성격, 인격; 개성

730 religious [rilídʒəs]
형 1 종교의 2 신앙심이 깊은
We have **religious** freedom. 우리는 종교의 자유를 가진다.
He is a very **religious** man. 그는 신앙심이 매우 깊은 사람이다.
religion 명 종교, -교

731 worship [wə́ːrʃip]
동 예배하다, 숭배하다 명 예배, 숭배
They all **worship** the same god.
그들은 모두 같은 신을 숭배한다.

> **Word Link**
> '종교적인 건물(religious building)'에서 '신(god)'에게 '존경(respect)'을 표하는 것을 '예배하다(worship)'라고 해요.

732 belief [bilíːf]
명 믿음, 신념
You must always have the **belief** that you can succeed.
너는 항상 네가 성공할 수 있다는 믿음을 가져야 한다.
believe 동 믿다

highlight the benefits of life insurance 생명 보험의 혜택을 강조하다

733 highlight [háilàit]
동 강조하다 명 하이라이트, 가장 중요한 부분
His speech **highlighted** the importance of education.
그의 연설은 교육의 중요성을 강조했다.

734 benefit [bénəfit]
명 혜택, 이득 동 도움이 되다, 유익하다
She never had the **benefit** of a good education.
그녀는 좋은 교육의 혜택을 받은 적이 없다.

735 insurance [inʃúərəns]
명 보험
I took out **insurance** against fire. 나는 화재에 대비해서 보험에 들었다.
참고 **take out insurance** 보험에 들다

DAY 32 • 151

주제: 기분과 감정

736 mood [muːd]
몡 1 기분 ㈜ temper 2 분위기
She is always in a good **mood**. 그녀는 늘 기분이 좋다.

737 panic [pǽnik]
몡 극심한 공포, 공황 동 (panicked-panicked) 겁을 먹다, 공황 상태에 빠지다
The fire caused **panic** in the building. 그 화재는 건물 안에 극심한 공포를 야기했다.
The man started to **panic** when he saw the gun.
그 남자는 총을 보고 겁을 먹기 시작했다.

738 disgust [disgʌ́st]
몡 역겨움, 넌더리 동 역겹게 만들다
She looked at the dirty toilet with **disgust**.
그녀는 역겹다는 듯이 그 더러운 변기를 보았다.
The smell of the dead fish **disgusts** me. 그 죽은 생선 냄새가 나를 역하게 한다.
disgusting 혱 역겨운, 구역질 나는

739 uneasy [ʌníːzi]
혱 1 불안한, 우려되는 ㈜ worried 2 불편한, 어색한 ㈜ uncomfortable
I always feel **uneasy** when I get on a plane. 나는 비행기를 탈 때 늘 불안해한다.
an **uneasy** silence 불편한[어색한] 침묵

740 frightened [fráitnd]
혱 겁먹은, 무서워하는 ㈜ afraid, scared
The **frightened** boy ran from the large dog.
그 겁먹은 소년은 그 커다란 개로부터 달아났다.
fright 몡 (섬뜩하게) 놀람, 두려움 **frighten** 동 겁먹게[놀라게] 하다

741 regret [rigrét]
동 후회하다 몡 후회, 유감
He **regretted** moving to the city. 그는 도시로 이사간 것을 후회했다.
have no **regrets** 후회가 없다

742 frustrate [frʌ́streit]
동 1 좌절감을 주다 2 방해하다
This failure **frustrated** me. 이 실패가 나에게 좌절감을 주었다.
frustrate a plan 계획을 방해하다
frustration 몡 좌절(감), 불만

743 hold back
참다, 억제하다
I tried to **hold back** my tears. 나는 눈물을 참기 위해 애썼다.

744 make fun of
~를 놀리다
They **make fun of** him because he can't write his name.
그들은 그가 자신의 이름을 쓸 수 없다는 이유로 그를 놀린다.

DAILY TEST

정답 p.199

[01~07] 다음 우리말과 같은 뜻이 되도록 빈칸에 알맞은 단어를 쓰세요.

01 보험에 들다   take out _____
02 농작물에 피해를 입히는 곤충들   insects that _____ crops
03 계획을 방해하다   _____ a plan
04 좋은 교육의 혜택   the _____ of a good education
05 추정치를 제공하다[견적을 내다]   give an _____
06 성공을 달성하다   _____ success
07 매우 주목할 만한 예술가   a very _____ artist

[08~11] 다음 괄호 안의 단어를 문맥에 맞게 알맞은 형태로 바꾸어 빈칸에 쓰세요.

08 The flight is _____ four hours long. (approximate)
09 We have _____ freedom. (religion)
10 You must always have the _____ that you can succeed. (believe)
11 Winning the award was a great _____. (achieve)

기분과 감정

[12~19] 다음 빈칸에 알맞은 단어를 넣어, 이야기를 완성하세요.

Why did I wake up in a bad 12_____? What was making me feel 13_____? I remembered. This morning, I was helping out at summer camp. I now 14_____ my decision to help. These children were very young. They had never been away from their parents before. They were either 15_____ or 16_____. Most of them were 17_____ _____ their tears, or even crying. Should I resign in 18_____? Probably not. It 19_____ me that I agreed to help.

나는 왜 12**기분** 나쁜 채로 일어났을까? 뭐가 날 13**불편하게** 만들었던 걸까? 나는 기억해냈다. 오늘 아침, 나는 여름 캠프에서 일을 돕고 있었다. 나는 이제 돕기로 한 내 결정을 14**후회했다**. 이 아이들은 매우 어렸다. 그들은 부모님과 떨어져 지낸 적이 한번도 없었다. 그들은 15**겁을 먹었**거나 아니면 16**공황 상태에 빠져** 있었다. 그들 대부분은 눈물을 17**참고 있거나** 심지어 울고 있었다. 내가 18**넌더리**를 느끼며 그만둬야 할까? 아마 안 되겠지. 내가 도와주겠다고 동의했다는 사실이 내게 19**좌절감을 주었다**.

DAY 32 • 153

DAY 33

>> **utilize alternative** energy **resources** 대체 에너지 자원을 이용하다

745 utilize
[júːtəlàiz]

동 이용하다, 활용하다 ㈜ use

Students can **utilize** the Internet as a learning tool.
학생들은 인터넷을 학습 도구로 활용할 수 있다.

utilization 명 이용, 활용

746 alternative
[ɔːltə́ːrnətiv]

명 대안, 선택 가능한 것 형 대신하는, 대체의

If you don't want coffee, tea is a good **alternative**.
커피를 원치 않으면, 차가 좋은 대안이다.

an **alternative** route to avoid traffic 교통 혼잡을 피하기 위한 대체 경로

747 resource
[ríːsɔːrs]

명 (-s) 자원, 재원

We need to conserve natural **resources**. 우리는 천연 자원을 보존할 필요가 있다.
She had no financial **resources**. 그녀는 재정적인 자원[재원]이 없었다.

>> **perform** a **specific/vital function** 특정한/필수적인 기능을 수행하다

748 perform
[pərfɔ́ːrm]

동 1 공연[연주]하다 2 행하다[수행하다]

The play was first **performed** in 1985. 그 연극은 1985년에 처음 공연되었다.
perform an experiment 실험을 수행하다

performance 명 공연[연주]; 성과, 실적

749 specific
[spisífik]

형 1 구체적인 2 특정한

He gave us very **specific** instructions. 그는 우리에게 매우 구체적인 지시를 내렸다.
a **specific** age group 특정 연령대

specifically 부 분명히, 명확하게

750 vital
[váitl]

형 1 필수적인 ㈜ crucial 2 생명 유지에 필요한

Nurses play a **vital** role in hospitals. 간호사들은 병원에서 필수적인 역할을 한다.
The heart and lungs are **vital** organs. 심장과 폐는 생명 유지에 필요한 장기다.

751 function
[fʌ́ŋkʃən]

명 기능 동 (제대로) 기능하다[작동하다]

Exercise improves brain **function**. 운동은 뇌 기능을 향상시킨다.
The new machine **functions** well. 그 새 기계는 잘 작동한다.

aware of the potential harm to mental health 정신 건강에 대한 잠재적인 피해를 인식하고 있는

752 aware [əwέər]
- 형 알고[인식하고] 있는 반 unaware
- I'm well **aware** of the problem. 나는 그 문제에 대해 잘 알고 있다.
- **awareness** 명 (중요성에 대한) 의식[관심]

753 potential [pəténʃəl]
- 형 잠재적인, 가능성이 있는 유 possible 명 잠재력
- That broken stair is a **potential** danger. 저 부서진 계단은 잠재적 위험요소다.

754 harm [hɑːrm]
- 동 해를 끼치다 명 해, 손해
- The scandal seriously **harmed** his career.
- 그 추문은 그의 경력에 심각하게 해를 끼쳤다.
- **harmful** 형 해로운

755 mental [méntl]
- 형 정신의, 정신적인 반 physical
- He studies the **mental** development of children.
- 그는 아이들의 정신 발달을 연구한다.

the necessity of employing more staff 더 많은 직원 고용의 필요성

756 necessity [nəsésəti]
- 명 1 필수품 2 필요(성)
- basic **necessities** such as food and clothing 식품과 의복 같은 기본적인 필수품들
- **necessary** 형 필요한, 필수의

757 employ [implɔ́i]
- 동 고용하다 유 hire
- The company **employs** over 100 people.
- 그 회사는 100명 이상의 직원을 고용하고 있다.
- **employee** 명 고용인, 종업원 **employer** 명 고용주

758 dismiss [dismís]
- 동 1 (사람을) 보내다[해산시키다]
- 2 해고하다 유 fire
- The teacher **dismissed** the class early.
- 선생님은 그 수업을 일찍 파했다[끝냈다].
- He was **dismissed** from his job. 그는 직장에서 해고당했다.
- **dismissal** 명 해고

> **Word Link**
> '회사(company)'는 '직원(worker)'을 '고용하기도(employ)' 하고, '해고하기도(dismiss)' 하죠.

759 staff [stæf]
- 명 (전체) 직원
- We have **staff** meetings once a week. 우리는 일주일에 한 번 직원 회의를 연다.

주제 ▶ 동작과 움직임

760 motion [móuʃən]
명 1 운동, 움직임 2 동작, 몸짓
The car's **motion** made me feel sick. 그 차의 움직임이 나를 메스껍게 했다.
make a **motion** with your hand 손짓을 하다

761 load [loud]
명 짐, 화물 동 (짐을) 싣다
The train is carrying a heavy **load**. 그 열차는 무거운 화물을 운반 중이다.
load a truck with furniture 트럭에 가구를 싣다

762 squeeze [skwi:z]
동 꼭 쥐다[짜다]; 짜내다
He **squeezes** the toothpaste in the middle. 그는 치약을 중간에서 짠다.
squeeze the juice from an orange 오렌지에서 주스를 짜내다[오렌지 즙을 짜다]

763 seal [si:l]
동 밀봉[밀폐]하다 명 봉인(물)
Seal the box with tape. 상자를 테이프로 봉해라.
break[take off] the **seal** 봉인을 뜯다, 개봉하다

764 rotate [róuteit]
동 1 회전하다[시키다] 2 교대로 하다
The earth **rotates** once every 24 hours. 지구는 24시간마다 한 번 회전한다.
The nurses **rotate** every eight hours. 그 간호사들은 8시간마다 교대로 일한다.
rotation 명 회전; 교대

765 paste [peist]
명 풀 동 풀로 붙이다
Use **paste** or tape to attach the pictures.
풀이나 테이프를 사용해서 그 사진들을 붙여라.
paste two sheets of paper together 두 장의 종이를 풀로 붙이다

766 flexible [fléksəbl]
형 1 잘 구부러지는, 유연한 2 융통성 있는
Dancers need to be very **flexible**. 댄서들은 몸이 매우 유연할 필요가 있다.
a more **flexible** approach 좀더 융통성 있는 접근법
flexibility 명 융통성; 유연성

767 hang up
(전화를) 끊다
He **hung up** the phone and waited a minute. 그는 전화를 끊고 잠시 기다렸다.

768 come across
우연히 발견하다
I **came across** an old photo when I was cleaning up my room.
내 방을 청소하고 있던 중에 나는 오래된 사진 한 장을 발견했다.

DAILY TEST

정답 p.199

[01~12] 영어는 우리말로, 우리말은 영어로 쓰세요.

01 perform _____
02 alternative _____
03 dismiss _____
04 flexible _____
05 potential _____
06 function _____

07 자원, 재원 _____
08 고용하다 _____
09 이용하다, 활용하다 _____
10 (전체) 직원 _____
11 구체적인; 특정한 _____
12 해를 끼치다; 해, 손해 _____

[13~17] 다음 단어와 영영 풀이를 알맞은 것끼리 연결하세요.

13 aware •   • ⓐ something that you must have or do
14 mental •   • ⓑ knowing or realizing something
15 vital •   • ⓒ something that is lifted and carried
16 necessity •   • ⓓ connected with or happening in the mind
17 load •   • ⓔ extremely important, crucial

동작과 움직임

[18~23] 다음 빈칸에 알맞은 단어를 넣어, 이야기를 완성하세요.

"I've never 18_____ _____ such a beautiful Christmas decoration!" said Aunt Carol. "Thanks!" said Cindy. "I made the frame from 19_____ wires." "And I stuck stars on the gold and silver wires," said Cindy's little sister proudly. "I 20_____ out the 21_____ and stuck shiny things onto the stars." "Do you want to see it in 22_____?" asked Cindy. "If you push it, it will 23_____."

"나는 이렇게 아름다운 크리스마스 장식을 18**발견한 적[본 적]**이 없어!" 캐롤 이모가 말했다. "고마워요!"라고 신디는 말했다. "19**잘 구부러지는** 철사들로 이 틀을 만들었어요." "전 금색과 은색 철사들 위에 별들을 달았어요"라고 신디의 여동생이 자랑스럽게 말했다. "제가 21**풀**을 20**짜냈고** 반짝이는 것들을 별들 위에 붙였어요." "이게 22**움직이는** 모습 보실래요?" 신디가 물었다. "그것을 밀면, 23**회전해요**."

DAY 33 • 157

DAY 34

>> **undergo** a **variety** of changes in **recent** years 최근 몇 년 동안 다양한 변화를 겪다

769 undergo
[ʌ̀ndərgóu]

통 (underwent-undergone) 받다[겪다] ⊕ experience, endure
He'll **undergo** surgery on his leg next week.
그는 다음 주에 다리 수술을 받을 것이다.

770 variety
[vəráiəti]

명 1 여러 가지, 갖가지 2 다양성
That store sells a **variety** of vegetables. 저 가게는 여러 가지 채소들을 판매한다.
lack **variety** 다양성이 부족하다

Plus+ · a variety of 여러 가지의
various 형 여러 가지의, 다양한

771 recent
[ríːsnt]

형 최근의
Is this a **recent** photo of the hotel? 이것은 그 호텔의 최근 사진인가요?
recently 부 최근에

>> **willing/forced** to **admit defeat** 기꺼이/어쩔 수 없이 패배를 인정하는

772 willing
[wíliŋ]

형 기꺼이 ~하는
I am **willing** to help you. 내가 기꺼이 너를 돕겠다.

Plus+ · be willing to-v 기꺼이 ~하다
willingly 부 기꺼이

773 force
[fɔːrs]

명 힘; 무력 통 강요하다, 억지로 ~을 시키다
The **force** of the wind caused the tree to fall. 바람의 힘이 나무를 쓰러지게 했다.
without the use of **force** 무력의 사용 없이
Don't **force** me to make a decision. 내게 결정을 강요하지 마.

774 admit
[ædmít]

통 1 인정하다 ⊕ deny 2 (입장 등) 허락하다
He **admitted** his mistake. 그는 자신의 실수를 인정했다.
This movie ticket **admits** one. 이 영화표는 한 사람의 입장을 허락한다.
admission 명 인정; 입장

775 defeat
[difíːt]

통 (전쟁·대회 등에서) 패배시키다[이기다] ⊕ beat 명 패배
They **defeated** the enemy in battle. 그들은 전쟁에서 적을 패배시켰다.
suffer a **defeat** in an election 선거에서 패배를 겪다

›› deserve a reward for outstanding performance 뛰어난 성과에 대한 보상을 받을 자격이 있다

776 deserve
[dizə́:rv]

동 ~할[받을] 만하다
Police officers **deserve** our respect. 경찰들은 우리의 존중을 받을 만하다.
They **deserve** to be punished. 그들은 처벌받아야 마땅하다.

777 reward
[riwɔ́:rd]

명 보상 동 보상[보답]을 하다
If you work hard, you will get your **reward**. 열심히 일하면, 보상을 받을 것이다.

778 outstanding
[àutstǽndiŋ]

형 뛰어난, 두드러진
She is an **outstanding** student. 그녀는 뛰어난 학생이다.

779 performance
[pərfɔ́:rməns]

명 1 공연[연주] 2 성과, 실적
This evening's **performance** begins at seven.
오늘 저녁의 공연은 7시에 시작한다.
the country's economic **performance** 그 나라의 경제 실적
perform 동 공연[연주]하다; 행하다[수행하다]

›› the glow of a TV screen can interrupt sleep TV 화면의 불빛이 수면을 방해할 수 있다

780 glow
[glou]

동 빛나다, 타다 명 (은은한) 불, 불빛
A candle **glowed** in the darkness. 촛불 하나가 어둠 속에서 빛났다.

781 pale
[peil]

형 1 (색이) 옅은[연한] 유 light 반 deep
2 (얼굴이) 창백한
The boy has **pale** blue eyes.
그 소년은 옅은 푸른색 눈을 가졌다.
She turned **pale** with fear. 그녀는 공포로 얼굴이 창백해졌다.

Word Link
불빛이 강하지 않고, 약하고 흐릿할 때 pale glow라고 해요. '어슴푸레한 달빛'을 the pale glow of the moon이라고 해요.

782 screen
[skri:n]

명 1 화면, 스크린 2 영화
Our new TV has a very wide **screen**. 우리의 새 TV는 화면이 매우 넓다.
a **screen** actor/actress 남자/여자 영화배우

783 interrupt
[ìntərʌ́pt]

동 (말·행동을) 방해하다[중단시키다]
Please don't **interrupt** me while I'm talking.
내가 말하는 동안에는 나를 방해하지 마세요.
The game was **interrupted** by rain. 비로 인해 경기가 중단되었다.
interruption 명 방해, 중단

주제: 책과 문학

784 contrast [kántræst]
명 대조, 대비 동 [kəntrǽst] 대조[대비]하다
There is a clear **contrast** between the writing styles of the two poets.
두 시인의 작문 스타일 사이에는 확실히 대비되는 것이 있다.
The poem **contrasts** war and peace. 그 시는 전쟁과 평화를 대비시키고 있다.

785 edit [édit]
동 교정하다; 편집하다
She **edited** her novel several times. 그녀는 자신의 소설을 여러 번 교정했다.
edit a book 책을 편집하다
editor 명 (신문·책 등의) 편집자

786 format [fɔ́ːrmæt]
명 구성 방식, 형식
This essay has the usual **format** – introduction, body, and conclusion.
이 에세이는 보통의 구성 방식을 가진다 – 서론, 본론, 그리고 결론.

787 index [índeks]
명 (책 등의) 색인; 목록
Look up the word in the **index**. 색인에서 그 단어를 찾아봐.

788 lyric [lírik]
명 (-s) 노래 가사 형 서정(시)의
Who wrote the **lyrics** of this song? 이 노래의 가사는 누가 썼지?
a **lyric** poet 서정 시인

789 characteristic [kæ̀riktərístik]
명 특징, 특질 형 특유의, 독특한 ((of))
A **characteristic** of his novels is humor. 그의 소설들의 한 가지 특징은 유머이다.
Exciting storylines are **characteristic** of this author's books.
흥미로운 줄거리들이 이 저자의 책들의 특징이다.
character 명 성격, 성질, 특징; 등장인물

790 similarity [sìməlǽrəti]
명 비슷함, 유사(점)
There are lots of **similarities** between the two books.
그 두 책 사이에는 많은 유사점들이 있다.
similar 형 비슷한, 유사한

791 when it comes to
~에 관한 한
When it comes to detective stories, nobody can beat her.
추리 소설에 관한 한, 어느 누구도 그녀를 이길 수 없다.

792 due to
~때문에 유 because of
His novel became very popular **due to** its shocking ending.
그의 소설은 충격적인 결말 때문에 매우 유명해졌다.

DAILY TEST

[01~07] 다음 우리말과 같은 뜻이 되도록 빈칸에 알맞은 단어를 쓰세요.

01 매우 넓은 TV 화면   a very wide TV _____
02 무력의 사용 없이   without the use of _____
03 처벌받아야 마땅하다   _____ to be punished
04 그 나라의 경제 실적   the country's economic _____
05 뛰어난 학생   an _____ student
06 선거에서 패배를 겪다   suffer a _____ in an election
07 공포로 얼굴이 창백해지다 turn _____ with fear

[08~11] 다음 짝지어진 두 단어의 관계가 같도록 빈칸에 알맞은 단어를 쓰세요.

08 admit : admission = _____ : interruption
09 _____ : willingly = recent : recently
10 endure : _____ = pale : light
11 similar : similarity = various : _____

책과 문학

[12~18] 다음 빈칸에 들어갈 알맞은 단어를 넣어, 이야기를 완성하세요.

I've written two children's books. I ^{12}_____ the first one myself and put together the ^{13}_____. It was non-fiction, in *paperback ^{14}_____. Unfortunately, nobody wanted to buy it. By ^{15}_____, my second book is very popular. It's a novel. One reviewer said it has the ^{16}_____ of Roald Dahl's books. I'd like to believe there is a ^{17}_____. But ^{18}_____ _____ _____ money, I haven't made a lot of money like he did!

*paperback: 페이퍼백(종이 한 장으로 표지를 장정한, 싸고 간편한 책)

나는 두 권의 어린이 책을 썼다. 나는 첫 번째 책을 직접 ^{12}**편집했고** ^{13}**색인**을 조합해서 만들었다. 그것은 논픽션이었고, 페이퍼백 ^{14}**형식**으로 되어 있었다. 불행하게도, 아무도 그것을 사고 싶어하지 않았다. 그와 ^{15}**대조**되게도, 내 두 번째 책은 굉장히 인기가 있다. 그건 소설이다. 한 평론가는 그것이 로알드 달((영국 동화 작가))의 책들이 가진 ^{16}**특징들**을 갖고 있다고 말했다. 나는 ^{17}**유사성**이 있다고 믿고 싶다. 하지만 돈에 ^{18}**관한 한**, 난 그가 그랬던 것처럼 큰 돈을 벌지는 못했다!

DAY 35 Challenge

The Next Indiana Jones

He walks up the **stream** in his **waterproof** trousers. With a **satisfied** smile, he recalls the **advertisement** that brought him there. He has a **generous** grant to discover the **sacred** *tablets of the Mayans. Approaching the **holy** temple, he trips over **rotten** branches. He doesn't mind. His research will mean he can **lecture** in any university. Students will **applaud** him. He will **motivate** them and act as their **mentor**. Imagine the **glory** – he is a **dynamic**, **modern**-day Indiana Jones!

*tablet: 현판, 석판

차세대 인디아나 존스 그는 방수 바지를 입고 시냇물을 걸어 올라간다. 만족스러운 미소를 지으며, 그는 자신을 그곳으로 이끈 광고를 떠올린다. 그에게는 마야 문명의 신성한 석판을 찾기 위한 넉넉한 보조금이 있다. 신성한 사원에 접근하다가, 그는 썩은 나뭇가지에 걸려 넘어진다. 그는 신경 쓰지 않는다. 그의 연구는 그가 어떤 대학에서든 강의할 수 있음을 의미하게 되리라. 학생들은 그에게 박수갈채를 보낼 것이다. 그는 그들에게 동기를 부여하고 조언자 역할을 하게 될 것이다. 그 영광을 상상해 봐라. 그는 역동적인, 오늘날의 인디아나 존스다!

Choose the correct word.

1. A _____ camera is widely used in underwater photography.
   - ⓐ satisfied
   - ⓑ waterproof
   - ⓒ rotten
   - ⓓ dynamic

2. People who are _____ would be willing to donate money to a charity.
   - ⓐ scared
   - ⓑ modern
   - ⓒ generous
   - ⓓ rotten

3. You can get sick from eating _____ eggs.
   - ⓐ rotten
   - ⓑ dynamic
   - ⓒ holy
   - ⓓ modern

4. The Olympic Games _____ many athletes to do their best.
   - ⓐ lecture
   - ⓑ applaud
   - ⓒ trap
   - ⓓ motivate

5. A _____ plays an important role in people's life as a guide and teacher.
   - ⓐ glory
   - ⓑ stream
   - ⓒ mentor
   - ⓓ lecture

Answers 1 ⓑ 2 ⓒ 3 ⓐ 4 ⓓ 5 ⓒ

1 방수 카메라는 수중 촬영에 널리 사용된다. 2 너그러운 사람들은 자선단체에 기꺼이 돈을 기부할 것이다. 3 썩은 달걀을 먹으면 아플 수 있다. 4 올림픽 경기는 많은 운동선수들이 최선을 다하도록 동기를 부여한다. 5 조언자는 가이드이자 선생님으로서 사람들의 삶에서 중요한 역할을 한다.

| 793 | **stream** [stri:m] | *n.* a natural flow of water that is smaller than a river 시내, 시냇물
1 A **stream** flows through the field. |

| 794 | **waterproof** [wɔ́tərprùːf] | *adj.* able to keep water out of something 방수의
2 This watch is **waterproof**. |

| 795 | **satisfied** [sǽtisfàid]
satisfy *v.* 만족시키다; (필요·요구 등을) 충족시키다 | *adj.* happy with what one has or with the way things are 만족한, 흡족한
3 The actor felt **satisfied** with his new film.
[SYN] content
[ANT] dissatisfied, unhappy |

| 796 | **advertisement** [ædvərtáizmənt]
advertise *v.* 광고하다 | *n.* something that tries to persuade people to buy a product or service 광고
4 He was reading the job **advertisements** in the newspaper.
[SYN] ad, advert |

| 797 | **generous** [dʒénərəs]
generosity *n.* 너그러움
generously *adv.* 아낌없이 | *adj.* willing to give money or help; larger than usual 후한[너그러운]; 넉넉한
5 She is always very **generous** to the kids.
6 He made a **generous** donation to the charity.
[SYN] kind
[ANT] mean |

| 798 | **sacred** [séikrid] | *adj.* relating to a god or religion 신성한[성스러운], 종교적인
7 Cows are considerd **sacred** in the Hindu religion.
[SYN] holy |

| 799 | **holy** [hóuli] | *adj.* relating to a god or religion; very religious 신성한; 독실한
8 People believe that churches are **holy** places.
9 The priest lives a **holy** life.
[SYN] sacred; religious |

---

1 시냇물이 들판을 지나 흐른다.　2 이 시계는 방수가 된다.　3 그 배우는 그의 새 영화에 흡족함을 느꼈다.　4 그는 신문의 구인 광고를 읽고 있었다.　5 그녀는 언제나 아이들에게 굉장히 너그럽다.　6 그는 자선단체에 넉넉한 기부금을 냈다.　7 힌두교에서 소는 신성하게 여겨진다.　8 사람들은 교회가 신성한 장소라고 믿는다.　9 그 신부님은 독실한 삶을 산다.

800	**rotten** [rátn] rot *v.* 썩다[부패하다]	*adj. badly decayed and no longer good to use* 썩은, 부패한

1 Fruit goes **rotten** very quickly.

801	**lecture** [léktʃər]	*n. a talk given in front of an audience* 강의, 강연

2 He attended a **lecture** by a famous scientist.

v. to talk to a group of people on a particular subject 강의[강연]하다

3 She **lectures** on ancient history at college.

SYN (n.) talk (v.) speak, talk

802	**applaud** [əplɔ́ːd] applause *n.* 박수 (갈채)	*v. to clap one's hands to show approval or praise* 박수를 치다[보내다]

4 The audience **applauded** the speaker.

SYN clap

803	**motivate** [móutəvèit] motivation *n.* 동기 부여, 자극	*v. to make someone want to do something* 동기를 부여하다, 자극하다

5 A good teacher has to be able to **motivate** the students.

SYN encourage, inspire

804	**mentor** [méntɔːr]	*n. someone who advises and helps a less experienced person* 멘토, 조언자

6 You need a **mentor** to guide you.

SYN adviser, guide

805	**glory** [glɔ́ːri] glorious *adj.* 영광스러운	*n. great honor, praise, or fame* 영광, 영예

7 His moment of **glory** came when he won the game.

SYN fame, honor

806	**dynamic** [dainǽmik]	*adj. always active or changing; full of energy* 역동적인; 활동적인

8 Today we need **dynamic** and inspiring leaders.

SYN energetic, lively, active

---

1 과일은 굉장히 빨리 썩는다. 2 그는 유명 과학자의 강연에 참석했다. 3 그녀는 대학교에서 고대 역사에 대해 강의한다. 4 청중들은 연설자에게 박수 갈채를 보냈다. 5 좋은 교사는 아이들에게 동기를 부여할 수 있어야 한다. 6 너에겐 널 이끌어줄 조언자가 필요하다. 7 그의 영광의 순간은 그가 경기에서 이겼을 때 찾아왔다. 8 오늘날 우리는 역동적이고 고무적인 지도자를 필요로 한다.

807 **modern** [mádərn]

adj. having to do with the present times; having to do with the latest styles or ideas 현대의, 근대의; 현대적인

1 Air pollution is a serious problem in **modern** societies.

[SYN] current, contemporary; up-to-date, trendy
[ANT] ancient

+ More Words

808 **tide** [taid]

n. a current of water caused by the daily rise and fall of the sea 조수[밀물과 썰물], 조류

2 Strong **tides** make swimming dangerous.

809 **trap** [træp]

n. a device for catching animals; something that is used to catch someone 덫; 함정

3 The hunter set a **trap** to catch the fox.

v. to catch an animal in a trap; to prevent someone from escaping from somewhere 덫으로 잡다; 가두다

4 We **trapped** a mouse in the basement.

5 There's no way out! We are **trapped**!

810 **international** [ìntərnǽʃənəl]

adj. relating to or involving more than one nation 국제적인, 국제의

6 The film was a huge **international** success.

811 **inner** [ínər]

adj. located inside 안쪽[내부]의, 중심부 가까이의

7 He hid the treasure map in his **inner** pocket.

[SYN] internal
[ANT] external, outer

812 **publication** [pʌ̀bləkéiʃən]

publish *v.* 출판[발행]하다; (신문·잡지 등에) 게재하다

n. the act of publishing printed material; a book, magazine, etc. that is published 출판, 발행; 출판물

8 Congratulations on the **publication** of your first novel!

---

1 대기 오염은 현대 사회에서 심각한 문제이다. 2 강한 조수는 수영을 위험하게 만든다. 3 사냥꾼은 그 여우를 잡으려고 덫을 설치했다. 4 우리는 지하실의 쥐를 덫으로 잡았다. 5 탈출구가 없어! 우린 갇혔어! 6 그 영화는 국제적인 성공을 거뒀다. 7 그는 보물 지도를 그의 안쪽 주머니에 숨겼다. 8 첫 소설 출간을 축하합니다!

REVIEW TEST DAY 31~35

정답 p.200

A 덩어리 표현   우리말에 맞게 빈칸을 채워 핵심 표현을 완성하세요.

01 unlike a _____ computer _____   전형적인 컴퓨터 모니터와는 다른

02 win a _____ victory in a professional _____   프로 리그에서 짜릿한 승리를 거두다

03 species _____ throughout time   종은 일반적으로 시간에 걸쳐 진화한다

04 _____ to relieve _____   불안을 완화하기 위해 명상하다

05 _____ the damage at _____ $10,000   피해를 대략 1만 달러로 추정하다

06 _____ a remarkable achievement _____   참으로 놀랄 만한 업적을 이루다

07 without regard to _____ _____ beliefs   개인의 종교적 신념에 관계없이

08 _____ the benefits of life _____   생명 보험의 혜택을 강조하다

09 _____ _____ energy resources   대체 에너지 자원을 이용하다

10 perform a _____ _____   필수적인 기능을 수행하다

11 aware of the _____ harm to _____ health
    정신 건강에 대한 잠재적인 피해를 인식하고 있는

12 the _____ of employing more _____   더 많은 직원 고용의 필요성

13 _____ a variety of changes in _____ years   최근 몇 년 동안 다양한 변화를 겪다

14 willing to _____ _____   기꺼이 패배를 인정하는

15 deserve a _____ for _____ performance
    뛰어난 성과에 대한 보상을 받을 자격이 있다

B 주제별 어휘   우리말에 맞게 빈칸을 채워 문장을 완성하세요.

인체와 건강

01 Tooth _____, _____, aching _____...
    치아 부식, 뇌졸중들, 쑤시는 관절들...

02 You need to exercise and eat a _____ diet.
    당신은 운동하고 적당한 식사를 할 필요가 있다.

03 You are also less likely to _____ at night.
    밤에 코를 골 가능성도 더 적어진다.

166

기분과 감정 04 I now _____ my decision to help.
나는 이제 돕기로 한 내 결정을 후회했다.

05 They were either _____ or _____.
그들은 겁을 먹었거나 아니면 공황 상태에 빠져 있었다.

06 It _____ me that I agreed to help.
내가 도와주겠다고 동의했다는 사실이 내게 좌절감을 주었다.

동작과 움직임 07 I made the frame from _____ wires.
나는 잘 구부러지는 철사들로 이 틀을 만들었다.

08 I _____ out the _____.
내가 풀을 짜냈다.

09 Do you want to see it in _____?
이게 움직이는 모습을 보고 싶나요?

책과 문학 10 I _____ the first one myself and put together the _____.
나는 첫 번째 책을 직접 편집했고 색인을 조합해서 만들었다.

11 It was non-fiction, in paperback _____.
그것은 논픽션이었고, 페이퍼백 형식으로 되어 있었다.

12 It has the _____ of Roald Dahl's books.
그것은 로알드 달의 책들이 가진 특징들을 갖고 있다.

C Challenge 우리말에 맞게 빈칸을 채워 문장을 완성하세요.

01 He walks up the _____ in his _____ trousers.
그는 방수 바지를 입고 시냇물을 걸어 올라간다.

02 Approaching the _____ temple, he trips over _____ branches.
신성한 사원에 접근하다가, 그는 썩은 나뭇가지에 걸려 넘어진다.

03 Students will _____ him.
학생들은 그에게 박수갈채를 보낼 것이다.

04 He will _____ them and act as their _____.
그는 그들에게 동기를 부여하고 조언자[멘토] 역할을 하게 될 것이다.

05 There's no way out! We're _____!
탈출구가 없다! 우리는 갇혔다!

영어 이야기

영미권의 웨딩 문화

Something Four

'썸씽 포(Something Four)'는 축복받은 결혼을 위한 네 가지 물건을 의미해요. 영국의 동화 모음집인 '마더 구스(Mother Goose)'의 구절에서 유래한 것으로, '오래된 것(something old)', '새로운 것(something new)', '빌린 것(something borrowed)', '파란 것(something blue)'을 의미하죠. 영미권의 결혼 문화 중 하나로, 신부가 결혼식 날 이 네 가지 물건을 지니고 있으면 행복한 결혼 생활을 하게 된다고 여겨진답니다.

First Look

서양에서는 '결혼식 날 신랑이 신부의 드레스 입은 모습을 결혼식 전에 보면 부정 탄다'라는 미신이 있어요. 예전에는 중매결혼이 보편적이었는데, 서로가 마음에 들지 않아 결혼을 취소할 것을 우려하는 마음에 생겨난 말이라고 해요. 미신에 불과하다고 생각할 수도 있지만, 사실 신랑 신부의 설렘과 긴장감을 높여줄 수 있는 좋은 장치이기도 하죠. '결혼식장에서 처음 서로를 본다'라고 해서 서양에서는 이를 '퍼스트 룩'이라고 해요.

Bridesmaids & Groomsmen

미국 결혼식의 대표적인 특징으로 들러리 문화를 빼놓을 수 없죠. 고대 로마 시대에는 결혼식에 증인이 참석해야 한다는 법이 있었어요. 정확히는 10명의 증인이 있어야 했는데, '신부의 들러리들(bridesmaids)' 다섯 명과 '신랑의 들러리들(groomsmen)' 다섯 명이 신랑 신부와 똑같은 옷을 입음으로써 악령이나 질투심 많은 손님들에게 혼란을 주어 신랑 신부를 해치지 못하게 하기 위한 목적이었다고 해요.

Part 2

DAY 36~40
다양한 유형의 어휘

DAY 36

다의어 1 >> 어원을 이해하면 뜻이 보이는 어휘

813 decline [dikláin]
de(=down) + clin(e)(=bend)
→ 아래로 기울다
→ 감소하다; 마음이 아래로 기울다

통 1 감소[하락]하다 ⓤ decrease 명 감소, 하락 ⓤ decrease
Oil prices continue to **decline**. 유가는 계속해서 하락하고 있다.
a **decline** in the size of families 가족 구성원 수의 감소

통 2 거절하다 ⓤ refuse
I invited her, but she **declined**. 나는 그녀를 초대했지만 그녀는 거절했다.

814 contain [kəntéin]
con(=together) + tain(=hold)
→ 꽉 붙들다

통 1 (~이) 들어 있다; 포함[함유]하다
What does this box **contain**? 이 박스에는 무엇이 들어 있나요?
Fruits often **contain** sugar. 과일은 보통 당을 함유하고 있다.

통 2 (감정을) 억누르다
He could hardly **contain** his anger. 그는 울분을 참을 수가 없었다.

container 명 그릇, 용기; 컨테이너

815 submit [səbmít]
sub(=under) + mit(=send)
→ 아래로 보내다

통 1 제출하다 ⓤ hand in
Submit your report by Monday. 월요일까지 보고서를 제출하세요.

통 2 굴복[복종]하다 ((to)) ⓤ give in
He refused to **submit** to her demand. 그는 그녀의 요구에 복종하기를 거부했다.

submission 명 항복, 굴복; 제출

816 manual [mǽnjuəl]
manu(=hand) + al
→ 손과 관련된 것
→ 한 손에 쥘 수 있는 책; 손으로 하는 것

명 소책자, 설명서
Check the computer **manual** if you have a problem.
어떤 문제가 있으면 컴퓨터 설명서를 확인하세요.

형 육체 노동의, 손으로 하는
I don't like doing **manual** work. 나는 육체 노동을 하는 걸 싫어한다.

다의어 2 >> 의외의 뜻을 갖고 있는 어휘

817 current [kə́ːrənt]

형 현재의, 지금의 ⓤ present
The word is no longer in **current** use. 그 단어는 현재 더 이상 사용되지 않는다.

명 (물·공기의) 흐름, 해류, 기류
He swam against a strong **current**. 그는 강한 해류를 거슬러 헤엄쳤다.

818 grave
[greiv]

Word Tip
grav(=heavy) → 중대한, 무거운

명 무덤, 묘 유 tomb
A man is digging a **grave**.
한 남자가 무덤을 파고 있다.

형 심각한, 중대한 유 serious
Her life is in **grave** danger. 그녀의 목숨은 중대한 위험에 처해 있다.

819 minor
[máinər]

형 사소한, 작은[가벼운] 반 major
My role in the project is **minor**. 그 프로젝트에서의 내 역할은 사소하다.
He suffered a **minor** injury. 그는 가벼운 부상을 입었다.

명 미성년자
Minors cannot vote. 미성년자는 투표를 할 수 없다.

minority 명 소수(집단)

820 content
[kántent]

Word Tip
con(=com: together) + ten(t)(=hold) → 함께 움켜쥐다

명 (-s) 내용(물); 목차
The **contents** of this letter are secret. 이 편지의 내용은 비밀이다.
a table of **contents** 목차, 차례

형 [kəntént] 만족하는 ((with))
He seems **content** with his job. 그는 자신의 직업에 만족한 듯 보인다.

821 odd
[ad]

형 1 이상한, 묘한 유 strange, weird
There was something **odd** about her. 그녀에겐 어딘가 묘한 점이 있었다.

형 2 홀수의 반 even
Three, five, and seven are **odd** numbers. 3, 5, 7은 홀수다.

822 swear
[swɛər]

동 (swore-sworn) 1 맹세하다 유 promise
He **swore** to me that he was telling the truth.
그는 나에게 자신이 진실을 말하고 있다고 맹세했다.

동 2 욕을 하다
Don't **swear** in front of the children. 아이들 앞에서 욕하지 마라.

823 passage
[pǽsidʒ]

명 1 통로, 복도 유 corridor
I walked down a narrow **passage**. 나는 좁은 통로를 걸어 내려갔다.

명 2 (책의) 구절
They were reading out a short **passage** from the Bible.
그들은 성서의 한 구절을 소리 내어 읽고 있었다.

다의어 3 >> 다양한 뜻을 갖고 있는 어휘

824 associate
[əsóuʃièit]

Word Tip
associate with는 보통 '좋지 않은 사람들과 어울린다'라고 할 때 사용해요.

동 1 연상하다, 연관 짓다 ((with)) connect
2 (사람들이 연관되어 있다) 교제하다, 어울리다 ((with))

I **associate** flowers with spring. 나는 꽃을 봄과 연관 짓는다.
Don't **associate** with bad friends. 나쁜 친구들과 어울리지 말아라.

명 [əsóuʃiət] (다른 사람들과 연관된 사람) 동료
a business **associate** 사업상의 동료

association 명 연합, 제휴; 연상, 관련

825 state
[steit]

명 1 상태, 형편 condition
2 (미국 등의) 주(州)

The old house is in a bad **state**. 그 오래된 집은 상태가 좋지 않았다.
America has fifty **states**. 미국에는 50개의 주가 있다.

동 (상태에 대해 언급하다) (명확하게) 말[진술]하다

She **stated** her opinion clearly. 그녀는 자신의 의견을 명확하게 말했다.

statement 명 진술(서)

826 extend
[iksténd]

Word Tip
ex(=out) + tend(=stretch) → 밖으로 뻗다

동 1 연장하다
2 (팔·다리를) 뻗다
3 확대[확장]하다

I need to **extend** my visa. 나는 내 비자를 연장해야 한다.
He **extended** his hand to greet me. 그는 내게 인사하기 위해 손을 뻗었다.
They plan to **extend** the road. 그들은 도로를 확장할 계획이다.

827 position
[pəzíʃən]

명 1 (자리 잡고 있는) 위치 place
2 (어떤 위치에 놓이는 방식) (몸의) 자세; (적절한) 자리
3 (어떤 위치에 놓이는 것) 입장, 처지

Let's change the **position** of the table. 책상의 위치를 바꾸자.
Lie in a comfortable **position**. 편안한 자세로 누우세요.
He put us in a difficult **position**. 그는 우리 입장을 곤란하게 만들었다.

pose 동 포즈를 취하다 명 자세, 포즈

828 launch
[lɔːntʃ]

Word Tip
고대 프랑스어 lancier의 '세게 던지다'에서 유래해요.

동 1 시작[개시]하다 begin, start
2 (상품을) 출시하다
3 (로켓 등을 위로 세게 던지다) (우주선 등을) 발사하다

The enemy **launched** an attack. 적들은 공격을 개시했다.
The company **launched** a new car. 그 회사는 새 자동차를 출시했다.
launch a rocket 로켓을 발사하다

829	**charge** [tʃɑːrdʒ]

Word Tip
고대 프랑스어 chargen의 '짐, 부담; 부과'에서 파생해요.

명 1 (금전적인 짐) 요금
2 (일에 대한 짐) 책임, 담당

How much is the delivery **charge**? 배달 요금이 얼마인가요?
He has **charge** of the project. 그는 그 프로젝트를 담당하고 있다.

동 (요금을) 청구하다

The café **charges** a dollar for a cup of coffee.
그 카페는 커피 한 잔에 1달러를 청구한다.

830	**release** [rilíːs]

동 1 석방[해방]하다
2 풀어[놓아] 주다
3 (영화 등을 대중에게 풀다) 공개[발표]하다

The judge **released** the prisoner. 판사는 그 죄수를 석방했다.
He **released** her arm. 그는 그녀의 팔을 놓아주었다.
The band **released** their new album. 그 밴드는 새 앨범을 발표했다.

DAILY TEST

정답 p.200

[01~07] 다음 문장을 읽고, 밑줄 친 부분의 뜻을 쓰세요.

01 I don't like doing manual work. 뜻: _____
02 A man is digging a grave. 뜻: _____
03 The company launched a new car. 뜻: _____
04 The café charges a dollar for a cup of coffee. 뜻: _____
05 He swam against a strong current. 뜻: _____
06 I associate flowers with spring. 뜻: _____
07 The judge released the prisoner. 뜻: _____

[08~10] 다음 밑줄 친 부분의 유의어 또는 반의어를 고르세요.

08 There was something odd about her. [유의어] ⓐ strange   ⓑ interesting
09 Oil prices continue to decline. [유의어] ⓐ decrease   ⓑ rise
10 My role in the project is minor. [반의어] ⓐ major   ⓑ serious

DAY 36 • 173

DAY 37

다의어 1 >> 어원을 이해하면 뜻이 보이는 어휘

831 **convention**
[kənvénʃən]

con(=together) + ven(=come) + tion
→ 함께 옴

명 1 [많이 함께 오는 것] (대규모) 총회, 협의회
A teachers' **convention** will be held this weekend.
이번 주말에 교사 총회가 열릴 것이다.

명 2 [함께 살면 생기는 것] 관습, 관례 ⓤ custom
The handshake is a social **convention**. 악수는 사회적 관습이다.

832 **operate**
[ápərèit]

oper(=work) + ate
→ 작동하다, 일하다

동 1 작동되다; 가동[조작]하다
This toy **operates** on batteries. 이 장난감은 배터리로 작동한다.

동 2 수술하다 ((on))
The doctor **operated** on his eyes. 의사는 그의 눈을 수술했다.

operation 명 수술; 작전[활동] **operator** 명 (기계 등의) 조작자, 기사; 전화 교환원

833 **express**
[iksprés]

ex(=out) + press
→ 뭔가를 밖으로 밀어내다
→ 나타내다; 밖으로 세게 밀다

동 표현하다, 나타내다
He is afraid to **express** his opinions. 그는 의견을 표현하는 것을 두려워한다.

형 급행의, 신속한
an **express** train/**express** delivery 급행 열차/신속 배달

expression 명 표현, 표출

834 **credit**
[krédit]

cred(=trust) + it → 믿는 것

명 1 [믿고 하는 거래] 외상[신용] 거래
She bought the sofa on **credit**. 그녀는 소파를 외상으로 구매했다.

Plus+ · on credit 외상으로, 신용 대출로

명 2 [믿음을 쌓아 받는 것] 칭찬, 인정
I give him **credit** for trying hard. 나는 그의 열심히 노력하는 점을 인정한다.

다의어 2 >> 핵심적인 뜻으로 다 통하는 어휘

835 **adjust**
[ədʒʌ́st]

동 1 조절[조정]하다
I **adjusted** my seat belt. 나는 내 안전벨트를 조절했다.

동 2 [어떤 것에 맞게 조정하여] 적응하다 ((to))
He will **adjust** to his new school. 그는 새 학교에 적응할 것이다.

adjustment 명 수정[조정]; 적응

836 due
[duː]

형 1 ~하기로 되어 있는, ~할 예정인
When is the report **due**? 그 보고서가 언제까지죠?

형 2 [돈을 주기로 되어 있는] 지불해야 하는
Payment is **due** on April 10th. 금액 지불은 4월 10일에 해야 한다.

837 compose
[kəmpóuz]

동 1 구성하다
Twenty people **compose** the class. 20명의 사람들이 그 학급을 구성한다.

동 2 [음악을 구성하다] 작곡하다
Mozart **composed** many beautiful songs.
모차르트는 많은 아름다운 노래들을 작곡했다.

composition 명 구성; 작곡

838 atmosphere
[ǽtməsfìər]

명 1 (지구의) 대기; (특정 장소의) 공기
Coal causes pollution in the **atmosphere**. 석탄은 대기 오염을 일으킨다.
a moist **atmosphere** 눅눅한 공기

명 2 [특정 상황이나 장소의 공기] 분위기
The hotel has a friendly **atmosphere**. 이 호텔은 분위기가 친근하다.

839 contribute
[kəntríbjuːt]

Word Tip
con(=thoroughly) + tribute
(=give, pay) → 완전히 주다

동 1 기부[기증]하다
I **contributed** some money to the charity.
나는 자선단체에 약간의 돈을 기부했다.

동 2 기여[공헌]하다; [어떤 일이 일어나는 데 기여하다] (~의) 원인이 되다 ((to))
contribute to success 성공에 기여하다
Stress **contributed** to his death. 스트레스가 그의 죽음의 원인이 되었다.

contribution 명 기부금; 기여, 원인제공

840 term
[təːrm]

Word Tip
프랑스어 terme의 '시간이나 장소의 한계'에서 유래해요.

명 1 [특정 단어의 의미의 경계] 용어
"Desktop" is a computer **term**. "데스크톱"은 컴퓨터 용어이다.

명 2 [시간의 한계] 기간
a president's **term** in office 대통령의 취임 기간

841 appreciate
[əpríːʃièit]

동 1 고마워하다
I **appreciate** your advice. 조언 감사합니다.

동 2 [상대방의 수고를 인정하여] 진가를 알아보다, 인정하다
She **appreciates** fine works of art. 그녀는 훌륭한 예술 작품의 진가를 알아본다.

appreciation 명 감탄, 감상; 감사

다의어 3 >> 다양한 뜻을 갖고 있는 어휘

842 **reflect**
[riflékt]

Word Tip
re(=again) + flect(=bend) → 거울에 빛이 닿아 다시 구부러져 반사되는 것

동 1 비추다
2 반사하다
3 (반사되어 눈에 보이게) 나타내다[반영하다] ❖ show

His face was **reflected** in the glass. 그의 얼굴이 유리에 비쳤다.
Water **reflects** light. 물은 빛을 반사한다.
The grades **reflect** your hard work. 성적은 네 노력을 반영한다.

reflection 명 상[모습]; 반사, 반향; 반영

---

843 **refer**
[rifə́ːr]

Word Tip
refer은 단독으로 쓰이는 경우 보다, refer to의 형태로 더 자주 쓰여요.

동 1 참고[참조]하다
2 가리키다, 나타내다
3 (말이나 글로 가리키다) 언급하다 ❖ mention

Please **refer** to the user manual. 사용자 설명서를 참고해 주세요.
The figures **refer** to our sales. 이 수치는 우리 매출을 나타낸다.
No one **referred** to the incident. 아무도 그 사건을 언급하지 않았다.

reference 명 참고[참조]; 언급

---

844 **firm**
[fəːrm]

형 1 딱딱한, 단단한 ↔ soft
2 (단단하여 흔들리지 않는) 확고한

These tomatoes are still **firm**. 이 토마토들은 아직 단단하다.
He has a **firm** belief in God. 그는 신에 대한 확고한 믿음을 갖고 있다.

명 회사 ❖ company
She works for a law **firm**. 그녀는 법률 회사에서 일한다.

---

845 **faint**
[feint]

형 1 (빛·소리·냄새 등이) 희미한[약한]
2 (정신이 흐리고 희미해) 어지러운

We heard a **faint** noise. 우리는 희미한 소리를 들었다.
I was **faint** with hunger. 나는 배가 고파서 어지러웠다.

동 (의식이 희미해 쓰러지다) 실신[기절]하다 ❖ pass out
He **faints** at the sight of blood. 그는 피를 보면 기절한다.

---

846 **promote**
[prəmóut]

Word Tip
pro(=forward) + mot(e)(=move) → 앞으로 움직이다

동 1 (앞의 지위로 움직이다) 승진시키다
2 (앞으로 나가게 하다) 촉진[증진]하다
3 (앞으로 나가도록 촉진하다) 홍보하다

He was **promoted** to manager. 그는 매니저로 승진했다.
Eating well **promotes** health. 잘 먹는 것이 건강을 증진한다.
promote a new book 새 책을 홍보하다

promotion 명 승진; 촉진, 장려; 홍보[판촉] (활동)

847 **relief**
[rilíːf]

명 1 안도, 안심
2 (고통 등의) 경감, 완화
3 [재난의 고통 완화] 구호(품)

He sighed with **relief**. 그는 안도의 한숨을 내쉬었다.
Aspirin gave me **relief** from my headache. 아스피린은 내 두통을 완화해주었다.
send **relief** to flood victims 수재민에게 구호품을 보내다

relieve 동 (고통 등을) 없애다; (심각성을) 완화하다[줄이다]

848 **suspend**
[səspénd]

Word Tip
sus(=sub: under) + pend (=hang) → 아래에 매달다: 매달려서 나아가지 못하고 중간에 멈춰 있다는 의미예요.

동 1 매달다 ❂ hang
2 (잠시) 중단하다
3 정직[정학]시키다

A lamp is **suspended** from the ceiling. 램프가 천장에 매달려 있다.
suspend a game because of the rain 비 때문에 게임을 중단하다
He was **suspended** from school for fighting.
그는 싸워서 학교에서 정학을 당했다.

suspension 명 정직, 정학

DAILY TEST

정답 p.200

[01~07] 다음 문장을 읽고, 밑줄 친 부분의 뜻을 쓰세요.

01 Aspirin gave me <u>relief</u> from my headache.   뜻: _____
02 Stress <u>contributed</u> to his death.   뜻: _____
03 She <u>appreciates</u> fine works of art.   뜻: _____
04 The doctor <u>operated</u> on his eyes.   뜻: _____
05 The hotel has a friendly <u>atmosphere</u>.   뜻: _____
06 Water <u>reflects</u> light.   뜻: _____
07 He <u>was promoted</u> to manager.   뜻: _____

[08~10] 다음 밑줄 친 부분의 유의어 또는 반의어를 고르세요.

08 No one <u>referred to</u> the incident.   [유의어] ⓐ pointed   ⓑ mentioned
09 These tomatoes are still <u>firm</u>.   [반의어] ⓐ raw   ⓑ soft
10 The handshake is a social <u>convention</u>.   [유의어] ⓐ custom   ⓑ conference

DAY 38

혼동어 1 >> 철자가 비슷한 어휘

849 **adapt** [ədǽpt]　　동 적응[순응]하다 ((to))　⊕ adjust

850 **adopt** [ədάpt]　　동 1 입양하다　2 택하다, 받아들이다

- These fish all **adapt** easily to cold water. 이 물고기들은 모두 차가운 물에 쉽게 적응한다.
  　　　　　　　　　　　　　　　　　　　　　　　　　　　adaptation 명 적응
- I **adopted** a dog from the animal shelter. 나는 동물 보호소에서 개를 입양했다.
- The city **adopted** a new traffic law. 그 도시는 새로운 교통법을 채택했다.
  　　　　　　　　　　　　　　　　　　　　　　　　adoption 명 입양; 채택

851 **preserve** [prizə́ːrv]　　동 보호[보존/보관]하다

852 **reserve** [rizə́ːrv]　　동 예약하다　⊕ book

- The house is part of local history and should be **preserved**.
  그 집은 현지 역사의 일부이며 보존되어야 한다.
  　　　　　　　　　　　　　　　　　　　　　　　　preservation 명 보존[보호/유지]
- Let's call the restaurant and **reserve** a table.
  그 식당에 전화해서 자리를 예약하자.
  　　　　　　　　　　　　　　　　　　　　　　　　reservation 명 예약

Plus+ · pre(=before) + serve(=keep) → (미래를 위해) 미리 지키다 → 보존하다
　　　　· re(=back) + serve → 뒤에 공급하기 위해 간직해두다 → 예약하다

853 **ethic** [éθik]　　명 1 가치 체계, 의식　2 (-s) (어떤 사회·직업의) 윤리, 도덕

854 **ethnic** [éθnik]　　형 인종의, 민족의

- People here have a strong work **ethic**. 이곳 사람들은 강한 직업 윤리를 갖고 있다.
- public concern about medical **ethics** 의료 윤리에 대한 대중의 우려
  　　　　　　　　　　　　　　　　　　　　　　　　ethical 형 윤리적인, 도덕에 관계된; 도덕적인
- The students are from various **ethnic** backgrounds.
  이 학생들은 다양한 민족적 배경을 갖고 있다.

855	**constant** [kάnstənt]	형 1 끊임없는, 계속되는 2 일정한, 불변의
856	**instant** [ínstənt]	형 1 즉시의[즉각적인] ⊕ immediate 2 |식품| 인스턴트의 명 순간, 잠깐

- He suffers from **constant** headaches. 그는 끊임없는 두통에 시달린다.
- Fridges keep food at a **constant** temperature.
  냉장고는 음식을 일정한 온도로 유지한다.

constantly 부 끊임없이

- The movie was an **instant** success. 그 영화는 즉각적인 성공을 거두었다.
- Is this coffee **instant** or regular? 이 커피는 인스턴트야, 보통 커피야?
- He disappeared in an **instant**. 그는 순식간에 사라졌다.

instantly 부 즉각, 즉시

857	**exhibit** [igzíbit]	동 전시하다 ⊕ display 명 전시(회); 전시품
858	**prohibit** [prouhíbit]	동 금하다, 금지하다

- He **exhibits** his paintings at an art gallery. 그는 자신의 그림들을 미술관에 전시한다.
- a new **exhibit** of photographs 새 사진 전시회

exhibition 명 전시회; 전시

- The law **prohibits** smoking on buses. 버스에서의 흡연은 법으로 금지되어 있다.

prohibition 명 금지 (규정)

Plus+ • ex(=out) + hibit(=have) → 밖에 가지다 → 가진 것을 내놓다 → 전시하다
 • pro(=before) + hibit(=hold) → 앞에서 잡다 → 금지하다, 못하게 하다

859	**mass** [mæs]	명 1 덩어리[덩이] 2 다수, 다량 형 대량의, 대규모의
860	**mess** [mes]	명 엉망(진창)인 상태 동 엉망으로[지저분하게] 만들다

- I took a **mass** of clay and made it into a pot. 나는 진흙 한 덩어리를 가져다 항아리를 만들었다.
- A **mass** of people walked into the hall. 다수의 사람들이 홀 안으로 걸어 들어왔다.
- weapons of **mass** destruction 대량 살상 무기

massive 형 거대한, 육중한; 막대한

- My room was a **mess**. 내 방은 엉망진창이었다.
- Careful – you are **messing** up my hair. 조심해, 네가 내 머리를 엉망으로 만들고 있어.

messy 형 지저분한, 엉망인

861	**principal** [prínsəpəl]	형 주요한, 주된 ⓤ main, primary 명 교장
862	**principle** [prínsəpl]	명 1 원리, 원칙 2 신조, 신념

- The **principal** job of the police is to keep the peace.
  경찰의 주요 업무는 평화를 지키는 것이다.
- Ms. Johnson is the new high school **principal**. 존슨 씨는 이 고등학교의 새 교장이다.
- the **principle** of equality before the law (모두가) 법 앞에 평등하다는 원칙
- I don't eat meat—it's against my **principles**. 나는 고기를 먹지 않는다. 그건 내 신념에 반한다.

혼동어 2 » 반의어 관계인 어휘

863	**negative** [négətiv]	형 1 부정적인, 나쁜; 비관적인 2 반대[거절]하는
864	**positive** [pázətiv]	형 1 긍정적인, 좋은; 낙관적인 2 확신하는

- A bad teacher can have a **negative** effect on students.
  나쁜 교사는 학생들에게 부정적인 영향을 미칠 수 있다.
- He gave a **negative** answer to the question. 그는 그 질문에 거절하는 답변을 했다.
- Having a **positive** attitude makes life so much better.
  긍정적인 태도를 갖는 일은 삶을 훨씬 더 낫게 만든다.
- I am **positive** that they will win the game. 나는 그들이 경기에서 이길 거라고 확신한다.

865	**forbid** [fərbíd]	동 (forbade-forbidden) 금지하다 ⓤ prohibit, ban
866	**permit** [pərmít]	동 허락하다, 허가하다 ⓤ allow 명 [pə́ːrmit] 허가(증)

- The doctor **forbids** him to smoke. 의사는 그가 담배를 피우는 것을 금지한다.
- The restaurant does not **permit** dogs. 그 식당은 개를 허가하지 않는다.
- You cannot own a gun without a **permit**. 허가증 없이는 총을 소유할 수 없다.

permission 명 허락, 승인

> **You Know What?** '금지'와 관련된 표현
> forbid는 개인적으로 어떤 행동을 금지할 때 사용해요. prohibit는 규칙이나 법률로 정하여 못하게 하는 '금지하다'의 뉘앙스를 띠고, ban은 보통 도덕적으로 비난을 받을 만한 행동을 금지할 때 사용해요.

867 **reasonable** [ríːzənəbəl] 형 1 합리적인, 타당한 ㊗ sensible 2 비싸지 않은, 적정한

868 **unreasonable** [ənríːzənəbəl] 형 불합리한, 부당한

- The judge made a **reasonable** decision. 판사는 합리적인 결정을 내렸다.
- The price of the pants is **reasonable**. 이 바지의 가격은 적정하다.
- Her boss made **unreasonable** demands on her.
  그녀의 상사는 그녀에게 부당한 요구를 했다.

Plus+ • un-(반대, 부정의 접두사) + reason(이성) + able(형용사 접미사) → 이성적이지 않은

DAILY TEST

정답 p.200

[01~12] 영어는 우리말로, 우리말은 영어로 쓰세요.

01 ethic _____
02 prohibit _____
03 mass _____
04 negative _____
05 constant _____
06 principal _____

07 적응[순응]하다 _____
08 예약하다 _____
09 인종의, 민족의 _____
10 불합리한, 부당한 _____
11 보호[보존/보관]하다 _____
12 허락[허가]하다; 허가(증) _____

[13~17] 네모 안에서 문맥에 맞는 단어를 고르세요. 모평

13 Although technology has the potential to increase productivity, it can also have a negative / positive impact on productivity.

14 If you book this package, you will enjoy all this at a reasonable / unreasonable price.

15 At some time in their lives, most people pause to reflect on their own moral principals / principles .

16 It is difficult for any of us to maintain a constant / instant level of attention throughout our working day.

17 If we adapt / adopt technology, we need to pay its costs.

DAY 39

혼동어 1 >> 철자가 비슷한 어휘

869 **affect** [əfékt] 동 영향을 미치다 ⊕ influence

870 **effect** [ifékt] 명 효과, 영향; 결과

- The weather **affects** our mood. 날씨는 우리의 기분에 영향을 미친다.
- A good teacher can have a great **effect** on students.
  좋은 교사는 학생들에게 큰 영향을 미칠 수 있다.
- cause and **effect** 원인과 결과

effective 형 효과적인, 효력이 있는

Plus+ • '영향'이라는 뜻의 명사 effect는 접두사 a-(=to: ~에[로])가 붙어 '~에 영향을 미치다'라는 동사 affect가 된다.

871 **noble** [nóubl] 형 1 고귀한, 숭고한 2 귀족의

872 **novel** [návəl] 명 소설 형 새로운, 참신한

- You risked your life to save that child! That was a **noble** act.
  넌 그 애를 구하기 위해 네 목숨을 걸었어! 그건 숭고한 행위였어.
- When she married a knight, she became a member of a **noble** family.
  그녀는 기사와 결혼하면서 귀족 가문의 일원이 되었다.
- I love reading detective **novels**. 나는 탐정 소설을 읽는 것을 몹시 좋아한다.
- What a **novel** idea! 정말 참신한 생각이야!

873 **flame** [fleim] 명 불꽃, 불길

874 **frame** [freim] 명 1 틀, 액자 2 뼈대, 골격 동 틀[액자]에 넣다

- The **flames** were burning brightly. 불길이 밝게 타오르고 있었다.
- He removed the picture from its **frame**. 그는 액자에서 그림을 떼어냈다.
- The body of the car was damaged, but its **frame** was still good.
  차체는 파손되었지만, 뼈대는 아직 괜찮았다.
- The photograph is **framed**. 그 사진은 액자에 넣어져 있다.

| 875 | **pray** [prei] | 동 기도하다, 빌다; 간절히 바라다 |
| 876 | **prey** [prei] | 명 먹이, 사냥감 |

- She went to church to **pray**. 그녀는 기도하기 위해 교회에 갔다.
- We **prayed** that the war would end soon. 우리는 전쟁이 곧 끝나기를 빌었다.
- The seals are easy **prey** for sharks. 바다표범은 상어의 쉬운 먹잇감이다.

prayer 명 기도 (내용)

혼동어 2 >> 반의어 관계인 어휘

| 877 | **abstract** [ǽbstrækt] | 형 추상적인 |
| 878 | **concrete** [kάnkri:t] | 형 1 구체적인 2 콘크리트로 된 명 콘크리트 |

- Love and beauty are **abstract** things. 사랑과 아름다움은 추상적인 개념이다.
- Computers are **concrete** objects, but ideas are not.
  컴퓨터는 구체적인 대상이지만 생각은 그렇지 않다.
- a **concrete** floor 콘크리트 바닥
- This building is made of **concrete**. 이 빌딩은 콘크리트로 만들어져 있다.

| 879 | **permanent** [pə́:rmənənt] | 형 영구적인, 영속하는 |
| 880 | **temporary** [témpərèri] | 형 일시적인, 임시의 |

- She has **permanent** damage to her eyesight.
  그녀는 시력에 영구적인 손상을 입었다.
- He's living with his parents, but it's only **temporary**.
  그는 그의 부모님과 살고 있지만 일시적으로 그럴 뿐이다.
- I got a **temporary** job for the summer.
  나는 여름 동안 임시 직장을 얻었다.

> **You Know What?** '직장'과 관련된 표현
> - part-time job: 알바, 아르바이트
> - permanent[full-time/regular] job: 정규직
> - contract job: 계약직
> - temporary[temp] job: 임시직
> - intern: 인턴

881	☐ **guilty** [gílti]	형 1 죄책감이 드는 2 죄를 범한, 유죄의 ((of))
882	☐ **innocent** [ínəsənt]	형 1 결백한, 죄가 없는 ((of)) 2 순수한, 순진한

- I feel **guilty** about forgetting her birthday. 나는 그녀의 생일을 잊은 것에 대해 죄책감을 느낀다.
- They were **guilty** of murder. 그들은 살인죄를 범했다.

guilt 명 죄책감; 유죄(임)

- He says that he is **innocent** of the crime. 그는 그 범죄에 대해 자신은 결백하다고 말했다.
- an **innocent** young child 순진한 어린 아이

innocence 명 결백, 무죄

> **You Know What?** 무죄 추정의 원칙
> '형사 범죄(criminal offense)'로 '기소된(be accused of)' 어떠한 사람도 '유죄 판결 전까지는 무죄(innocent until proven guilty)'로 여겨져야 한다는 믿음을 '무죄 추정의 원칙(Presumption of Innocence)'이라 해요.

혼동어 3 >> 같은 단어에서 나온 파생어

883	☐ **considerable** [kənsídərəbl]	형 많은, 상당한
884	☐ **considerate** [kənsídərət]	형 사려 깊은, 배려하는 ⓔ inconsiderate

- They saved a **considerable** amount of money. 그들은 상당한 양의 금전을 저축했다.
- He is **considerate** of other people's feelings. 그는 다른 사람의 감정을 배려한다.

Plus+ • 동사 consider(고려[숙고]하다)에서 파생된 단어로, considerable은 수량, 크기 등을 묘사하는 반면, considerate은 사람의 성격, 특성을 묘사해요.

885	☐ **sensible** [sénsəbl]	형 분별 있는, 합리적인 ⓤ reasonable
886	☐ **sensitive** [sénsətiv]	형 (자극 등에) 민감한, 예민한; (감정이) 예민한 ⓔ insensitive

- It is **sensible** to drive slowly on snowy days.
  눈 오는 날에는 천천히 운전하는 것이 분별 있는 일이다.

sensibly 부 분별 있게, 현명하게

- My teeth are very **sensitive** to cold food. 내 치아는 차가운 음식에 아주 민감하다.
- He's very **sensitive** about his weight. 그는 자기 체중에 대해 아주 예민하다.

sensitivity 명 세심함; 예민함[민감함]

Plus+ • sense(느끼다, 지각하다) + -ible(~할 수 있는) → 지각할 수 있는 → 분별 있는
• sense + -itive(~하는 성질이 있는) → 느끼는 성질이 있는 → 민감한

| 887 | **threat** [θret] | 명 1 위협, 협박 2 위협적인 존재 |
| 888 | **threaten** [θrétn] | 동 위협[협박]하다 |

- He received death **threats** from the group. 그는 그 집단에게 살해 위협을 받았다.
- The country is a great **threat** to world peace. 그 나라는 세계 평화에 아주 위협적인 존재이다.
- The robber **threatened** him with a gun. 강도는 총으로 그를 위협했다.

threatening 형 협박하는, 위협적인

Plus+ • threat(위협) + -en(~하게 만들다) → 위태롭게 하다, 위협하다

DAILY TEST

정답 p.200

[01~12] 영어는 우리말로, 우리말은 영어로 쓰세요.

01 threat _____
02 noble _____
03 pray _____
04 temporary _____
05 effect _____
06 considerate _____

07 위협[협박]하다 _____
08 불꽃, 불길 _____
09 추상적인 _____
10 영향을 미치다 _____
11 분별 있는, 합리적인 _____
12 많은, 상당한 _____

[13~17] 네모 안에서 문맥에 맞는 단어를 고르세요. 모평

13 The female lion recognizes her ⟦pray / prey⟧ from a distance and apporaches it carefully.

14 Although it may seem ⟦sensible / sensitive⟧, having two separate calendars for work and personal life can lead to *distractions.

15 Our shopping habits can have ⟦considerable / considerate⟧ effects on the environment.

16 Between 1989 and 2007, 201 prisoners in the United States were proven ⟦guilty / innocent⟧ on the basis of DNA evidence.

17 Someone else's body language ⟦affects / effects⟧ our own body.

*distraction: 집중을 방해하는 것

DAY 40

혼동어 1 >> 철자가 비슷한 어휘

889 **acquire** [əkwáiər] 동 얻다, 습득하다

890 **inquire** [inkwáiər] 동 묻다, 알아보다

- How do children **acquire** language? 아이들은 어떻게 언어를 습득하는가?
- I called to **inquire** about the schedule. 나는 일정에 대해 묻기 위해 전화를 걸었다.

acquisition 명 습득

inquiry 명 질문, 문의; 조사

Plus+ · ac(=ad: ~쪽으로) + quire(=seek) → 구하는 쪽으로 가까워지다 → 얻다, 습득하다
· in(안으로) + quire(=ask) → 안에 있는 것을 묻다 → 묻다, 알아보다

891 **poverty** [pávərti] 명 가난, 빈곤

892 **property** [prápərti] 명 1 재산, 소유물 2 부동산

- Too many people live in **poverty**. 너무 많은 사람들이 가난하게 살고 있다.
- The library is public **property**. 그 도서관은 공공 재산이다.
- **Property** prices have increased recently. 최근 부동산 가격이 상승했다.

poor 형 가난한, 빈곤한; 불쌍한

893 **access** [ǽkses] 명 1 (장소로의) 접근 (방법) ((to)) 2 접근[이용]권 ((to))

894 **excess** [iksés] 명 과잉, 초과

- The only **access** to the town is by boat.
  그 마을에 접근할 수 있는 유일한 방법은 배를 이용하는 것이다.
- All the hotel rooms have **access** to the Internet.
  모든 호텔 객실은 인터넷 접근권이 있다[인터넷을 이용할 수 있다].

accessible 형 접근[입장/이용] 가능한

- He's suffering from an **excess** of stress.
  그는 스트레스 과잉으로 고통받고 있다.

excessive 형 지나친, 과도한

895 **intellectual** [ìntəléktʃuəl] 형 1 지적인 ㈜ mental 2 교육을 많이 받은

896 **intelligent** [intélədʒənt] 형 총명한; 높은 지능을 갖춘

- The child has a strong **intellectual** curiosity. 그 아이는 강한 지적 호기심을 가지고 있다.
- She's very **intellectual**. 그녀는 교육을 아주 많이 받았다.
- He is **intelligent** and got into a top university. 그는 총명하며 일류 대학에 들어갔다.
- Dogs are **intelligent** animals. 개는 높은 지능을 갖춘 동물이다.

intelligence 명 지능

Plus+ • intelligent한 사람은 이해력과 사고력 등 지능이 높은 사람을 말하고, intellectual한 사람은 교육을 잘 받아서 과학이나 문학 등의 학문 분야에 관심이 많은 사람을 말한다.

혼동어 2 >> 반의어 관계인 어휘

897 **horizontal** [hɔ̀ːrəzántl] 형 수평의, 가로의

898 **vertical** [və́ːrtikəl] 형 수직의, 세로의

- Most people sleep in a **horizontal** position.
  대부분의 사람은 수평 자세로 잔다.

  horizon 명 수평선, 지평선
  horizontally 부 수평으로, 가로로

- His shirt has **vertical** stripes. 그의 셔츠는 세로 줄무늬이다.

  vertically 부 수직으로, 수직적으로

899 **former** [fɔ́ːrmər] 형 이전의 명 (the ~) (둘 중에서) 전자

900 **latter** [lǽtər] 형 후반의 명 (the ~) (둘 중에서) 후자

- **Former** President Obama was popular. 오바마 전 대통령은 인기가 있었다.
- Of the two choices, I preferred the **former**.
  두 선택지 중 나는 전자의 선택지를 선호했다.
- I haven't read the **latter** part of the book yet. 나는 책의 후반부를 아직 읽지 않았다.
- He offered me tea or coffee, and I chose the **latter**.
  그는 내게 홍차 혹은 커피를 권했고, 나는 후자를 골랐다.

| 901 | **rural** [rúərəl] | 형 시골의, 지방의 |

| 902 | **urban** [ə́:rbən] | 형 도시의 |

- The area is still very **rural** and not developed. 이 지역은 여전히 매우 시골이고 개발되지 않았다.
- Many **urban** areas have severe pollution problems.
  많은 도시 지역들이 심각한 오염 문제를 안고 있다.

You Know What? '지역'과 관련된 표현
- **district**: (특정한 특징이 있는) 지구[지역]
- **local**: 특정 지역의, 현지의
- **rural**: 시골의, 지방의
- **suburban**: (도시에서 조금 벗어난) 교외의
- **urban**: 도시의

혼동어 3 ›› 의미가 유사한 어휘

| 903 | **quality** [kwáləti] | 명 질(質), 품질 |

| 904 | **quantity** [kwántəti] | 명 양(量), 수량; 다량 |

- Pollution affects water **quality**. 오염은 수질에 영향을 미친다.
- Shoes of good **quality** will last a long time. 품질이 좋은 신발은 오래 갈 것이다.
- Dolphins eat a large **quantity** of food. 돌고래들은 많은 양의 음식을 먹는다.
- This factory makes cups in **quantity**. 이 공장은 컵을 대량으로 만든다.

Plus+ • quality는 질의 '좋고(good)' '나쁨(bad)'을 나타내고, quantity는 양의 '많고(large)' '적음(small)'을 나타낸다.

| 905 | **transfer** [trænsfə́:r] | 동 옮기다, 이동하다; 환승하다 명 [trǽnsfər] 이동; 환승 |

| 906 | **transform** [trænsfɔ́:rm] | 동 바꾸다, 변형시키다 ⊕ change |

- The patient was **transferred** to a different hospital.
  그 환자는 다른 병원으로 옮겨졌다.
- We **transferred** from a train to a bus. 우리는 기차에서 버스로 환승했다.
- data **transfer** between computers 컴퓨터 간의 데이터 전송
- The paint **transformed** the old house. 페인트가 낡은 집을 바꾸어 놓았다.

Plus+ • trans(이쪽에서 저쪽으로) + fer(옮기다) → 이쪽에서 저쪽으로 옮기다 → 이동하다
• trans + form(형태) → 형태가 이쪽에서 저쪽으로 → 변형시키다

907 **visible** [vízəbl] 형 눈에 보이는, 알아볼 수 있는 ⊕ invisible

908 **visual** [víʒuəl] 형 시각의, (눈으로) 보는

- The tall building is **visible** from across the river.
  그 높은 빌딩은 강 건너에서도 눈에 보인다.

- Painting is a **visual** art. 그림은 시각 예술이다.

visibility 명 눈에 보임[보이는 상태]
visibly 부 눈에 띄게, 분명히
visually 부 눈으로 볼 수 있게, 시각적으로

Plus+ · vis(=see) + -ible(~할 수 있는) → 눈으로 볼 수 있는 → 눈에 보이는
· vis + -ual(~와 관련된) → 눈으로 보는 것과 관련된 → 시각의

DAILY TEST

정답 p.200

[01~12] 영어는 우리말로, 우리말은 영어로 쓰세요.

01 access _____
02 visible _____
03 inquire _____
04 latter _____
05 intellectual _____
06 quantity _____

07 바꾸다, 변형시키다 _____
08 시골의, 지방의 _____
09 가난, 빈곤 _____
10 수평의, 가로의 _____
11 과잉, 초과 _____
12 얻다, 습득하다 _____

[13~17] 네모 안에서 문맥에 맞는 단어를 고르세요. 모평

13 In ⬚rural / urban⬚ areas, more than half of the world's population currently *reside.

14 Personal **blind spots are areas that are ⬚visible / visual⬚ to others but not to you.

15 Some old newspapers are not easy to ⬚access / excess⬚ online.

16 Diversity not only impacts the labor market, but may also affect the ⬚quality / quantity⬚ of life in a location.

17 Few people will be surprised to hear that ⬚poverty / property⬚ tends to create stress.

*reside: 살다[거주하다] **blind spot: (특히 운전 중인 도로의) 사각 지대

DAY 40 • 189

REVIEW TEST DAY 36~40

A 다의어 밑줄 친 단어의 뜻과 가장 가까운 것을 고르세요.

01 I invited her, but she <u>declined</u>.
a. reduced   b. refused   c. decreased   d. accepted

02 I <u>associate</u> flowers with spring.
a. connect   b. extend   c. submit   d. swear

03 The enemy <u>launched</u> an attack.
a. introduced   b. stopped   c. fired   d. began

04 Let's change the <u>position</u> of the table.
a. place   b. pose   c. situation   d. condition

05 The handshake is a social <u>convention</u>.
a. custom   b. controversy   c. expression   d. issue

06 The old house is in a bad <u>state</u>.
a. remark   b. environment   c. condition   d. credit

07 No one <u>referred to</u> the incident.
a. reported   b. promoted   c. mentioned   d. noticed

08 A lamp is <u>suspended</u> from the ceiling.
a. hung   b. released   c. fainted   d. composed

B 혼동어 밑줄 친 단어의 쓰임으로 적절하지 않은 문장을 고르세요.

01 a. These fish all <u>adapt</u> easily to colder water.
    b. Let's call the restaurant and <u>reserve</u> a table.
    c. People here have a strong work <u>ethnic</u>.

02 a. The fridge keeps food at a <u>constant</u> temperature.
    b. My room was a <u>mass</u>.
    c. The law <u>prohibits</u> smoking on buses.

03 a. He is living with his parents, but it's only <u>permanent</u>.
    b. He removed the picture from its <u>frame</u>.
    c. The <u>principal</u> job of the police is to keep the peace.

04 a. The library is public <u>poverty</u>.
    b. The only <u>access</u> to the town is by boat.
    c. They saved a <u>considerable</u> amount of money.

05 a. I haven't read the <u>latter</u> part of the book yet.
    b. The area is still very <u>rural</u> and not developed.
    c. Pollution affects water <u>quantity</u>.

06 a. Most people sleep in a <u>horizontal</u> position.
    b. I called to <u>acquire</u> about the schedule.
    c. I feel <u>guilty</u> about forgetting her birthday.

07 a. It is <u>sensitive</u> to drive slowly on snowy days.
    b. The patient was <u>transferred</u> to a different hospital.
    c. What a <u>novel</u> idea!

08 a. A bad teacher can have a <u>negative</u> effect on students.
    b. The doctor <u>forbids</u> him to smoke.
    c. The tall building is <u>visual</u> from across the river.

DAY 31~40 CUMULATIVE TEST

[01~30] 다음 단어의 뜻을 쓰세요.

01 hollow
02 throughout
03 anxiety
04 estimate
05 attain
06 benefit
07 function
08 aware
09 employ
10 undergo
11 admit
12 outstanding
13 satisfied
14 glory
15 international
16 submit
17 extend
18 release
19 adjust
20 appreciate
21 promote
22 adapt
23 constant
24 forbid
25 pray
26 temporary
27 sensible
28 poverty
29 excess
30 transfer

[31~40] 다음 뜻을 가진 단어를 쓰세요.

31 전형적인, 대표적인
32 후회하다; 후회, 유감
33 구체적인; 특정한
34 최근의
35 시내, 시냇물
36 맹세하다; 욕을 하다
37 구성하다; 작곡하다
38 인종의, 민족의
39 효과, 영향; 결과
40 수평의, 가로의

[41~45] 다음 숙어의 뜻을 쓰세요.

41 pass away
42 hold back
43 make fun of
44 hang up
45 due to

Know More

미드 속 영어표현 4

시트콤

코믹 시트콤에 자주 등장하는 유용한 영어표현을 배워 보세요.

take a rain check
다음을 기약하다

rain check는 야구 등의 야외 경기에서 비가 와서 경기가 취소되는 경우, 나중에 경기가 다시 열릴 때 쓸 수 있게 제공되는 공짜 티켓인 '우천시 교환권'을 뜻해요. 일상생활에서 사정이 있어 약속이나 초대를 다음으로 미루려 할 때, "Can I take a rain check?"이라 말해요. "다음에 할까?"라는 뜻이에요.

sleep on it
심사숙고하다, 신중히 생각하다

직역하면 '그것 위에서 자다'라는 뜻으로, 무엇을 결정해야 하는데, 지금 당장은 결정하기 힘드니 하룻밤 정도 시간을 갖고 신중하게 생각하고 싶다고 할 때 쓸 수 있는 표현이에요. 상대방이 무언가를 제안했을 때, 생각할 시간이 필요할 경우 "Let me sleep on it."이라고 말해요. "생각해볼게"라는 뜻이에요.

ring a bell
들어본 적 있는 것 같다, 낯이 익다

직역하면 '종을 울리다'라는 뜻이지만, 관용적으로 '들어본 것 같다'라는 의미를 가져요. 어떤 이야기를 들었을 때, 갑자기 머릿속에 종이 댕~ 하고 울리면서 "아, 그게!" 하고 기억이 나는 경우를 비유적으로 표현한 거예요. "Doesn't ring a bell."은 "처음 듣는데."라는 뜻이에요.

feel under the weather
몸이 좋지 않다, 컨디션이 별로다

과거 선원들이 항해를 하던 도중에, 좋지 않은 날씨로 인해 뱃멀미를 하거나 몸이 안 좋아지는 경우에서 유래한 표현으로, 선원들이 날씨의 영향 아래 놓이게 된다는 것이죠. 원어민들이 일상에서 자주 사용하는 표현으로, "오늘 몸이 안 좋아"라고 할 때 "I'm feeling under the weather today."라고 말해요.

What's eating you?
무슨 고민 있어?

무엇이 네 마음을 갉아먹고 있냐, 즉 너를 괴롭히고 있냐는 뜻으로, 걱정이 있어 보이는 친구에게 할 수 있는 질문이에요. 비슷한 표현으로 What's the matter with you? What's bothering you? 등이 있어요.

It's so typical of you.
딱 너답다. 넌 항상 이런 식이지.

typical은 '전형적인'이라는 뜻으로, 그것이 상대방의 전형적인 모습이라는 의미예요. 보통, 상대방의 좋지 않은 습관에 대해 조금은 비꼬는 식으로 표현할 때 써요.

Answer Key

DAY 01

DAILY TEST p. 11

01 임금, 급료 02 출판[발행]하다; (신문·잡지 등에) 게재하다 03 동의, 허락; 동의하다 04 나아지다; 개선하다, 향상시키다 05 제한; 한계(선); 제한하다 06 법률의; 합법적인 07 author 08 effort 09 copyright 10 earn 11 income 12 profit 13 exceed 14 admire 15 devoted 16 enjoyable 17 modest 18 destination 19 in, advance 20 alter 21 admire 22 aboard 23 accompany 24 call, off 25 enjoyable

DAY 02

DAILY TEST p. 15

01 policy 02 antique 03 purchase 04 research 05 valuable 06 rare 07 dealer 08 ⓓ 09 ⓐ 10 expand 11 make, difference 12 more, more 13 calculated 14 analyze 15 solids 16 combine

DAY 03

DAILY TEST p. 19

01 위쪽으로; 위를 향한; 상승하는 02 (범죄 등을) 범하다[저지르다] 03 목격자; 목격하다, 보다 04 갈등, 충돌; 충돌[상충]하다 05 명령하다; (군대에서) 지휘하다; 명령; 지휘 06 고소[고발/기소]하다; 비난하다 07 motive 08 avoid 09 persuade 10 commerce 11 electronic 12 seldom 13 detective 14 obey 15 strategy 16 effective 17 trend 18 investigating 19 pursued 20 pulled, over 21 accused 22 breaking, into 23 claims 24 witness 25 prove

DAY 04

DAILY TEST p. 23

01 immediate 02 heritage 03 steep 04 seek 05 prior 06 physics 07 precious 08 contemporary 09 treatment 10 knowledge 11 pride 12 contemporary 13 fascinates 14 charm 15 impressed 16 cannot[can't], help 17 imitates 18 features

REVIEW TEST DAY 01~05 pp. 28~29

A 01 exceed, limit   02 author, consent
   03 earn, modest   04 devote, effort
   05 donate, charity   06 conservative, policies
   07 purchase, rare   08 appropriate, occasion
   09 obey, command   10 detective, confess
   11 upward, electronic   12 strategy, conflict
   13 steep, slope   14 patient, immediate
   15 pride, heritage

B 01 destination   02 in, advance
   03 accompany   04 expand
   05 analyze   06 combine
   07 investigating   08 pulled, over
   09 accused, breaking, into
   10 fascinates   11 impressed
   12 cannot[can't], help, imitates

C 01 overweight, wandering, laboratory 02 anniversary, polishing 03 overhear 04 reacted, rather 05 essence

DAY 06

DAILY TEST p. 33

01 trial 02 delicate 03 companion 04 confirm 05 comment 06 harsh 07 outcome 08 migrate 09 addicted 10 existence 11 predict 12 migrate 13 fade 14 landscape 15 Blossom 16 Delicate 17 scatter 18 at, the, expense, of

DAY 07

DAILY TEST p. 37

01 점검하다, 검사하다 02 전진하다; 진보하다; 전진; 진보 03 정리하다; 배열하다; 마련하다, 준비하다 04 기계(상)의; 기계로 작동되는 05 중요한[의미 있는/상당한] 06 대신하

194

다, 대체하다; 교체하다 **07** electric **08** conference **09** vehicle **10** technical **11** mechanic **12** install **13** ⓒ **14** ⓐ **15** ⓑ **16** ⓔ **17** ⓓ **18** assemble **19** installed **20** modify **21** input **22** attach **23** Make, use, of **24** replace **25** as, as, possible

🟦 DAY 08

DAILY TEST p. 41

01 vast **02** military **03** expenses **04** budget **05** pressure **06** intense **07** crucial **08** ⓑ **09** ⓐ **10** ⓒ **11** ⓔ **12** ⓓ **13** native **14** figure, out **15** Intonation **16** leave, out **17** outline **18** inserting **19** plurals

🟦 DAY 09

DAILY TEST p. 45

01 전념, 헌신 **02** 공격적인 **03** 게다가, 더욱이 **04** 막다[예방/방지하다] **05** 어느 정도, 다소 **06** theory **07** gravity **08** civil **09** disaster **10** defense **11** The bridge was built a decade ago. **12** Her manner was polite. **13** Watching TV is a passive activity. **14** Are there any further questions? **15** interpreter **16** interpret **17** profession **18** secretary **19** secure **20** laid, off

REVIEW TEST DAY 06~10 pp. 50~51

A **01** deny, existence **02** resist, urge
 03 offend, colleagues **04** predict, trial
 05 annual, conference **06** occupy, prime
 07 mechanic, electric **08** technical, advance
 09 intense, pressure **10** device, length
 11 crucial, mission **12** vast, expense
 13 demonstrate, gravity **14** prevent, further
 15 aggressive, manner

B **01** migrate **02** fade
 03 Delicate, scatter **04** assemble
 05 attach **06** as, as, possible
 07 native **08** leave, out

09 inserting, plurals **10** interpreter **11** secretary **12** laid, off

C **01** punctual, complicated **02** quarter **03** Nevertheless, mercy **04** Thankful, exhausted, weep **05** unite

누적 테스트
CUMULATIVE TEST DAY 01~10 p. 52

01 초과하다, 넘어서다 **02** 겸손한; 그다지 많지[크지] 않은 **03** (금전적인) 이익, 수익 **04** 반대하다 **05** 구입[구매]하다; 구입, 구매 **06** 결합하다[되다] **07** 따르다, 복종하다 **08** (죄·잘못을) 자백하다; 고백[인정]하다 **09** 위쪽으로; 위를 향한; 상승하는 **10** (위치를) 찾아내다; (특정 위치에) 두다 **11** 즉각적인; 당면한 **12** 값비싼; 소중한, 귀중한 **13** (이리저리) 거닐다, 돌아다니다 **14** 드러내다[밝히다/폭로하다]; 드러내 보이다 **15** 깔끔한, 잘 정돈된; 정돈[정리]하다 **16** 사실임을 보여주다[확인해 주다] **17** 부인하다, 부정하다 **18** 기분 상하게[불쾌하게] 하다 **19** (공간·시간을) 차지하다 **20** 점검하다, 검사하다 **21** 대신하다, 대체하다; 교체하다 **22** 누르기, 압력; (정신적) 압박 **23** 장치, 기구 **24** 완수하다, 성취하다 **25** 재난, 재해, 참사 **26** 공격적인 **27** 안정된, 확실한; 안전한 **28** 짜증스러운 **29** 울다, 눈물을 흘리다 **30** 생기를 되찾게[상쾌하게] 하다 **31** income **32** donate **33** avoid **34** steep **35** hesitate **36** predict **37** ideal **38** depth **39** theory **40** impressive **41** 취소하다 **42** 침입하다 **43** ~을 줄이다 **44** 빼먹다, 생략하다 **45** 거절하다

🟦 DAY 11

DAILY TEST p. 57

01 external **02** request **03** internal **04** despite **05** loan **06** cure **07** wound **08** apology **09** complaint **10** injured **11** response **12** converting **13** section **14** separate **15** Without, doubt **16** mend **17** dripping **18** material **19** put, up, with

DAY 12

DAILY TEST p. 61

01 꾸준한, 일정한; 흔들림 없는 02 치우다; 없애다, 제거하다 03 수송, 운송; 수송[교통] 수단 04 분투하다, (크게) 애쓰다; 투쟁, 분투 05 전적으로, 완전히 06 convenient 07 maintain 08 means 09 relationship 10 commute 11 criminal 12 stain 13 violate 14 efficient 15 conscience 16 observed 17 cutting, in, line 18 supposed, to 19 philosophy 20 mature 21 moral 22 proper

DAY 13

DAILY TEST p. 65

01 비판적인; 대단히 중요한 02 시력; 보기, 봄; 시야 03 결정하다, 정하다 04 신화; 근거 없는 믿음 05 구별하다; 구별 짓다, 차이를 나타내다 06 fate 07 fund 08 victim 09 reality 10 assist 11 We must set realistic goals. 12 His uncle instructs him in English. 13 He shot and scored a goal. 14 That dish is sufficient for five people. 15 broadcast 16 commercial 17 incredible 18 appeal 19 entertained 20 In, order, to 21 suitable 22 on, air 23 satellite

DAY 14

DAILY TEST p. 69

01 decrease 02 fasten 03 indicate 04 version 05 previous 06 ensure 07 gradual 08 ⓑ 09 ⓐ 10 output 11 competitive 12 get, ahead 13 make, up, for 14 manufactured 15 productive 16 supply 17 multiply

REVIEW TEST DAY 11~15 pp. 74~75

A 01 grant, request 02 standard, response 03 internal, wound 04 entirely, remove 05 steady, relationship 06 efficient, transportation 07 punish, criminals 08 instruct, shoot 09 factor, fate 10 distinguish, myth 11 sufficient, victims 12 prefer, previous 13 priority, passenger 14 gradual, decrease 15 obvious, flaw

B 01 converting, section 02 separate 03 put, up, with 04 conscience 05 moral 06 philosophy 07 broadcast, commercial 08 entertained 09 on, air, satellite 10 output, competitive 11 manufactured 12 productive

C 01 Captured, bind, elegant 02 enable 03 anxious, reminds 04 literature 05 leak

DAY 16

DAILY TEST p. 79

01 (글의) 문맥; (어떤 일의) 정황, 맥락 02 구(句); 구절, 관용구 03 거대한, 육중한; 막대한 04 모욕하다; 모욕적인 말[행동] 05 의미 있는; 중요한 06 지구[지역]; (관할) 구역 07 withstand 08 domestic 09 economy 10 fragile 11 durable 12 elect 13 ⓑ 14 ⓐ 15 ⓓ 16 ⓒ 17 ⓔ 18 council 19 in, office 20 appointed 21 elect 22 tense 23 rank 24 district 25 run, for

DAY 17

DAILY TEST p. 83

01 expert 02 foresee 03 symptoms 04 initial 05 hardship 06 guarantee 07 suffer 08 equal 09 severe 10 opportunity 11 suffer 12 burden 13 against, will 14 coordinate 15 generation 16 integrated 17 expose 18 Regardless, of

DAY 18

DAILY TEST p. 87

01 (돌보지 않고) 방치하다; 등한시하다 02 기관, 단체; 제도, 관습 03 버리다; 버리고 떠나다; 포기하다[단념하다] 04 의도[작정]하다 05 다양한 06 지연, 지체; 지연[지

체]시키다; 미루다 07 unless 08 contract 09 aspect
10 deceive 11 valid 12 parallel 13 founded 14
finances 15 democracy 16 essential 17 interfere
18 running, late 19 route 20 stuck, in 21 parallel
22 curving 23 approaching 24 rushed 25 delay

DAY 19

DAILY TEST p. 91

01 arrest 02 border 03 discipline 04 boost 05
suspect 06 encourage 07 individual 08 ⓒ 09
ⓒ 10 turned, in 11 brilliant 12 catch, up, with 13
inspire 14 discipline 15 idle 16 assign

REVIEW TEST DAY 16~20 pp. 96~97

A 01 ultimate, insult 02 durable, extreme
  03 meaningful, context 04 impact, domestic
  05 guarantee, equal 06 initial, infection
  07 severe, hardship 08 experts, foresee
  09 intend, deceive 10 found, institution
  11 valid, contract 12 neglect, aspect
  13 compliment, confidence 14 encourage, conserve
  15 arrest, suspect

B 01 council, in, office 02 elect
  03 rank, district 04 burden
  05 against, will 06 expose
  07 route 08 stuck, in
  09 approaching 10 inspire
  11 discipline, idle 12 assign

C 01 assess 02 desire, postpone 03 Whatever,
  justifies 04 definite, depresses 05 restricted

CUMULATIVE TEST DAY 11~20 p. 98

01 승인[허가]하다; 인정하다 02 사과, 사죄 03 전환시키다[개가]다; 전환[개조]되다 04 치우다; 없애다, 제거하다 05 유지하다, 지속하다 06 위반하다, 어기다; 침해하다 07 비판적인; 대단히 중요한 08 충분한 09 돕다, 거들

다 10 (~보다) …을 더 좋아하다[선호하다] 11 반드시 ~하게 하다, 보장하다 12 점진적인, 서서히 일어나는 13 번역[통역]하다 14 불안해하는, 염려하는; 열망하는, 간절히 바라는 15 잔인한; 괴로운, 참혹한 16 참다, 견디다 17 부서지기[손상되기] 쉬운 18 영향, 효과; 충돌, 충격 19 동일한; 평등한; (수·양 등이) ~과 같다 20 감염시키다 21 심각한 22 속이다, 기만하다 23 타당한; (법적으로) 유효한 24 필수적인, 없어서는 안 될 25 자신감; 신뢰, 신임 26 국경, 경계 27 격려하다, 북돋우다; 장려[권장]하다 28 (사람·사물·기회 등을) 와락[꽉] (붙)잡다 29 평가하다 30 안정된, 안정적인 31 injured 32 punish 33 instruct 34 obvious 35 despair 36 durable 37 labor 38 parallel 39 depress 40 random 41 참다, 견디다 42 ~하기로 되어 있다[~해야 한다] 43 보충하다, 만회하다 44 (예정보다) 늦어지다, 늦게 도착하다 45 (속도·진도를) 따라잡다

DAY 21

DAILY TEST p. 103

01 incident 02 virtue 03 realize 04 senior 05
demand 06 thorough 07 attitude 08 ⓒ 09 ⓐ 10
ⓑ 11 ⓓ 12 conscious 13 implied 14 contrary 15
recognize 16 tell, from 17 makes, sense

DAY 22

DAILY TEST p. 107

01 내부, 안쪽; 내부의, 실내의 02 극복하다, 이겨내다; 이기다 03 화려한, 장식이 많은; 고급의 04 실제적인; 실용적인, 유용한 05 신원, 신분; 독자성, 주체성 06 obstacle 07 decoration 08 proof 09 provide 10 injury 11 reject 12 identify 13 cooperate 14 recover 15 faith 16 get, along, with 17 interact 18 run, into 19 awkward 20 sacrifices 21 cooperate

DAY 23

DAILY TEST p. 111

01 creation 02 illustrate 03 risk 04 shelter 05
account 06 vivid 07 element 08 urgent 09 literary

10 frequent 11 construct 12 Every, now, then 13 exploded 14 encountered 15 burst 16 collapsed 17 fright 18 coincided 19 caution 20 So, far

DAY 24

DAILY TEST p. 115

01 분쟁, 논쟁; 반박하다, 이의를 제기하다 02 권한; 권위 03 (논쟁 등을) 해결하다; 정착하다 04 관점, 시각 05 토론, 논쟁; 토론[논쟁]하다 06 artificial 07 relatively 08 committee 09 historical 10 establish 11 The patient made a rapid recovery. 12 The government regulates gambling. 13 The students talked about environmental issues. 14 The project is progressing slowly. 15 immigrate 16 occur 17 sweep 18 wipe, out 19 declared 20 In, spite, of 21 revives

REVIEW TEST DAY 21~25 pp. 120~121

A 01 gradually, fortunate 02 thorough, inquiry 03 attitude, seniors 04 genuine, concern 05 fancy, interior 06 practical, suggestions 07 overcome, injury 08 provide, identity 09 urgent, shelter 10 account, voyage 11 element, risk 12 absolute, authority 13 relatively, artificial 14 establish, dispute 15 historical, perspective

B 01 conscious 02 recognize 03 makes, sense 04 get, along, with 05 faith 06 sacrifices 07 exploded 08 burst, collapsed 09 coincided 10 immigrate 11 wipe, out 12 spite, of, revives

C 01 retired 02 rusty, container, shallow 03 extraordinary, instinct 04 accurate, recall 05 pregnant

DAY 26

DAILY TEST p. 125

01 fierce 02 reform 03 political 04 prejudice 05 properly 06 controversy 07 dispose 08 ⓑ 09 ⓓ 10 ⓐ 11 ⓒ 12 twisted 13 whistle 14 substitute 15 compete 16 physical 17 as, well, as 18 put, off 19 stiff 20 participate

DAY 27

DAILY TEST p. 129

01 복잡한; (건물) 단지, 복합 건물 02 옮기다, 이동하다; 변화, 이동 03 (수·양·정도의 변동) 범위; (범위가) ~에서 … 사이다 04 대중의; 공공의; 대중 05 간절히 바라는, 갈망하는 06 얻다, 획득하다 07 biography 08 dramatic 09 available 10 paragraph 11 certificate 12 facility 13 qualified 14 represent 15 summarized 16 Revolution 17 related 18 republic 19 origins 20 invade 21 conquer 22 revolution 23 dying, out 24 hand, down

DAY 28

DAILY TEST p. 133

01 quarrel 02 increase 03 rescue 04 attempt 05 desperate 06 overseas 07 particular 08 ⓓ 09 ⓑ 10 cut, in, on 11 quarrel 12 proposing 13 convince 14 primary 15 suppose 16 communicate 17 Stick, to

DAY 29

DAILY TEST p. 137

01 전체의, 전반적인; 전반적으로 02 줄어들다, 감소하다; 줄이다 03 공무[직무]상의, 공식의; 공무원, 관리 04 영향(력); 영향을 미치다 05 차별하다; 구별[식별]하다 06 enormous 07 government 08 gender 09 religion 10 population 11 loosen 12 govern 13 dare 14 criticize 15 crop 16 cultivated 17 yielded 18

flavors 19 getting, rid, of 20 a, great, deal 21 reproduce

REVIEW TEST DAY 26~30 pp. 142~143

A 01 properly, nuclear 02 fierce, controversy
03 broad, reform 04 eliminate, prejudice
05 summarize, biography 06 facilities, available
07 eager, certificate 08 dramatic, shift
09 candidates, particular 10 rely, overseas
11 terribly, pollution 12 resident, population
13 discriminate, gender 14 influence, overall
15 government, officials

B 01 whistle, substitute 02 compete, physical
03 put, off 04 invade, conquer
05 revolution 06 hand, down
07 cut, in, on 08 proposing
09 Stick, to 10 cultivated
11 a, great, deal 12 reproduce

C 01 chopped, precise, portion 02 professor, pretending 03 announced, sincere 04 robbed, suspension 05 crushed

CUMULATIVE TEST DAY 21~30 p. 144

01 깨닫다, 알아차리다; (소망 등을) 실현하다 02 요구(사항); 수요; 요구하다 03 고맙게 여기는, 감사하는 04 거절하다, 거부하다 05 부상 06 소통하다, 교류하다 07 건설하다; 구성하다 08 (기억·묘사 등이) 생생한; (색 등이) 선명한 09 폭발하다; 폭발시키다 10 완전한, 완벽한; 절대적인 11 빠른, 급한 12 선언[선포]하다 13 (붙)잡다, 움켜잡다 14 값을 매길 수 없는, 대단히 귀중한 15 게다가, 더욱이 16 발생시키다, (행동·감정 등을) 일으키다 17 (폭이) 넓은; 폭넓은, 광범위한 18 경쟁하다; (경기 등에) 참가하다 19 (수량·정도의 변동) 범위; (범위가) ~에서 … 사이다 20 대표하다; 나타내다, 상징하다 21 파괴하다; 망치다; 파괴, 파멸 22 특별한; 특정한 23 구조[구출]하다; 구조, 구출 24 확신[납득]시키다; 설득하다 25 항의[반대]하다; 항의; 시위 26 영향(력); 영향을 미치다 27 번식하다, 복제하다 28 집중하다 29 성질, 성미; 기분 30 (사람·장소에서) 강탈하다; (행복 등을) 빼앗다[잃게 하다] 31 thorough 32 recover 33 invest 34 relatively 35 rusty 36 fierce 37 qualify 38 pollution 39 flavor 40 pretend 41 ~와 …를 구별[구분]하다 42 ~와 잘 지내다 43 ~을 완전히 파괴하다[없애 버리다] 44 ~뿐만 아니라 45 ~을 없애다

DAY 31

DAILY TEST p. 149

01 (컴퓨터 등의) 화면, 모니터; 감시[관찰]하다 02 일반적으로, 대체로; 보통 03 (스포츠 경기의) 리그; 연합, 연맹 04 ~와 다른; ~와는 달리; ~답지 않은 05 ~의 도처에; ~동안 내내, 줄곧 06 (서서히) 발전하다[시키다]; 진화하다[시키다] 07 meditate 08 anxiety 09 hollow 10 species 11 flesh 12 thrilling 13 professional 14 relieve 15 nerve 16 typical 17 Moderate 18 decay 19 strokes 20 joints 21 moderate 22 Not only 23 snore 24 pass away

DAY 32

DAILY TEST p. 153

01 insurance 02 damage 03 frustrate 04 benefit 05 estimate 06 attain 07 remarkable 08 approximately 09 religious 10 belief 11 achievement 12 mood 13 uneasy 14 regretted 15 frightened 16 panicking 17 holding, back 18 disgust 19 frustrated

DAY 33

DAILY TEST p. 157

01 공연[연주]하다; 행하다[수행하다] 02 대안, 선택 가능한 것; 대신하는, 대체의 03 (사람을) 보내다[해산시키다]; 해고하다 04 잘 구부러지는, 유연한; 융통성 있는 05 잠재적인, 가능성이 있는; 잠재력 06 기능; (제대로) 기능하다[작동하다] 07 resource 08 employ 09 utilize 10 staff 11 specific 12 harm 13 ⓑ 14 ⓓ 15 ⓔ 16 ⓐ 17 ⓒ 18 come, across 19 flexible 20 squeezed 21 glue 22 motion 23 rotate

DAY 34

DAILY TEST   p. 161

01 screen 02 force 03 deserve 04 performance 05 outstanding 06 defeat 07 pale 08 interrupt 09 willing 10 undergo 11 variety 12 edited 13 index 14 format 15 contrast 16 characteristics 17 similarity 18 when, it, comes, to

REVIEW TEST DAY 31~35 pp. 166~167

A 01 typical, monitor 02 thrilling, league 03 generally, evolve 04 meditate, anxiety 05 estimate, approximately 06 attain, indeed 07 personal, religious 08 highlight, insurance 09 utilize, alternative 10 vital, function 11 potential, mental 12 necessity, staff 13 undergo, recent 14 admit, defeat 15 reward, outstanding

B 01 decay, strokes, joints 02 moderate 03 snore 04 regretted 05 frightened, panicking 06 frustrated 07 flexible 08 squeezed, glue 09 motion 10 edited, index 11 format 12 characteristics

C 01 stream, waterproof 02 holy, rotten 03 applaud 04 motivate, mentor 05 trapped

DAY 36

DAILY TEST   p. 173

01 육체 노동의, 손으로 하는 02 무덤, 묘 03 (상품을) 출시했다 04 (요금을) 청구하다 05 (물·공기의) 흐름, 해류, 기류 06 연상하다, 연관 짓다 07 석방[해방]했다 08 ⓐ 09 ⓐ 10 ⓐ

DAY 37

DAILY TEST   p. 177

01 (고통 등의) 경감, 완화 02 (~의) 원인이 되었다 03 진가를 알아보다, 인정하다 04 수술했다 05 분위기 06 반사하다 07 승진했다 08 ⓑ 09 ⓑ 10 ⓐ

DAY 38

DAILY TEST   p. 181

01 가치 체계, 의식; (어떤 사회·직업의) 윤리, 도덕 02 금하다, 금지하다 03 덩어리[덩이]; 다수, 다량; 대량의, 대규모의 04 부정적인, 나쁜; 비관적인; 반대[거절]하는 05 끊임없는, 계속되는; 일정한, 불변의 06 주요한, 주된; 교장 07 adapt 08 reserve 09 ethnic 10 unreasonable 11 preserve 12 permit 13 negative 14 reasonable 15 principles 16 constant 17 adopt

DAY 39

DAILY TEST   p. 185

01 위협, 협박; 위협적인 존재 02 고귀한, 숭고한; 귀족의 03 기도하다, 빌다; 간절히 바라다 04 일시적인, 임시의 05 효과, 영향; 결과 06 사려 깊은, 배려하는 07 threaten 08 flame 09 abstract 10 affect 11 sensible 12 considerable 13 prey 14 sensible 15 considerable 16 innocent 17 affects

DAY 40

DAILY TEST   p. 189

01 (장소로의) 접근 (방법); 접근[이용]권 02 눈에 보이는, 알아볼 수 있는 03 묻다, 알아보다 04 후반의; (둘 중에서) 후자 05 지적인; 교육을 많이 받은 06 양(量), 수량; 다량 07 transform 08 rural 09 poverty 10 horizontal 11 excess 12 acquire 13 urban 14 visible 15 access 16 quality 17 poverty

REVIEW TEST DAY 36~40 pp. 190~191

A 01 b 02 a 03 d 04 a 05 a 06 c 07 c 08 a

B 01 c 02 b 03 a 04 a 05 c 06 b 07 a 08 c

누적 테스트
CUMULATIVE TEST DAY 31~40 p. 192

01 속이 빈 02 ~의 도처에; ~동안 내내, 줄곧 03 걱정, 불안 04 추정하다, 어림잡다; 추정(치) 05 (노력하여) 이루다, 달성하다 06 혜택, 이득; 도움이 되다, 유익하다 07 기능; (제대로) 기능하다[작동하다] 08 알고[인식하고] 있는 09 고용하다 10 받다[겪다] 11 인정하다; (입장 등) 허락하다 12 뛰어난, 두드러진 13 만족한, 흡족한 14 영광, 영예 15 국제적인, 국제의 16 제출하다; 굴복[복종]하다 17 연장하다; (팔·다리를) 뻗다; 확대[확장]하다 18 석방[해방]하다; 풀어[놓아] 주다; 공개[발표]하다 19 조절[조정]하다; 적응하다 20 고마워하다; 진가를 알아보다, 인정하다 21 승진시키다; 촉진[증진]하다; 홍보하다 22 적응[순응]하다 23 끊임없는, 계속되는; 일정한, 불변의 24 금지하다 25 기도하다, 빌다; 간절히 바라다 26 일시적인, 임시의 27 분별 있는, 합리적인 28 가난, 빈곤 29 과잉, 초과 30 옮기다, 이동하다; 환승하다; 이동; 환승 31 typical 32 regret 33 specific 34 recent 35 stream 36 swear 37 compose 38 ethnic 39 effect 40 horizontal 41 사망하다[돌아가시다] 42 참다, 억제하다 43 ~를 놀리다 44 (전화를) 끊다 45 ~때문에

Index

A

a great deal of	136
abandon	084
aboard	010
absolute	112
absorb	014
abstract	183
access	186
accompany	010
accomplish	039
account	108
accurate	119
accuse	018
achievement	150
acquire	186
activate	014
adapt	178
addicted	030
adjust	174
admire	010
admit	158
adopt	178
advance	035
advertisement	163
affect	182
afford	039
against one's will	082
aggressive	043
alter	010
alternative	154
analyze	014
anniversary	026
announce	140
annoying	047
annual	034
antique	013
anxiety	147
anxious	072
apology	054
appeal	064
applaud	164
appoint	078
appreciate	175
approach	086
appropriate	013
approve	104
approximately	150
arrange	034
arrest	089
artificial	112
as well as	124
as ~ as possible	036
aspect	085
assemble	036
assess	093
assign	090
assist	063
associate	172
assume	102
at the expense of	032
atmosphere	175
attach	036
attain	150
attempt	131
attitude	101
attractive	093
author	008
authority	112
available	126
avoid	017
aware	155
awkward	106

B

be stuck in	086
be supposed to	060
belief	151
benefit	151
bind	071
biography	126
blossom	032
boost	088
border	088
break into	018
breed	136
brilliant	090
broad	123
broadcast	064
budget	039
burden	082
burst	110

C

calculate	014
call off	010
candidate	130
cannot help v-ing	022
capture	071
catch up (with)	090
caution	110
cease	114
certificate	127
characteristic	160
charge	173
charity	012
charm	022
chop	139
civil	043
claim	018
clue	118
coincide	110
collapse	110
colleague	031
combine	014
come across	156
command	016
comment	031
commerce	017
commercial	064
commit	016
committee	113
communicate	132
commute	059
companion	031
comparison	093
compete	124
competitive	068
complaint	054
complex	126
complicated	047
compliment	088
compose	175

concentrate	139		costly	095		depth	038
concept	073		council	078		descend	072
concern	101		counselor	093		deserve	159
concerned	131		creation	109		desire	094
conclude	093		credit	174		despair	072
conclusion	025		criminal	059		desperate	131
concrete	183		crisis	081		despite	055
conference	034		critical	062		destination	010
confess	016		criticize	135		destiny	140
confidence	088		crop	136		detect	067
confine	132		crucial	039		detective	016
confirm	030		cruel	073		determine	062
conflict	017		crush	141		device	038
conquer	128		cultivate	136		devote	009
conscience	060		cure	055		die out	128
conscious	102		current	170		diligent	139
consent	008		curve	086		diminish	134
consequence	081		cut back on	032		disabled	123
conservative	012		cut in (on)	132		disaster	042
conserve	089		cut in line	060		discipline	090
considerable	184					discourage	089
considerate	184		**D**			discriminate	134
consist	141		damage	150		disgust	152
constant	179		dare	135		dismiss	155
construct	108		dealer	013		dispose	122
consult	119		debate	113		dispute	113
consume	068		decade	043		distinct	040
contain	170		decay	148		distinguish	063
container	117		deceive	084		distribute	118
contemporary	022		declare	114		district	078
content	171		decline	170		disturb	118
context	077		decoration	104		diverse	085
contract	085		decrease	067		domestic	077
contrary	102		dedication	043		donate	012
contrast	160		defeat	158		drag	047
contribute	175		defense	043		dramatic	127
controversy	122		definite	095		drip	056
convenient	059		delay	086		drown	131
convention	174		delicate	032		due	175
convert	056		demand	100		due to	160
convince	132		democracy	085		durable	076
cooperate	106		demonstrate	042		dynamic	164
coordinate	082		deny	030			
copyright	008		depress	095			

E

eager	127
earn	009
economic	081
economy	077
edit	160
editor	044
effect	182
effective	017
efficient	059
effort	009
elect	078
electric	035
electronic	017
elegant	071
element	109
eliminate	123
emerge	047
emphasize	071
employ	155
enable	071
encounter	110
encourage	089
endure	076
enjoyable	010
enormous	135
ensure	066
entertain	064
entirely	058
equal	080
escalate	088
essence	027
essential	085
establish	113
estimate	150
ethic	178
ethnic	178
evaluate	130
evaporate	032
eventually	089
(every) now and then	110
evident	094
evolve	147
exceed	008
excess	186
exclude	048
exhausted	049
exhibit	179
existence	030
expand	014
expense	039
expert	081
explode	110
export	067
expose	082
express	174
extend	172
external	055
extraordinary	118
extreme	076

F

facility	126
factor	062
fade	032
faint	176
faith	106
fancy	104
fascinate	022
fasten	066
fate	062
feature	022
fierce	122
figure out	040
finance	084
firm	176
flame	182
flavor	136
flaw	067
flesh	148
flexible	156
forbid	180
force	158
foresee	081
format	160
former	187
fortunate	100
found	084
fragile	076
frame	182
frequent	109
fright	110
frightened	152
frustrate	152
fulfill	060
function	154
fund	063
further	042
furthermore	042

G

gamble	030
gender	134
generally	147
generate	122
generation	082
generous	163
genuine	101
get ahead	068
get along (with)	106
get rid of	136
glory	164
glow	159
govern	135
government	135
grab	117
gradual	067
gradually	100
grant	054
grateful	101
grave	171
gravity	042
guarantee	080
guilty	184

H

hand down	128
hang up	156
hardship	081
harm	155
harsh	031
haste	072

heritage	021	
hesitate	025	
highlight	151	
historic	021	
historical	113	
hold back	152	
hollow	146	
holy	163	
horizontal	187	

I

ideal	034
identify	105
identity	105
idle	090
illustrate	108
imagination	025
imaginative	027
imitate	022
immediate	020
immigrate	114
impact	077
imply	102
import	130
impress	022
impressive	048
improve	009
in advance	010
in office	078
in order to-v	064
in spite of	114
in tune	022
incident	100
income	009
increase	131
incredible	064
indeed	150
independent	114
index	160
indicate	067
individual	089
infect	080
infection	080
influence	135

initial	080
injured	055
injury	105
inner	165
innocent	184
input	036
inquire	186
inquiry	100
insert	040
insight	102
insist	055
inspect	035
inspire	090
install	036
instance	048
instant	179
instinct	118
institute	118
institution	084
instruct	062
insult	076
insurance	151
integrate	082
intellectual	187
intelligent	187
intend	084
intense	038
interact	106
interfere	084
interior	104
internal	055
international	165
interpret	044
interpreter	044
interrupt	159
intonation	040
invade	128
invest	109
investigate	018
involve	109
issue	113

J

joint	148

junior	106
justify	095

K

knowledge	021

L

labor	082
laboratory	025
landscape	032
latter	187
launch	172
lay off	044
league	146
leak	073
leave out	040
lecture	164
legal	008
length	038
license	119
lightning	026
limit	008
literary	109
literature	073
load	156
loan	054
locate	020
location	034
logic	067
loosen	136
lyric	160

M

maintain	058
make a difference	014
make fun of	152
make sense	102
make up for	068
make use of	036
manner	043
manual	170
manufacture	068
mass	179
massive	077

material	056		neutral	078		parallel	086
mature	060		nevertheless	048		paralyze	148
meaningful	077		noble	182		participate	124
means	059		not only ~ but also	148		particular	130
meanwhile	027		novel	182		pass away	148
measure	038		nuclear	122		passage	171
mechanic	035					passenger	066
mechanical	035					passive	043
meditate	147		**O**			paste	156
memorable	071		obey	016		patient	020
mend	056		observe	060		pave	056
mental	155		obstacle	105		penalty	122
mentor	164		obtain	127		perceive	102
mercy	048		obvious	067		perform	154
mess	179		occasion	013		performance	159
method	119		occupy	034		permanent	183
migrate	032		occur	114		permit	180
military	039		odd	171		personal	151
minor	171		offend	031		perspective	113
miserable	140		official	135		persuade	016
mission	039		omit	141		phase	077
moderate	148		on (the) air	064		philosophy	060
modern	165		operate	174		phrase	077
modest	009		operator	044		physical	124
modify	036		opportunity	080		physics	021
monitor	146		oppose	012		plural	040
mood	152		option	010		policy	012
moral	060		origin	128		polish	026
more and more	014		otherwise	072		political	123
moreover	119		out of tune	022		politics	123
motion	156		outcome	031		pollution	131
motivate	164		outline	040		population	134
motive	018		output	068		portion	139
multiply	068		outstanding	159		position	172
murder	089		overall	135		positive	180
myth	063		overcome	105		possess	095
			overhear	026		postpone	094
			overseas	130		potential	155
N			overweight	025		poverty	186
native	040		owe	106		practical	104
necessity	155					pray	183
negative	180					precious	021
neglect	085		**P**			precise	139
negotiate	048		pale	159		predict	031
nerve	147		panic	152			
			paragraph	126			

206

prefer	066	put off	124	release	173
pregnant	119	put up with	056	relief	177
prejudice	123			relieve	147
preserve	178	**Q**		religion	134
pressure	038	qualify	127	religious	151
pretend	140	quality	188	rely	130
prevent	042	quantity	188	remark	013
previous	066	quarrel	132	remarkable	150
prey	183	quarter	048	remind	072
priceless	117	quit	094	remove	058
pride	021			replace	036
primary	132	**R**		represent	127
prime	034	random	094	reproduce	136
principal	180	range	126	republic	128
principle	180	rank	078	request	054
prior	021	rapid	112	require	123
priority	066	rare	013	rescue	131
productive	068	rather	027	research	012
profession	044	rational	027	reserve	178
professional	146	react	026	resident	134
professor	139	realistic	063	resign	038
profit	009	reality	063	resist	030
progress	112	realize	100	resource	154
prohibit	179	reasonable	181	respectful	101
promote	176	recall	119	response	054
pronounce	073	recent	158	restore	022
pronunciation	027	recognize	102	restrict	095
proof	105	recover	105	retire	117
proper	060	refer	176	reveal	025
properly	122	reference	109	revise	040
property	186	refine	130	revive	114
propose	132	reflect	176	revolution	128
protest	134	reform	123	reward	159
prove	018	refresh	049	rid	141
provide	105	regard	151	risk	109
psychology	021	regardless of	082	rob	141
public	127	region	088	rotate	156
publication	165	register	090	rotten	164
publish	008	regret	152	route	086
pull over	018	regulate	112	ruin	128
punctual	047	reject	104	run for	078
punish	059	related	128	run into	106
purchase	013	relationship	058	run late	086
pursue	018	relatively	112	rural	188

Index • 207

rush	086		sparkle	117		temper	140
rusty	117		species	147		temporary	183
			specific	154		tense	078
S			spine	055		tension	088
sacred	163		splendid	139		term	175
sacrifice	106		squeeze	156		terribly	131
satellite	064		stable	094		thankful	049
satisfied	163		staff	155		theory	042
saying	093		stain	058		thorough	100
scale	036		standard	054		threat	185
scatter	032		state	172		threaten	185
screen	159		status	082		thrilling	146
seal	156		steady	058		throughout	147
secretary	044		steep	020		tide	165
section	056		stick to	132		tidy	026
secure	044		stiff	124		transfer	188
seek	020		sting	049		transform	188
seize	093		strategy	017		translate	071
seldom	016		stream	163		transportation	059
senior	101		stroke	148		trap	165
sensible	184		struggle	058		treatment	020
sensitive	184		submit	170		trend	017
separate	056		substitute	124		trial	031
session	090		suffer	081		turn down	044
settle	113		sufficient	063		turn in	090
severe	081		suggestion	104		twist	124
sew	073		suitable	064		typical	146
shallow	117		summarize	126			
shave	027		summary	072		**U**	
shelter	108		supply	068		ultimate	076
shift	127		support	012		undergo	158
shoot	062		suppose	132		uneasy	152
sight	062		suspect	089		unite	049
signature	049		suspend	177		unless	085
significant	035		suspension	141		unlike	146
similarity	160		swallow	141		unreasonable	181
sincere	140		swear	171		upward	017
slope	020		sweep	114		urban	188
snore	148		sympathy	101		urge	030
so far	110		symptom	080		urgent	108
solid	014					utilize	154
somehow	047		**T**				
somewhat	043		technical	035		**V**	
spare	086		tell ~ from …	102		valid	085

valuable	013
variety	158
vast	039
vehicle	035
version	066
vertical	187
victim	063
violate	059
virtue	101
visible	189
visual	189
vital	154
vivid	108
voyage	108

wage	009
wander	025
waterproof	163
weep	049
whatever	095
when it comes to	160
whistle	124
willing	158
wipe out	114
without doubt	056
withstand	076
witness	018
worship	151
wound	055

Y

yield	136

MEMO

MEMO

MEMO

Vocabulary Live
with video

WORKBOOK

3

Advanced

faith
glory
emerge
observe
option
tense

leap&learn

누적 테스트 02일차

01	limit		26	초과하다, 넘어서다	e
02	publish		27	법률의; 합법적인	l
03	consent		28	저작권, 판권	c
04	modest		29	작가, 저자	a
05	devote		30	(돈을) 벌다	e
06	improve		31	소득, 수입	i
07	profit		32	임금, 급료	w
08	aboard		33	노력, 수고	e
09	accompany		34	목적지	d
10	admire		35	즐거운, 재미있는	e
11	option		36	(금전적인) 이익, 수익	p
12	alter		37	적절[적당]한, 알맞은	a
13	research		38	기부[기증]하다	d
14	support		39	자선 (단체)	c
15	purchase		40	반대하다	o
16	valuable		41	보수적인	c
17	rare		42	정책, 방침	p
18	appropriate		43	골동품인; 골동품	a
19	occasion		44	상인, 판매업자	d
20	expand		45	발언[논평]	r
21	solid		46	흡수하다	a
22	activate		47	분석하다	a
23	call off		48	계산하다, 산출하다	c
24	more and more		49	결합하다[되다]	c
25	make a difference		50	미리, 사전에	i

누적 테스트 03일차

| 월 일 | score | / 50 |

01 exceed
02 copyright
03 wage
04 destination
05 profit
06 consent
07 devote
08 oppose
09 conservative
10 purchase
11 occasion
12 analyze
13 activate
14 seldom
15 obey
16 command
17 confess
18 commit
19 upward
20 conflict
21 accuse
22 claim
23 prove
24 pursue
25 pull over

26 법률의; 합법적인 — l
27 작가, 저자 — a
28 소득, 수입 — i
29 노력, 수고 — e
30 즐거운, 재미있는 — e
31 기부[기증]하다 — d
32 자선 (단체) — c
33 정책, 방침 — p
34 상인, 판매업자 — d
35 발언[논평] — r
36 흡수하다 — a
37 계산하다, 산출하다 — c
38 결합하다[되다] — c
39 형사; 탐정 — d
40 설득하다 — p
41 경향, 추세; 유행 — t
42 전자의, 전자에 의한 — e
43 상업; 통상, 무역 — c
44 효과적인, 효력이 있는 — e
45 계획, 전략 — s
46 피하다; 방지하다, 막다 — a
47 수사하다, 조사하다 — i
48 목격자; 목격하다, 보다 — w
49 동기, 이유 — m
50 침입하다 — b

누적 테스트 04일차 월 일 | score / 50

01 modest
02 accompany
03 alter
04 support
05 expand
06 oppose
07 command
08 confess
09 commit
10 conflict
11 prove
12 pursue
13 locate
14 patient
15 seek
16 pride
17 precious
18 historic
19 fascinate
20 contemporary
21 feature
22 impress
23 restore
24 out of tune
25 cannot help

26 저작권, 판권 c
27 (돈을) 벌다 e
28 보수적인 c
29 골동품인; 골동품 a
30 분석하다 a
31 설득하다 p
32 경향, 추세; 유행 t
33 전자의, 전자에 의한 e
34 상업; 통상, 무역 c
35 효과적인, 효력이 있는 e
36 계획, 전략 s
37 피하다; 방지하다, 막다 a
38 수사하다, 조사하다 i
39 목격자; 목격하다, 보다 w
40 가파른; 급격한 s
41 경사지, (산)비탈 s
42 즉각적인; 당면한 i
43 치료, 처치; 대우 t
44 유산 h
45 이전의, 사전의 p
46 지식, 학식 k
47 물리학 p
48 심리학; 심리 p
49 모방하다, 흉내내다 i
50 매력; 매혹하다 c

누적 테스트 05일차

01	admire	26	초과하다, 넘어서다 — e
02	option	27	목적지 — d
03	rare	28	(금전적인) 이익, 수익 — p
04	seldom	29	적절[적당]한, 알맞은 — a
05	upward	30	반대하다 — o
06	accuse	31	형사; 탐정 — d
07	claim	32	동기, 이유 — m
08	locate	33	가파른; 급격한 — s
09	seek	34	경사지, (산)비탈 — s
10	pride	35	치료, 처치; 대우 — t
11	heritage	36	값비싼; 소중한, 귀중한 — p
12	prior	37	지식, 학식 — k
13	contemporary	38	심리학; 심리 — p
14	feature	39	모방하다, 흉내내다 — i
15	restore	40	상상(력) — i
16	charm	41	과체중의, 비만의 — o
17	wander	42	실험실, 연구실 — l
18	reveal	43	주저하다, 망설이다 — h
19	polish	44	결말; 결론 — c
20	tidy	45	번개, 번갯불 — l
21	overhear	46	기념일 — a
22	react	47	합리적인, 이성적인 — r
23	rather	48	깎다, 면도하다 — s
24	imaginative	49	본질, 진수 — e
25	meanwhile	50	발음 — p

누적 테스트 06일차

#	영어		#	우리말	영어
01	limit		26	임금, 급료	w
02	improve		27	기부[기증]하다	d
03	aboard		28	발언[논평]	r
04	obey		29	흡수하다	a
05	historic		30	결합하다[되다]	c
06	fascinate		31	효과적인, 효력이 있는	e
07	hesitate		32	즉각적인; 당면한	i
08	conclusion		33	물리학	p
09	lightning		34	상상(력)	i
10	reveal		35	과체중의, 비만의	o
11	rather		36	실험실, 연구실	l
12	imaginative		37	기념일	a
13	confirm		38	합리적인, 이성적인	r
14	deny		39	발음	p
15	resist		40	존재	e
16	urge		41	중독된	a
17	gamble		42	동료	c
18	offend		43	친구, 동료; 동반자	c
19	migrate		44	가혹한, 혹독한	h
20	blossom		45	논평, 의견; 논평하다	c
21	fade		46	예측[예견]하다	p
22	scatter		47	결과	o
23	delicate		48	재판; 시도, 시험	t
24	cut back on		49	증발하다; 증발시키다	e
25	at the expense of		50	풍경	l

누적 테스트 07일차 | 월   일 | score   / 50

01 persuade
02 commerce
03 investigate
04 confirm
05 deny
06 resist
07 urge
08 offend
09 comment
10 predict
11 evaporate
12 arrange
13 annual
14 occupy
15 mechanical
16 inspect
17 electric
18 significant
19 advance
20 input
21 assemble
22 replace
23 scale
24 make use of
25 as ~ as possible

26 골동품인; 골동품 — a
27 상인, 판매업자 — d
28 목격자; 목격하다, 보다 — w
29 유산 — h
30 이전의, 사전의 — p
31 매력; 매혹하다 — c
32 주저하다, 망설이다 — h
33 깎다, 면도하다 — s
34 본질, 진수 — e
35 존재 — e
36 중독된 — a
37 가혹한, 혹독한 — h
38 결과 — o
39 재판; 시도, 시험 — t
40 풍경 — l
41 회담, 회의 — c
42 주된, 주요한; 최고[최상]의 — p
43 이상적인, 완벽한; 이상 — i
44 장소, 위치 — l
45 정비공 — m
46 차량, 탈것, 운송 수단 — v
47 기술적인, 과학 기술의 — t
48 설치[설비]하다 — i
49 수정하다, 변경하다 — m
50 붙이다, 첨부하다 — a

누적 테스트 08일차

월 일 | score / 50

01 wander
02 polish
03 migrate
04 blossom
05 fade
06 scatter
07 delicate
08 arrange
09 occupy
10 inspect
11 significant
12 advance
13 assemble
14 replace
15 intense
16 pressure
17 resign
18 accomplish
19 afford
20 vast
21 expense
22 native
23 distinct
24 insert
25 leave out

26 법률의; 합법적인 l
27 소득, 수입 i
28 결말; 결론 c
29 번개, 번갯불 l
30 논평, 의견; 논평하다 c
31 예측[예견]하다 p
32 증발하다; 증발시키다 e
33 회담, 회의 c
34 주된, 주요한; 최고[최상]의 p
35 정비공 m
36 차량, 탈것, 운송 수단 v
37 수정하다, 변경하다 m
38 장치, 기구 d
39 재다, 측정하다 m
40 (폭·시간의) 길이 l
41 깊이, 깊은 정도 d
42 군사의, 무력의; 군대 m
43 중대한, 결정적인 c
44 임무, 사명 m
45 예산, (지출 예상) 비용 b
46 복수형; 복수형의 p
47 억양 i
48 개요; 윤곽(선) o
49 수정[개정]하다 r
50 알아내다, 이해하다 f

누적 테스트 09일차

01	investigate	26 작가, 저자	a
02	laboratory	27 노력, 수고	e
03	pronunciation	28 기술적인, 과학 기술의	t
04	existence	29 설치[설비]하다	i
05	addicted	30 붙이다, 첨부하다	a
06	colleague	31 장치, 기구	d
07	conference	32 재다, 측정하다	m
08	ideal	33 깊이, 깊은 정도	d
09	location	34 중대한, 결정적인	c
10	length	35 예산, (지출 예상) 비용	b
11	military	36 억양	i
12	mission	37 수정[개정]하다	r
13	plural	38 이론, 학설	t
14	outline	39 중력	g
15	demonstrate	40 게다가, 더욱이	f
16	prevent	41 재난, 재해, 참사	d
17	further	42 어느 정도, 다소	s
18	passive	43 공격적인	a
19	manner	44 10년	d
20	profession	45 전념, 헌신	d
21	editor	46 방어, 수비	d
22	interpret	47 시민의	c
23	operator	48 통역사	i
24	secure	49 비서	s
25	lay off	50 거절하다	t

누적 테스트 10일차

월   일 | score   / 50

01 urge
02 electric
03 input
04 intense
05 resign
06 afford
07 vast
08 expense
09 distinct
10 insert
11 theory
12 furthermore
13 decade
14 interpreter
15 punctual
16 somehow
17 drag
18 emerge
19 nevertheless
20 exclude
21 thankful
22 exhausted
23 weep
24 sting
25 refresh

26 설득하다   p
27 즉각적인; 당면한   i
28 본질, 진수   e
29 풍경   l
30 차량, 탈것, 운송 수단 v
31 수정하다, 변경하다 m
32 (폭·시간의) 길이   l
33 개요; 윤곽(선)   o
34 중력   g
35 재난, 재해, 참사   d
36 공격적인   a
37 전념, 헌신   d
38 방어, 수비   d
39 비서   s
40 복잡한   c
41 짜증스러운   a
42 4분의 1; 15분   q
43 자비   m
44 인상적인   i
45 협상하다   n
46 보기, 사례; 경우   i
47 연합하다   u
48 서명   s
49 미리, 사전에   i
50 빼먹다, 생략하다   l

누적 테스트 11일차

01	arrange		26	이상적인, 완벽한; 이상	i
02	replace		27	장치, 기구	d
03	expense		28	재다, 측정하다	m
04	insert		29	개요; 윤곽(선)	o
05	passive		30	어느 정도, 다소	s
06	defense		31	시민의	c
07	secure		32	(전문적인) 직업[직종]	p
08	emerge		33	통역사	i
09	thankful		34	시간을 지키는[엄수하는]	p
10	sting		35	4분의 1; 15분	q
11	grant		36	인상적인	i
12	request		37	협상하다	n
13	loan		38	보기, 사례; 경우	i
14	standard		39	몹시 지친, 기진맥진한	e
15	response		40	연합하다	u
16	insist		41	서명	s
17	cure		42	불평, 항의	c
18	internal		43	사과, 사죄	a
19	external		44	~에도 불구하고	d
20	wound		45	부상당한, 다친	i
21	pave		46	척추, 등뼈	s
22	convert		47	수리[수선]하다, 고치다	m
23	section		48	재료; 자료; 물질적인	m
24	drip		49	의심할 여지 없이	w
25	separate		50	참다, 견디다	p

누적 테스트 12일차

01	publish	26	초과하다, 넘어서다	e
02	effort	27	작가, 저자	a
03	option	28	즐거운, 재미있는	e
04	oppose	29	기부[기증]하다	d
05	confess	30	정책, 방침	p
06	effective	31	좀처럼[거의] ~않는	s
07	seek	32	경사지, (산)비탈	s
08	anniversary	33	즉각적인; 당면한	i
09	complaint	34	닦다, 윤[광]을 내다	p
10	injured	35	깎다, 면도하다	s
11	spine	36	발음	p
12	material	37	존재	e
13	remove	38	중독된	a
14	stain	39	가혹한, 혹독한	h
15	struggle	40	전적으로, 완전히	e
16	steady	41	유지하다, 지속하다	m
17	efficient	42	관계, 관련	r
18	transportation	43	편리한	c
19	violate	44	수단, 방법	m
20	philosophy	45	통근하다	c
21	proper	46	처벌하다, 벌주다	p
22	fulfill	47	범죄자, 범인; 범죄의	c
23	observe	48	양심	c
24	mature	49	도덕(상)의; 도덕적인	m
25	be supposed to	50	새치기하다	c

누적 테스트 13일차

01 locate
02 wander
03 laboratory
04 react
05 confirm
06 significant
07 modify
08 resign
09 accomplish
10 vast
11 gravity
12 somewhat
13 dedication
14 instruct
15 shoot
16 sight
17 critical
18 factor
19 distinguish
20 myth
21 realistic
22 commercial
23 appeal
24 incredible
25 on (the) air

26 치료, 처치; 대우   t
27 주저하다, 망설이다   h
28 결말; 결론   c
29 정비공   m
30 설치[설비]하다   i
31 붙이다, 첨부하다   a
32 (정도가) 극심한, 강렬한   i
33 (폭·시간의) 길이   l
34 중대한, 결정적인   c
35 이론, 학설   t
36 10년   d
37 비서   s
38 복잡한   c
39 결정하다, 정하다   d
40 운명, 숙명   f
41 현실   r
42 충분한   s
43 기금, 자금   f
44 돕다, 거들다   a
45 피해자, 희생자   v
46 방송하다; 방송   b
47 즐겁게 하다   e
48 적절한, 적당한   s
49 (인공)위성, 위성 (장치)   s
50 ~하기 위해[~하려고]   i

누적 테스트 14일차

#	English		#	Korean	Hint
01	modest		26	골동품인; 골동품	a
02	destination		27	분석하다	a
03	charity		28	결합하다[되다]	c
04	appropriate		29	형사; 탐정	d
05	solid		30	계획, 전략	s
06	obey		31	피하다; 방지하다, 막다	a
07	commit		32	수사하다, 조사하다	i
08	patient		33	동기, 이유	m
09	pride		34	지식, 학식	k
10	impress		35	매력; 매혹하다	c
11	fade		36	시력; 보기, 봄; 시야	s
12	prime		37	방송하다; 방송	b
13	determine		38	적절한, 적당한	s
14	prefer		39	앞의, 이전의	p
15	priority		40	(이전과 다른) -판, 형태	v
16	ensure		41	승객	p
17	fasten		42	수출하다; 수출; 수출품	e
18	indicate		43	발견하다, 감지하다	d
19	gradual		44	분명한[명백한]	o
20	decrease		45	결함, 결점	f
21	output		46	논리	l
22	manufacture		47	소비[소모]하다	c
23	competitive		48	공급(량); 공급하다	s
24	multiply		49	보충하다, 만회하다	m
25	productive		50	성공하다, 앞지르다	g

누적 테스트 15일차

01	ideal
02	assemble
03	further
04	interpret
05	operator
06	drag
07	exclude
08	weep
09	refresh
10	cure
11	section
12	incredible
13	indicate
14	export
15	flaw
16	supply
17	memorable
18	translate
19	capture
20	enable
21	otherwise
22	anxious
23	remind
24	cruel
25	leak

26	회담, 회의	c
27	수정하다, 변경하다	m
28	깊이, 깊은 정도	d
29	복수형; 복수형의	p
30	억양	i
31	수정[개정]하다	r
32	게다가, 더욱이	f
33	재난, 재해, 참사	d
34	짜증스러운	a
35	그럼에도 불구하고	n
36	자비	m
37	요인, 요소	f
38	(인공)위성, 위성 (장치)	s
39	소비[소모]하다	c
40	묶다	b
41	우아한	e
42	강조하다	e
43	서두름, 급함	h
44	요약, 개요	s
45	절망	d
46	내려오다[가다]	d
47	문학	l
48	바느질하다, 꿰매다	s
49	발음하다	p
50	개념	c

누적 테스트 16일차

01	scale	26	풍경 — l
02	budget	27	장소, 위치 — l
03	theory	28	차량, 탈것, 운송 수단 — v
04	reality	29	군사의, 무력의; 군대 — m
05	victim	30	임무, 사명 — m
06	competitive	31	개요; 윤곽(선) — o
07	productive	32	중력 — g
08	capture	33	막다[예방/방지하다] — p
09	cruel	34	공격적인 — a
10	ultimate	35	충분한 — s
11	insult	36	돕다, 거들다 — a
12	durable	37	승객 — p
13	fragile	38	발견하다, 감지하다 — d
14	extreme	39	번역[통역]하다 — t
15	phase	40	우아한 — e
16	context	41	강조하다 — e
17	massive	42	그렇지 않으면 — o
18	impact	43	참다, 견디다 — e
19	domestic	44	견뎌[이겨] 내다 — w
20	council	45	구(句); 구절, 관용구 — p
21	rank	46	의미 있는; 중요한 — m
22	district	47	경제, 경기 — e
23	tense	48	선출하다, 선거하다 — e
24	run for	49	중립의, 중립적인 — n
25	in office	50	임명[지정]하다 — a

누적 테스트 17일차

#	English		#	Korean	
01	afford		26	회담, 회의	c
02	interpreter		27	장치, 기구	d
03	drag		28	전념, 헌신	d
04	negotiate		29	4분의 1; 15분	q
05	grant		30	자비	m
06	standard		31	연합하다	u
07	multiply		32	부상당한, 다친	i
08	haste		33	논리	l
09	remind		34	~할 수 있게 하다	e
10	ultimate		35	요약, 개요	s
11	context		36	견뎌[이겨] 내다	w
12	council		37	의미 있는; 중요한	m
13	guarantee		38	선출하다, 선거하다	e
14	equal		39	중립의, 중립적인	n
15	initial		40	기회	o
16	suffer		41	증상	s
17	expert		42	감염, 전염(병)	i
18	foresee		43	감염시키다	i
19	status		44	심각한	s
20	burden		45	경제(상)의	e
21	coordinate		46	위기, 고비	c
22	expose		47	어려움, 고난	h
23	integrate		48	(발생한 일의) 결과	c
24	generation		49	노동, 근로	l
25	against one's will		50	~에 상관없이	r

누적 테스트 18일차

#	영어	#	한국어	힌트
01	assemble	26	증발하다; 증발시키다	e
02	expense	27	붙이다, 첨부하다	a
03	pave	28	수동적인, 소극적인	p
04	drip	29	사과, 사죄	a
05	steady	30	유지하다, 지속하다	m
06	observe	31	범죄자, 범인; 범죄의	c
07	fate	32	양심	c
08	district	33	기금, 자금	f
09	infection	34	즐겁게 하다	e
10	crisis	35	공급(량); 공급하다	s
11	status	36	임명[지명]하다	a
12	intend	37	증상	s
13	institution	38	어려움, 고난	h
14	finance	39	(발생한 일의) 결과	c
15	abandon	40	노동, 근로	l
16	valid	41	속이다, 기만하다	d
17	neglect	42	간섭[참견]하다	i
18	essential	43	설립하다	f
19	delay	44	계약(서); 계약하다	c
20	approach	45	~하지 않으면	u
21	curve	46	측면	a
22	spare	47	민주주의	d
23	rush	48	다양한	d
24	run late	49	길, 경로; 노선	r
25	be stuck in	50	평행의, 나란한	p

누적 테스트 19일차

01	imaginative
02	offend
03	blossom
04	fragile
05	domestic
06	tense
07	guarantee
08	institution
09	spare
10	rush
11	boost
12	tension
13	escalate
14	encourage
15	discourage
16	individual
17	conserve
18	suspect
19	idle
20	assign
21	inspire
22	session
23	register
24	brilliant
25	catch up (with)

26	물리학	p
27	모방하다, 흉내내다	i
28	주저하다, 망설이다	h
29	기념일	a
30	합리적인, 이성적인	r
31	가혹한, 혹독한	h
32	결과	o
33	재판; 시도, 시험	t
34	참다, 견디다	e
35	경제, 경기	e
36	기회	o
37	심각한	s
38	설립하다	f
39	측면	a
40	다양한	d
41	평행의, 나란한	p
42	칭찬; 칭찬하다	c
43	자신감; 신뢰, 신임	c
44	국경, 경계	b
45	지역, 지방	r
46	결국, 마침내	e
47	체포하다; 체포	a
48	살인; 살해[살인]하다	m
49	규율, 훈육; 훈육하다	d
50	~을 제출하다	t

누적 테스트 20일차

월　　일　|　score　　/ 50

01	inspect		26	유산	h
02	technical		27	친구, 동료; 동반자	c
03	accomplish		28	풍경	l
04	profession		29	중대한, 결정적인	c
05	annoying		30	깊이, 깊은 정도	d
06	exhausted		31	복수형; 복수형의	p
07	sting		32	수정[개정]하다	r
08	compliment		33	어느 정도, 다소	s
09	confidence		34	방어, 수비	d
10	border		35	인상적인	i
11	region		36	보기, 사례; 경우	i
12	eventually		37	서명	s
13	arrest		38	속담, 격언	s
14	murder		39	매력적인, 멋진	a
15	discipline		40	비교(함); 비유	c
16	session		41	상담사	c
17	register		42	평가하다	a
18	brilliant		43	분명한, 눈에 띄는	e
19	seize		44	욕구, 갈망; 바람	d
20	conclude		45	연기하다, 미루다	p
21	random		46	확실한, 확고한	d
22	stable		47	우울하게 하다	d
23	quit		48	소유[소지/보유]하다	p
24	whatever		49	값이 비싼	c
25	justify		50	제한[한정]하다	r

누적 테스트 21일차

01 emerge
02 grant
03 struggle
04 myth
05 manufacture
06 capture
07 phase
08 guarantee
09 delay
10 valid
11 idle
12 conclude
13 restrict
14 realize
15 demand
16 concern
17 genuine
18 senior
19 incident
20 attitude
21 contrary
22 recognize
23 perceive
24 imply
25 make sense

26 내부의; 체내의; 내부적인   i
27 처벌하다, 벌주다   p
28 즐겁게 하다   e
29 반드시 ~하게 하다, 보장하다   e
30 발음하다   p
31 중립의, 중립적인   n
32 부서지기[손상되기] 쉬운   f
33 (발생한 일의) 결과   c
34 심각한   s
35 간섭[참견]하다   i
36 낙담하게 하다; 막다[말리다]   d
37 칭찬; 칭찬하다   c
38 연기하다, 미루다   p
39 서서히, 차츰   g
40 운이 좋은, 다행인   f
41 존경심을 보이는, 공손한   r
42 동정, 연민   s
43 빈틈없는, 철저한   t
44 미덕, 덕목   v
45 질문, 문의; 조사   i
46 고맙게 여기는, 감사하는   g
47 알고 있는, 자각하는; 의식이 있는   c
48 통찰(력)   i
49 가정[추정]하다   a
50 ~와 …를 구별[구분]하다   t ~ …

누적 테스트 22일차

#	영어		#	우리말	영어
01	wound		26	능률적인, 효율적인; 유능한	e
02	observe		27	충분한	s
03	incredible		28	생산적인	p
04	detect		29	강조하다	e
05	anxious		30	경제(상)의	e
06	coordinate		31	감염, 전염(병)	i
07	finance		32	민주주의	d
08	spare		33	의심하다; 혐의자, 용의자	s
09	tension		34	등록하다; 등록부, 명부	r
10	saying		35	분명한, 눈에 띄는	e
11	depress		36	서서히, 차츰	g
12	virtue		37	알아보다; 인정[인식]하다	r
13	fortunate		38	내부, 안쪽; 내부의, 실내의	i
14	fancy		39	어색한; 서투른; 곤란한	a
15	obstacle		40	장식; 장식품	d
16	suggestion		41	부상	i
17	identity		42	찬성하다; 승인하다	a
18	owe		43	희생하다; 희생	s
19	reject		44	제공[공급]하다	p
20	identify		45	실제적인; 실용적인, 유용한	p
21	overcome		46	협력하다, 협동하다	c
22	interact		47	믿음, 신뢰; 신념	f
23	junior		48	회복되다; 회복하다, 되찾다	r
24	run into		49	~에 출마하다[입후보하다]	r
25	proof		50	잘 지내다	g

누적 테스트 23일차

01	steady	26	~하지 않으면 — u
02	intend	27	평행의, 나란한 — p
03	critical	28	방송하다; 방송 — b
04	indicate	29	절망 — d
05	leak	30	참다, 견디다 — e
06	in office	31	짐, 부담; ~에게 짐[부담]을 지우다 — b
07	against one's will	32	국경, 경계 — b
08	inspire	33	아껴 쓰다; 보호[보존]하다 — c
09	seize	34	매력적인, 멋진 — a
10	justify	35	요구(사항); 수요; 요구하다 — d
11	insight	36	진짜의, 진품의; 진실된, 진심 어린 — g
12	awkward	37	신원, 신분; 독자성, 주체성 — i
13	practical	38	폭발하다; 폭발시키다 — e
14	shelter	39	건설하다; 구성하다 — c
15	creation	40	투자하다 — i
16	involve	41	붕괴되다, 무너지다 — c
17	fright	42	조심, 신중 — c
18	now and then	43	긴급한, 다급한 — u
19	reference	44	문학의, 문학적인 — l
20	vivid	45	계좌; 설명, 기술 — a
21	illustrate	46	(바다·우주로의 긴) 여행, 항해 — v
22	risk	47	(구성) 요소 — e
23	burst	48	(위험 등에) 맞닥뜨리다; (뜻밖의) 만남, 마주침 — e
24	frequent	49	지금까지 — s
25	coincide	50	성공하다, 앞지르다 — g

누적 테스트 24일차

01	confidence		26	결정하다, 정하다	d
02	brilliant		27	규율, 훈육; 훈육하다	d
03	flaw		28	앞의, 이전의	p
04	memorable		29	내려오다[가다]	d
05	massive		30	견뎌[이겨] 내다	w
06	regardless of		31	감염시키다	i
07	be stuck in		32	필수적인, 없어서는 안 될	e
08	quit		33	값이 비싼	c
09	sympathy		34	안정된, 안정적인	s
10	conscious		35	사건, 일	i
11	approve		36	소통하다, 교류하다	i
12	get along		37	수반[포함]하다; 관련[연루]시키다	i
13	account		38	잦은, 빈번한	f
14	dispute		39	권한; 권위	a
15	in spite of		40	관점, 시각	p
16	debate		41	중단되다, 그치다; 중단하다	c
17	progress		42	빠른, 급한	r
18	regulate		43	위원회	c
19	revive		44	비교적; 상대적으로	r
20	sweep		45	(국가가) 독립한; 자립심이 강한	i
21	immigrate		46	인공적인, 인조의	a
22	issue		47	역사(상)의, 역사적	h
23	settle		48	설립하다	e
24	occur		49	선언[선포]하다	d
25	absolute		50	~을 완전히 파괴하다[없애 버리다]	w

누적 테스트 25일차

01 exclude
02 response
03 whatever
04 sight
05 otherwise
06 durable
07 status
08 run late
09 catch up
10 thorough
11 grateful
12 decoration
13 faith
14 urgent
15 artificial
16 grab
17 priceless
18 distribute
19 extraordinary
20 license
21 moreover
22 retire
23 recall
24 clue
25 consult

26 통근하다 c
27 상담사 c
28 소유[소지/보유]하다 p
29 소비[소모]하다 c
30 ~할 수 있게 하다 e
31 (지방 자치 단체의) 의회 c
32 기회 o
33 속이다, 기만하다 d
34 체포하다; 체포 a
35 넌지시 전하다, 암시하다; 함축하다[내포하다] i
36 (신원 등을) 확인하다[알아보다] i
37 장애, 장애물 o
38 (기억·묘사 등이) 생생한; (색 등이) 선명한 v
39 피난처, 보호소; 피난처를 제공하다, 보호하다 s
40 (논쟁 등을) 해결하다; 정착하다 s
41 기관[협회] i
42 방법, 방식 m
43 방해하다 d
44 얕은 s
45 임신한 p
46 정확한 a
47 반짝이다 s
48 본능; 직감 i
49 녹슨 r
50 ~에도 불구하고 i

누적 테스트 26일차

월   일 | score   / 50

01 ultimate
02 district
03 assume
04 initial
05 rush
06 individual
07 random
08 sacrifice
09 cooperate
10 collapse
11 committee
12 authority
13 sparkle
14 generate
15 as well as
16 require
17 penalty
18 politics
19 broad
20 whistle
21 physical
22 substitute
23 properly
24 disabled
25 twist

26 우아한 — e
27 태도, 자세 — a
28 우려, 걱정; 관심사; 걱정시키다 — c
29 어려움, 고난 — h
30 기관, 단체; 제도, 관습 — i
31 (일 등을) 맡기다, 부여하다 — a
32 비유(함), 비유 — c
33 거절하다, 거부하다 — r
34 (섬뜩하게) 놀람, 두려움 — f
35 위험(성); 위험 요소 — r
36 규제[통제]하다; 조절하다 — r
37 용기, 그릇; (화물 수송용) 컨테이너 — c
38 값을 매길 수 없는, 대단히 귀중한 — p
39 정치적인 — p
40 참여[참가]하다 — p
41 ~을 없애다[처리하다] — d
42 개혁[개선]하다; 개혁, 개선 — r
43 논란, 논쟁 — c
44 편견, 선입관 — p
45 원자력의; 핵(무기)의 — n
46 (근육이) 뻐근한; 뻣뻣한, 딱딱한 — s
47 경쟁하다; (경기 등에) 참가하다 — c
48 사나운; 격렬한 — f
49 없애다, 제거하다 — e
50 연기하다, 미루다 — p

누적 테스트 27일차

#	English	#	Korean	hint
01	tense	26	제안, 제의; 시사[암시]	s
02	provide	27	화려한, 장식이 많은; 고급의	f
03	integrate	28	증상	s
04	found	29	설립하다	e
05	turn in	30	지역, 지방	r
06	assess	31	확실한, 확고한	d
07	respectful	32	반대의, 반대되는; 정반대, 반대되는 것	c
08	gradually	33	하급[부하]의; 손아랫사람	j
09	construct	34	빚지고 있다; ~은 …덕분이다	o
10	reform	35	터지다; 갑자기 ~하다	b
11	encounter	36	(다른 나라로) 이민을[이주해] 오다	i
12	route	37	완전한, 완벽한; 절대적인	a
13	moreover	38	제대로, 적절히; 올바르게	p
14	range	39	구할[이용할] 수 있는	a
15	die out	40	증명서, 자격증	c
16	eager	41	(생활 편의) 시설, 설비	f
17	biography	42	단락, 절(節)	p
18	represent	43	자격을 얻다; 자격을 주다	q
19	ruin	44	공화국	r
20	dramatic	45	요약하다	s
21	invade	46	복잡한; (건물) 단지, 복합 건물	c
22	obtain	47	대중의; 공공의; 대중	p
23	conquer	48	혁명, 변혁	r
24	shift	49	기원, 유래; 출신[혈통/태생]	o
25	related	50	~을 물려주다	h

누적 테스트 28일차

#		#		
01	equal	26	동시에 일어나다; 일치하다	c
02	voyage	27	참고[참조]; 언급	r
03	abandon	28	측면	a
04	session	29	결국, 마침내	e
05	desire	30	제한[한정]하다	r
06	inquiry	31	깨닫다, 알아차리다; (소망 등을) 실현하다	r
07	recover	32	극복하다, 이겨내다; 이기다	o
08	cease	33	일어나다, 발생하다	o
09	shallow	34	진전, 진행; 진행[진척]되다	p
10	method	35	기억해 내다, 상기하다	r
11	compete	36	필요로 하다; (법·규칙 등이) 요구하다	r
12	phrase	37	정치, 정계; 정치학	p
13	complex	38	전기, 일대기	b
14	stick to	39	의지하다; 신뢰하다, 믿다	r
15	rescue	40	특별한; 특정한	p
16	increase	41	물에 빠져 죽다, 익사하다	d
17	desperate	42	후보자, 지지자	c
18	convince	43	수입하다; 수입; 수입품	i
19	suppose	44	시도; 시도하다	a
20	primary	45	한정하다, 제한하다; 가두다	c
21	refine	46	평가하다	e
22	communicate	47	오염, 공해	p
23	concerned	48	(말)다툼[언쟁]	q
24	overseas	49	너무, 몹시	t
25	propose	50	끼어들다	c

누적 테스트 29일차

01	wipe out		26	계약(서); 계약하다	c
02	independent		27	분쟁, 논쟁; 반박하다, 이의를 제기하다	d
03	escalate		28	살인; 살해[살인]하다	m
04	conclude		29	속담, 격언	s
05	tell ~ from …		30	인지[감지]하다, 알아차리다	p
06	injury		31	증거(물), 증명	p
07	explode		32	창작, 창출; 창작품	c
08	instinct		33	비범한; 놀랄 만한	e
09	disturb		34	(폭이) 넓은; 폭넓은, 광범위한	b
10	put off		35	신체[육체]의; 물질의, 물질적인	p
11	republic		36	극적인, 인상적인	d
12	certificate		37	정제하다; 개선[개량]하다	r
13	confine		38	구조[구출]하다; 구조, 구출	r
14	yield		39	막대한, 거대한	e
15	official		40	차별하다; 구별[식별]하다	d
16	a great deal of		41	번식하다; 복제하다	r
17	cultivate		42	종교, ~교	r
18	protest		43	인구	p
19	dare		44	통치하다[다스리다]	g
20	criticize		45	(사회적인) 성, 성별	g
21	breed		46	(독특한) 맛, 풍미	f
22	overall		47	(농)작물; 수확량	c
23	diminish		48	영향(력); 영향을 미치다	i
24	resident		49	정부	g
25	loosen		50	~을 없애다	g

누적 테스트 30일차

01	sew		26	경제, 경기	e
02	foresee		27	다양한	d
03	encourage		28	분명한, 눈에 띄는	e
04	seize		29	단서, 실마리	c
05	pregnant		30	면허[자격]증	l
06	controversy		31	발생시키다, (행동·감정 등을) 일으키다	g
07	fierce		32	사건, 일	i
08	revolution		33	간절히 바라는, 갈망하는	e
09	particular		34	(나라·민족을) 정복하다; (곤란 등을) 극복하다	c
10	candidate		35	필사적인, 절박한; 절망적인	d
11	provide		36	거절하다, 거부하다	r
12	caution		37	분명히 보여주다; 삽화를 넣다	i
13	perspective		38	토론, 논쟁; 토론[논쟁]하다	d
14	pretend		39	정확한, 정밀한	p
15	sincere		40	운명	d
16	rob		41	생략하다, 빼다	o
17	announce		42	부지런한, 성실한	d
18	splendid		43	(~로) 구성되다	c
19	chop		44	성질, 성미; 기분	t
20	crush		45	집중하다	c
21	miserable		46	정직, 정확	s
22	rid		47	삼키다	s
23	portion		48	교수	p
24	government		49	줄어들다, 감소하다; 줄이다	d
25	reproduce		50	이해가 되다; 말이 되다	m

누적 테스트 31일차

01	regulate	26 소통하다, 교류하다	i
02	rescue	27 투자하다	i
03	discriminate	28 은퇴[퇴직]하다	r
04	breed	29 사나운; 격렬한	f
05	stroke	30 없애다, 제거하다	e
06	generally	31 관련된; 친척의	r
07	league	32 증명서, 자격증	c
08	snore	33 평가하다	e
09	criticize	34 너무, 몹시	t
10	rid	35 정부	g
11	reproduce	36 집중하다	c
12	rely	37 물에 빠져 죽다, 익사하다	d
13	yield	38 생략하다, 빼다	o
14	overall	39 교수	p
15	dare	40 정확한, 정밀한	p
16	crush	41 부분[일부]; (음식의) 1인분	p
17	splendid	42 비참한, 불행한	m
18	evolve	43 운명	d
19	throughout	44 부지런한, 성실한	d
20	decay	45 (분류상) 종(種)	s
21	joint	46 명상하다	m
22	relieve	47 걱정, 불안	a
23	monitor	48 신경; 불안, 긴장	n
24	invade	49 짜릿한, 스릴 만점의	t
25	pass away	50 속이 빈	h

누적 테스트 32일차

01	distribute		26	붕괴되다, 무너지다	c
02	conquer		27	설립하다	e
03	resident		28	정치적인	p
04	official		29	요약하다	s
05	rob		30	오염, 공해	p
06	professional		31	확신[납득]시키다; 설득하다	c
07	paralyze		32	(사회적인) 성, 성별	g
08	unlike		33	(토막으로) 썰다[다지다]	c
09	panic		34	신경; 불안, 긴장	n
10	benefit		35	짜릿한, 스릴 만점의	t
11	frustrate		36	속이 빈	h
12	suspension		37	적당한, 중간의	m
13	sincere		38	(사람·동물의) 살, 고기	f
14	consist		39	전형적인, 대표적인	t
15	import		40	예배하다, 숭배하다; 예배, 숭배	w
16	govern		41	겁먹은, 무서워하는	f
17	crop		42	종교의; 신앙심이 깊은	r
18	temper		43	후회하다; 후회, 유감	r
19	swallow		44	업적, 성취	a
20	pretend		45	대략, 거의	a
21	disgust		46	(노력하여) 이루다, 달성하다	a
22	mood		47	주목할 만한, 놀랄 만한	r
23	highlight		48	정말[참으로], 확실히	i
24	uneasy		49	사망하다[돌아가시다]	p
25	not only ~ but also …		50	참다, 억제하다	h

누적 테스트 33일차

01 ruin
02 propose
03 suppose
04 announce
05 evolve
06 league
07 damage
08 generally
09 throughout
10 rotate
11 decay
12 joint
13 snore
14 alternative
15 flexible
16 perform
17 squeeze
18 cease
19 regard
20 prejudice
21 seal
22 enormous
23 influence
24 consist
25 temper

26 삼키다 — s
27 ~인 척하다 — p
28 타격, 스트로크; 뇌졸중 — s
29 주목할 만한, 놀랄 만한 — r
30 기분; 분위기 — m
31 정말[참으로], 확실히 — i
32 상담[상의]하다 — c
33 개인의, 개인적인 — p
34 추정하다, 어림잡다; 추정(치) — e
35 믿음, 신념 — b
36 보험 — i
37 고용하다 — e
38 종교, –교 — r
39 풀; 풀로 붙이다 — p
40 구체적인; 특정한 — s
41 필수적인; 생명 유지에 필요한 — v
42 자원, 재원 — r
43 알고[인식하고] 있는 — a
44 운동, 움직임; 동작, 몸짓 — m
45 이용하다, 활용하다 — u
46 짐, 화물; (짐을) 싣다 — l
47 정신의, 정신적인 — m
48 참다, 억제하다 — h
49 ~를 놀리다 — m
50 (전화를) 끊다 — h

누적 테스트 34일차

01	relieve		26	짐, 화물; (짐을) 싣다	l
02	panic		27	해를 끼치다; 해, 손해	h
03	benefit		28	한정하다, 제한하다; 가두다	c
04	frustrate		29	기관[협회]	i
05	highlight		30	줄어들다, 감소하다; 줄이다	d
06	squeeze		31	집중하다	c
07	function		32	필수품; 필요(성)	n
08	potential		33	걱정, 불안	a
09	dismiss		34	(분류상) 종(種)	s
10	admit		35	명상하다	m
11	defeat		36	(전체) 직원	s
12	force		37	구성 방식, 형식	f
13	deserve		38	(책 등의) 색인, 목록	i
14	cultivate		39	노래 가사; 서정(시)의	l
15	controversy		40	받다[겪다]	u
16	complex		41	최근의	r
17	crush		42	기꺼이 ~하는	w
18	nerve		43	(색이) 옅은[연한]; (얼굴이) 창백한	p
19	worship		44	여러 가지, 갖가지; 다양성	v
20	frightened		45	화면, 스크린; 영화	s
21	religious		46	교정하다; 편집하다	e
22	regret		47	보상; 보상[보답]을 하다	r
23	mental		48	빛나다, 타다; (은은한) 불, 불빛	g
24	rid		49	(전화를) 끊다	h
25	when it comes to		50	우연히 발견하다	c

누적 테스트 35일차

#	영어		#	한국어	힌트
01	protest		26	풀; 풀로 붙이다	p
02	professional		27	구체적인; 특정한	s
03	alternative		28	필수적인; 생명 유지에 필요한	v
04	flexible		29	교정하다; 편집하다	e
05	characteristic		30	보상; 보상[보답]을 하다	r
06	contrast		31	빛나다, 타다; (은은한) 불, 불빛	g
07	lecture		32	뛰어난, 두드러진	o
08	similarity		33	공연[연주]; 성과, 실적	p
09	motivate		34	(말·행동을) 방해하다[중단시키다]	i
10	available		35	신성한; 독실한	h
11	attempt		36	시내, 시냇물	s
12	omit		37	만족한, 흡족한	s
13	professor		38	박수를 치다[보내다]	a
14	thrilling		39	출판, 발행; 출판물	p
15	hollow		40	영광, 영예	g
16	achievement		41	역동적인; 활동적인	d
17	disgust		42	현대의, 근대의; 현대적인	m
18	uneasy		43	조수[밀물과 썰물], 조류	t
19	approximately		44	덫; 함정; 덫으로 잡다; 가두다	t
20	attain		45	멘토, 조언자	m
21	remarkable		46	썩은, 부패한	r
22	employ		47	국제적인, 국제의	i
23	seal		48	안쪽[내부]의, 중심부 가까이의	i
24	rotate		49	~에 관한 한	w
25	put off		50	~때문에	d

누적 테스트 36일차

01	perform		26	(독특한) 맛, 풍미	f
02	admit		27	자원, 재원	r
03	defeat		28	알고[인식하고] 있는	a
04	motivate		29	운동, 움직임; 동작, 몸짓	m
05	decline		30	이용하다, 활용하다	u
06	minor		31	짐, 화물; (짐을) 싣다	l
07	state		32	구성 방식, 형식	f
08	extend		33	(책 등의) 색인; 목록	i
09	position		34	노래 가사; 서정(시)의	l
10	launch		35	받다[겪다]	u
11	charge		36	최근의	r
12	associate		37	기꺼이 ~하는	w
13	contain		38	현대의, 근대의; 현대적인	m
14	release		39	조수[밀물과 썰물], 조류	t
15	manual		40	덫; 함정; 덫으로 잡다; 가두다	t
16	current		41	멘토, 조언자	m
17	eager		42	썩은, 부패한	r
18	concerned		43	국제적인, 국제의	i
19	regard		44	안쪽[내부]의, 중심부 가까이의	i
20	precise		45	광고	a
21	moderate		46	내용(물); 목차; 만족하는	c
22	paralyze		47	이상한, 묘한; 홀수의	o
23	generous		48	맹세하다; 욕을 하다	s
24	sacred		49	제출하다; 굴복[복종]하다	s
25	indeed		50	통로, 복도; (책의) 구절	p

누적 테스트 37일차

#	English	#	Korean	Hint
01	communicate	26	(색이) 옅은[연한]; (얼굴이) 창백한	p
02	squeeze	27	여러 가지, 갖가지; 다양성	v
03	launch	28	화면, 스크린; 영화	s
04	associate	29	교정하다; 편집하다	e
05	contain	30	신성한; 독실한	h
06	release	31	시내, 시냇물	s
07	manual	32	방수의	w
08	current	33	만족한, 흡족한	s
09	suspend	34	(사람·동물의) 살, 고기	f
10	faint	35	강의, 강연; 강의[강연]하다	l
11	relief	36	박수를 치다[보내다]	a
12	appreciate	37	출판, 발행; 출판물	p
13	promote	38	영광, 영예	g
14	atmosphere	39	제출하다; 굴복[복종]하다	s
15	contribute	40	개인의, 개인적인	p
16	force	41	통로, 복도; (책의) 구절	p
17	reflect	42	무덤, 묘; 심각한, 중대한	g
18	convention	43	작동되다; 가동[조작]하다; 수술하다	o
19	refer	44	표현하다, 나타내다; 급행의, 신속한	e
20	loosen	45	필수품; 필요(성)	n
21	portion	46	딱딱한, 단단한; 확고한; 회사	f
22	deserve	47	외상[신용] 거래; 칭찬, 인정	c
23	estimate	48	용어; 기간	t
24	mental	49	구성하다; 작곡하다	c
25	charge	50	조절[조정]하다; 적응하다	a

누적 테스트 38일차

| 월 | 일 | score | / 50 |

01 damage
02 potential
03 minor
04 state
05 extend
06 relief
07 appreciate
08 atmosphere
09 contribute
10 refer
11 due
12 motivate
13 decline
14 promote
15 mass
16 ethic
17 constant
18 mess
19 negative
20 positive
21 instant
22 splendid
23 unlike
24 function
25 reward

26 빛나다, 타다; (은은한) 불, 불빛 g
27 뛰어난, 두드러진 o
28 역동적인; 활동적인 d
29 현대의, 근대의; 현대적인 m
30 조수[밀물과 썰물], 조류 t
31 덫; 함정; 덫으로 잡다; 가두다 t
32 멘토, 조언자 m
33 내용(물); 목차; 만족하는 c
34 이상한, 묘한; 홀수의 o
35 맹세하다; 욕을 하다 s
36 용어; 기간 t
37 구성하다; 작곡하다 c
38 (대규모) 총회, 협의회; 관습, 관례 c
39 조절[조정]하다; 적응하다 a
40 인구 p
41 적응[순응]하다 a
42 입양하다; 택하다, 받아들이다 a
43 보호[보존/보관]하다 p
44 예약하다 r
45 인종의, 민족의 e
46 전시하다; 전시(회); 전시품 e
47 금하다, 금지하다 p
48 주요한, 주된; 교장 p
49 원리, 원칙; 신조, 신념 p
50 금지하다 f

누적 테스트 39일차

#	English	#	Korean	hint
01	characteristic	26	원리, 원칙; 신조, 신념	p
02	launch	27	금지하다	f
03	associate	28	허락하다, 허가하다; 허가(증)	p
04	contain	29	불합리한, 부당한	u
05	suspend	30	영향을 미치다	a
06	faint	31	효과, 영향; 결과	e
07	mass	32	고귀한, 숭고한; 귀족의	n
08	mess	33	소설; 새로운, 참신한	n
09	negative	34	불꽃, 불길	f
10	reasonable	35	기도하다, 빌다; 간절히 바라다	p
11	submit	36	일시적인, 임시의	t
12	permanent	37	먹이, 사냥감	p
13	positive	38	비참한, 불행한	m
14	guilty	39	전형적인, 대표적인	t
15	innocent	40	용어; 기간	t
16	considerable	41	믿음, 신념	b
17	passage	42	정부	g
18	operate	43	해를 끼치다; 해, 손해	h
19	express	44	썩은, 부패한	r
20	firm	45	국제적인, 국제의	i
21	reflect	46	안쪽[내부]의, 중심부 가까이의	i
22	credit	47	요금; 책임, 담당; (요금을) 청구하다	c
23	frame	48	추상적인	a
24	concrete	49	사려 깊은, 배려하는	c
25	principal	50	위협, 협박; 위협적인 존재	t

누적 테스트 40일차

01 innocent
02 dismiss
03 similarity
04 generous
05 release
06 manual
07 current
08 relief
09 appreciate
10 adapt
11 adopt
12 preserve
13 promote
14 compose
15 atmosphere
16 contribute
17 ethic
18 ethnic
19 constant
20 instant
21 temporary
22 guilty
23 access
24 transfer
25 not only ~ but also …

26 보험 i
27 많은, 상당한 c
28 사려 깊은, 배려하는 c
29 위협, 협박; 위협적인 존재 t
30 위협[협박]하다 t
31 분별 있는, 합리적인 s
32 얻다, 습득하다 a
33 묻다, 알아보다 i
34 가난, 빈곤 p
35 재산, 소유물; 부동산 p
36 과잉, 초과 e
37 지적인; 교육을 많이 받은 i
38 총명한; 높은 지능을 갖춘 i
39 수평의, 가로의 h
40 수직의, 세로의 v
41 이전의; (둘 중에서) 전자의 f
42 후반의; (둘 중에서) 후자의 l
43 시골의, 지방의 r
44 도시의 u
45 예약하다 r
46 질(質), 품질 q
47 양(量), 수량; 다량 q
48 눈에 보이는, 알아볼 수 있는 v
49 시각의, (눈으로) 보는 v
50 바꾸다, 변형시키다 t

Answer Key

DAY 02
01 제한; 한계(선); 제한하다 02 출판[발행]하다; (신문·잡지 등에) 게재하다 03 동의, 허락; 동의하다 04 겸손한; 그다지 많지[크지] 않은 05 (시간·노력 등을) 바치다, 헌신하다 06 나아지다; 개선하다, 향상시키다 07 (금전적인) 이익, 수익 08 탑승[승선]하여; (배·기차·비행기 등) ~을 타고 09 동행하다; (~이) 동반되다[딸리다] 10 존경하다, 감탄하며 바라보다 11 선택(할 수 있는 것); 선택권 12 바뀌다; 변경하다 13 연구, 조사; 연구[조사]하다 14 지지[지원]하다; 후원[부양]하다; 지지, 지원, 후원, 부양 15 구입[구매]하다; 구입, 구매 16 값비싼; 소중한, 귀중한 17 드문[보기 힘든]; 진귀한[희귀한] 18 적절[적당]한, 알맞은 19 (특정한) 때[경우]; 행사, 특별한 일 20 확장[팽창]되다; 확장시키다 21 단단한; 고체의, 고형의; 고체, 고형물 22 작동시키다, 활성화하다 23 취소하다 24 점점 더 많은 25 변화를 가져오다 26 exceed 27 legal 28 copyright 29 author 30 earn 31 income 32 wage 33 effort 34 destination 35 enjoyable 36 profit 37 appropriate 38 donate 39 charity 40 oppose 41 conservative 42 policy 43 antique 44 dealer 45 remark 46 absorb 47 analyze 48 calculate 49 combine 50 in, advance

DAY 03
01 초과하다, 넘어서다 02 저작권, 판권 03 임금, 급료 04 목적지 05 (금전적인) 이익, 수익 06 동의, 허락; 동의하다 07 (시간·노력 등을) 바치다, 헌신하다 08 반대하다 09 보수적인 10 구입[구매]하다; 구입, 구매 11 (특정한) 때[경우]; 행사, 특별한 일 12 분석하다 13 작동시키다, 활성화하다 14 좀처럼[거의] ~않는 15 따르다, 복종하다 16 명령하다; (군대에서) 지휘하다; 명령; 지휘 17 (죄·잘못을) 자백하다; 고백[인정]하다 18 (범죄 등을) 범하다[저지르다] 19 위쪽으로; 위를 향한; 상승하는 20 갈등, 충돌; 충돌[상충]하다 21 고소[고발/기소]하다; 비난하다 22 주장하다; 청구[요구]하다; 주장; 청구, 요구 23 입증[증명]하다; (~으로) 판명되다 24 추구하다; 쫓다, 추적하다 25 (길 한쪽으로) 차를 대다; ~에게 길 한쪽으로 차를 대게 하다 26 legal 27 author 28 income 29 effort 30 enjoyable 31 donate 32 charity 33 policy 34 dealer 35 remark 36 absorb 37 calculate 38 combine 39 detective 40 persuade 41 trend 42 electronic 43 commerce 44 effective 45 strategy 46 avoid 47 investigate 48 witness 49 motive 50 break, into

DAY 04
01 겸손한; 그다지 많지[크지] 않은 02 동행하다; (~이) 동반되다[딸리다] 03 바뀌다; 변경하다 04 지지[지원]하다; 후원[부양]하다; 지지, 지원, 후원, 부양 05 확장[팽창]되다; 확장시키다 06 반대하다 07 명령하다; (군대에서) 지휘하다; 명령; 지휘 08 (죄·잘못을) 자백하다; 고백[인정]하다 09 (범죄 등을) 범하다[저지르다] 10 갈등, 충돌; 충돌[상충]하다 11 입증[증명]하다; (~으로) 판명되다 12 추구하다; 쫓다, 추적하다 13 (위치를) 찾아내다; (특정 위치에) 두다 14 환자; 참을성[인내심] 있는 15 찾다; (조언 등을) 청하다, 구하다 16 자랑스러움, 자부심; 자존심; 자만심 17 값비싼; 소중한, 귀중한 18 역사적으로 중요한, 역사적인 19 마음을 사로잡다, 매혹하다 20 현대의; 동시대의; 동시대인, 동년배 21 특징; 특별히 포함하다, 특징으로 삼다 22 깊은 인상을 주다; 감명을 주다 23 (질서·건강 등을) 회복시키다; 복원[복구]하다 24 음이 안 맞는 25 ~하지 않을 수 없다 26 copyright 27 earn 28 conservative 29 antique 30 analyze 31 persuade 32 trend 33 electronic 34 commerce 35 effective 36 strategy 37 avoid 38 investigate 39 witness 40 steep 41 slope 42 immediate 43 treatment 44 heritage 45 prior 46 knowledge 47 physics 48 psychology 49 imitate 50 charm

DAY 05
01 존경하다, 감탄하며 바라보다 02 선택(할 수 있는 것); 선택권 03 드문[보기 힘든]; 진귀한[희귀한] 04 좀처럼[거의] ~않는 05 위쪽으로; 위를 향한; 상승하는 06 고소[고발/기소]하다; 비난하다 07 주장하다; 청구[요구]하다; 주장; 청구, 요구 08 (위치를) 찾아내다; (특정 위치에) 두다 09 찾다; (조언 등을) 청하다, 구하다 10 자랑스러움, 자부심; 자존심; 자만심 11 유산 12 이전의, 사전의 13 현대의; 동시대의; 동시대인, 동년배 14 특징; 특별히 포함하다, 특징으로 삼다 15 (질서·건강 등을) 회복시키다; 복원[복구]하다 16 매력; 매혹하다 17 (이리저리) 거닐다, 돌아다니다 18 드러내다[밝히다/폭로하다]; 드러내 보이다 19 닦다, 윤[광]을 내다 20 깔끔한, 잘 정돈된; 정돈[정리]하다 21 (남의 대화 등을) 우연히 듣다 22 반응하다, 반응을 보이다 23 꽤, 상당히; 오히려, 차라리 24 상상력이 풍부한, 창의적인 25 그동안[사이]에 26 exceed 27 destination 28 profit 29 appropriate 30 oppose 31 detective 32 motive 33 steep 34 slope 35 treatment 36 precious 37 knowledge 38 psychology 39 imitate 40 imagination 41

overweight 42 laboratory 43 hesitate 44 conclusion 45 lightning 46 anniversary 47 rational 48 shave 49 essence 50 pronunciation

DAY 06

01 제한; 한계(선); 제한하다 02 나아지다; 개선하다, 향상시키다 03 탑승[승선]하여; (배·기차·비행기 등) ~을 타고 04 따르다, 복종하다 05 역사적으로 중요한, 역사적인 06 마음을 사로잡다, 매혹하다 07 주저하다, 망설이다 08 결말; 결론 09 번개, 번갯불 10 드러내다[밝히다/폭로하다]; 드러내 보이다 11 꽤, 상당히; 오히려, 차라리 12 상상력이 풍부한, 창의적인 13 사실임을 보여주다[확인해 주다] 14 부정하다, 부인하다 15 저항[반대]하다; (유혹 등을) 참다[견디다] 16 (강력히) 권고하다, 촉구하다; (강한) 충동 17 돈을 걸다, 도박을 하다; 도박 18 기분 상하게[불쾌하게] 하다 19 (철새 등이) 이동하다; 이주하다 20 (특히 과수의) 꽃; 꽃이 피다 21 (색이) 바래다, (빛·소리 등이) 희미해지다 22 (흩)뿌리다; (뿔뿔이) 흩어지다 23 연약한, 깨지기 쉬운; 섬세한, 정교한 24 ~을 줄이다 25 ~을 희생하여[훼손시키면서] 26 wage 27 donate 28 remark 29 absorb 30 combine 31 effective 32 immediate 33 physics 34 imagination 35 overweight 36 laboratory 37 anniversary 38 rational 39 pronunciation 40 existence 41 addicted 42 colleague 43 companion 44 harsh 45 comment 46 predict 47 outcome 48 trial 49 evaporate 50 landscape

DAY 07

01 설득하다 02 상업; 통상, 무역 03 수사하다, 조사하다 04 사실임을 보여주다[확인해 주다] 05 부정하다, 부인하다 06 저항[반대]하다; (유혹 등을) 참다[견디다] 07 (강력히) 권고하다, 촉구하다; (강한) 충동 08 기분 상하게[불쾌하게] 하다 09 논평, 의견; 논평하다 10 예측[예견]하다 11 증발하다; 증발시키다 12 정리하다; 배열하다; 마련하다, 준비하다 13 매년의, 연례의; 연간의 14 (공간·시간을) 차지하다 15 기계(상); 기계로 작동되는 16 점검하다, 검사하다 17 전기의; 전기를 이용하는 18 중요한[의미 있는/상당한] 19 전진하다; 진보하다; 전진; 진보 20 조언[지식/금전]의 투입; 입력; 입력하다 21 모이다; 모으다; 조립하다 22 대신하다, 대체하다; 교체하다 23 규모[범위]; 저울 24 ~을 이용[활용]하다 25 될 수 있는 대로, 가급적 26 antique 27 dealer 28 witness 29 heritage 30 prior 31 charm 32 hesitate 33 shave 34 essence 35 existence 36 addicted 37 harsh 38 outcome 39 trial 40 landscape 41 conference 42 prime 43 ideal 44 location 45 mechanic 46 vehicle 47 technical 48 install 49 modify 50 attach

DAY 08

01 (이리저리) 거닐다, 돌아다니다 02 닦다, 윤[광]을 내다 03 (철새 등이) 이동하다; 이주하다 04 (특히 과수의) 꽃; 꽃이 피다 05 (색이) 바래다, (빛·소리 등이) 희미해지다 06 (흩)뿌리다; (뿔뿔이) 흩어지다 07 연약한, 깨지기 쉬운; 섬세한, 정교한 08 정리하다; 배열하다; 마련하다, 준비하다 09 (공간·시간을) 차지하다 10 점검하다, 검사하다 11 중요한[의미 있는/상당한] 12 전진하다; 진보하다; 전진; 진보 13 모이다; 모으다; 조립하다 14 대신하다, 대체하다; 교체하다 15 (정도가) 극심한, 강렬한 16 누르기, 압력; (정신적) 압박 17 사직하다, 물러나다 18 완수하다, 성취하다 19 (금전적·시간적) ~할 여유가 있다 20 어마어마한[방대한/막대한] 21 비용, 지출; 경비 22 출생지의, 모국의; ~ 태생[출신]인 사람 23 전혀 다른, 별개의; 뚜렷한, 분명한 24 끼우다[넣다/삽입하다]; (어구 등을) 써넣다 25 빼먹다, 생략하다 26 legal 27 income 28 conclusion 29 lightning 30 comment 31 predict 32 evaporate 33 conference 34 prime 35 mechanic 36 vehicle 37 modify 38 device 39 measure 40 length 41 depth 42 military 43 crucial 44 mission 45 budget 46 plural 47 intonation 48 outline 49 revise 50 figure, out

DAY 09

01 수사하다, 조사하다 02 실험실, 연구실 03 발음 04 존재 05 중독된 06 동료 07 회담, 회의 08 이상적인, 완벽한; 이상 09 장소, 위치 10 (폭·시간의) 길이 11 군사의, 무력의; 군대 12 임무, 사명 13 복수형; 복수형의 14 개요; 윤곽(선) 15 (실례를 들어) 보여주다, 입증하다; 시위하다 16 막다[예방/방지하다] 17 더 멀리, 추가의 18 수동적인, 소극적인 19 방식; (사람의) 태도, 예의 20 (전문적인) 직업[직종] 21 (신문·책 등의) 편집자 22 해석하다; 통역하다 23 (장비·기계를) 조작하는 사람, 기사; 전화 교환원 24 안정된, 확실한; 안전한 25 ~를 해고[정리 해고]하다 26 author 27 effort 28 technical 29 install 30 attach 31 device 32 measure 33 depth 34 crucial 35 budget 36

intonation 37 revise 38 theory 39 gravity 40 furthermore 41 disaster 42 somewhat 43 aggressive 44 decade 45 dedication 46 defense 47 civil 48 interpreter 49 secretary 50 turn, down

DAY 10

01 (강력히) 권고하다, 촉구하다; (강한) 충동 02 전기의; 전기를 이용하는 03 조언[지식/금전]의 투입; 입력; 입력하다 04 (정도가) 극심한, 강렬한 05 사직하다, 물러나다 06 (금전적·시간적) ~할 여유가 있다 07 어마어마한[방대한/막대한] 08 비용, 지출; 경비 09 전혀 다른, 별개의; 뚜렷한, 분명한 10 끼우다[넣다/삽입하다]; (어구 등을) 써넣다 11 이론, 학설 12 게다가, 더욱이 13 10년 14 통역사 15 시간을 지키는[엄수하는] 16 어떻게든; 어찌된 일인지, 왠지 17 (힘들여) 끌다[끌고 가다] 18 나오다, 모습을 드러내다 19 그럼에도 불구하고 20 제외[배제]하다; (출입 등을) 거부[차단]하다 21 고맙게[다행으로] 생각하는 22 몹시 지친, 기진맥진한 23 울다, 눈물을 흘리다 24 (바늘·가시 등으로) 쏘다, 찌르다 25 생기를 되찾게[상쾌하게] 하다 26 persuade 27 immediate 28 essence 29 landscape 30 vehicle 31 modify 32 length 33 outline 34 gravity 35 disaster 36 aggressive 37 dedication 38 defense 39 secretary 40 complicated 41 annoying 42 quarter 43 mercy 44 impressive 45 negotiate 46 instance 47 unite 48 signature 49 in, advance 50 leave, out

DAY 11

01 정리하다; 배열하다; 마련하다, 준비하다 02 대신하다, 대체하다; 교체하다 03 비용, 지출; 경비 04 끼우다[넣다/삽입하다]; (어구 등을) 써넣다 05 수동적인, 소극적인 06 방어, 수비 07 안정된, 확실한; 안전한 08 나오다, 모습을 드러내다 09 고맙게[다행으로] 생각하는 10 (바늘·가시 등으로) 쏘다, 찌르다 11 승인[허가]하다; 인정하다 12 요청, 부탁; 요청하다, 부탁하다 13 대출; 빌려줌; (돈을) 빌려주다 14 표준, 기준; 일반적인, 표준의 15 응답, 대답; 반응, 대응 16 고집하다[주장하다/우기다] 17 치료(법), 치료제; 치료하다 18 내부의; 체내의; 내부적인 19 외부의[겉]; 외부적인 20 상처, 부상; 상처[부상]를 입히다 21 (길·도로 등을) 포장하다 22 전환시키다[개조하다]; 전환[개조]되다 23 (여러 개로 나뉜 것의 한) 부분, 부문[파트] 24 뚝뚝 떨어지다; (떨어지는) 액체 방울 (소리) 25 분리된; 서로 다른, 별개의; 분리되다[하다] 26 ideal 27 device 28 measure 29 outline 30 somewhat 31 civil 32 profession 33 interpreter 34 punctual 35 quarter 36 impressive 37 negotiate 38 instance 39 exhausted 40 unite 41 signature 42 complaint 43 apology 44 despite 45 injured 46 spine 47 mend 48 material 49 without, doubt 50 put, up, with

DAY 12

01 출판[발행]하다; (신문·잡지 등에) 게재하다 02 노력, 수고 03 선택(할 수 있는 것); 선택권 04 반대하다 05 (죄·잘못을) 자백하다; 고백[인정]하다 06 효과적인, 효력이 있는 07 찾다; (조언 등을) 청하다, 구하다 08 기념일 09 불평, 항의 10 부상당한, 다친 11 척추, 등뼈 12 재료; 자료; 물질적인 13 치우다; 없애다, 제거하다 14 얼룩지게 하다, 더럽히다; 더러워지다; 얼룩 15 분투하다, (크게) 애쓰다; 투쟁, 분투 16 꾸준한, 일정한; 흔들림 없는 17 능률적인, 효율적인; 유능한 18 수송, 운송; 수송[교통]수단 19 위반하다, 어기다; 침해하다 20 철학 21 적절한, 적당한; (사회적·도덕적으로) 올바른 22 이행하다, 수행하다; 달성하다, 성취시키다 23 관찰[주시]하다; 준수하다, 따르다 24 성숙한, 어른스러운; 성인이 된, 다 자란 25 ~하기로 되어 있다[~해야 한다] 26 exceed 27 author 28 enjoyable 29 donate 30 policy 31 seldom 32 slope 33 immediate 34 polish 35 shave 36 pronunciation 37 existence 38 addicted 39 harsh 40 entirely 41 maintain 42 relationship 43 convenient 44 means 45 commute 46 punish 47 criminal 48 conscience 49 moral 50 cut, in, line

DAY 13

01 (위치를) 찾아내다; (특정 위치에) 두다 02 (이리저리) 거닐다, 돌아다니다 03 실험실, 연구실 04 반응하다, 반응을 보이다 05 사실임을 보여주다[확인해 주다] 06 중요한[의미 있는/상당한] 07 수정하다, 변경하다 08 사직하다, 물러나다 09 완수하다, 성취하다 10 어마어마한[방대한/막대한] 11 중력 12 어느 정도, 다소 13 전념, 헌신 14 가르치다; 지시하다 15 (총 등을) 쏘다; 슛을 하다 16 시력; 보기, 봄; 시야 17 비판적인; 대단히 중요한 18 요인, 요소 19 구별하다; 구별 짓다, 차이를 나타내다 20 신화; 근거 없는 믿음 21 현실적인; 현실성 있는; 사실적인 22 상업의; 상업적인; (텔레비전·라디오의) 광고 23 관심을 끌다, 매력이 있다; 호소하다; 매력; 호소 24 믿을 수 없는, 믿기 힘든; 놀라운, 굉장한

25 방송 중인, 방송되고 있는 26 treatment 27 hesitate 28 conclusion 29 mechanic 30 install 31 attach 32 intense 33 length 34 crucial 35 theory 36 decade 37 secretary 38 complicated 39 determine 40 fate 41 reality 42 sufficient 43 fund 44 assist 45 victim 46 broadcast 47 entertain 48 suitable 49 satellite 50 in, order, to

DAY 14

01 겸손한; 그다지 많지[크지] 않은 02 목적지 03 자선 (단체) 04 적절[적당]한, 알맞은 05 단단한; 고체의, 고형의; 고체, 고형물 06 따르다, 복종하다 07 (범죄 등을) 범하다[저지르다] 08 환자; 참을성[인내심] 있는 09 자랑스러움, 자부심; 자존심; 자만심 10 깊은 인상을 주다, 감명을 주다 11 (색이) 바래다, (빛·소리 등이) 희미해지다 12 주된, 주요한; 최고[최상]의 13 결정하다, 정하다 14 (~보다) …을 더 좋아하다[선호하다] 15 우선 사항, 우선적으로 할 것 16 반드시 ~하게 하다, 보장하다 17 매다[채우다]; 고정시키다 18 나타내다, 보여 주다; 가리키다 19 점진적인, 서서히 일어나는 20 줄다; 줄이다; 감소, 하락 21 생산량, 산출량; (컴퓨터의) 출력 22 제조[생산]하다; 제조, 생산 23 경쟁의, 경쟁적인; 경쟁심이 강한 24 증가[증대]하다; 증가[증대]시키다; 곱하다 25 생산적인 26 antique 27 analyze 28 combine 29 detective 30 strategy 31 avoid 32 investigate 33 motive 34 knowledge 35 charm 36 sight 37 broadcast 38 suitable 39 previous 40 version 41 passenger 42 export 43 detect 44 obvious 45 flaw 46 logic 47 consume 48 supply 49 make, up, for 50 get, ahead

DAY 15

01 이상적인, 완벽한; 이상 02 모이다; 모으다; 조립하다 03 더 멀리; 추가의 04 해석하다; 통역하다 05 (장비·기계를) 조작하는 사람, 기사; 전화 교환원 06 (힘들여) 끌다[끌고 가다] 07 제외[배제]하다; (출입 등을) 거부[차단]하다 08 울다, 눈물을 흘리다 09 생기를 되찾게[상쾌하게] 하다 10 치료(법), 치료제; 치료하다 11 (여러 개로 나뉜 것의 한) 부분, 부문[파트] 12 믿을 수 없는, 믿기 힘든; 놀라운, 굉장한 13 나타내다, 보여 주다; 가리키다 14 수출하다; 수출; 수출품 15 결함, 결점 16 공급(량); 공급하다 17 기억[주목]할 만한, 인상적인 18 번역[통역]하다 19 잡다; 포획하다 20 ~할 수 있게 하다 21 그렇지 않으면 22 불안해하는, 염려하는; 열망하는, 간절히 바라는 23 상기시키다, 생각나게 하다 24 잔인한, 괴로운, 참혹한 25 새는 곳; 누출; (액체·기체가) 새게 하다[새다] 26 conference 27 modify 28 depth 29 plural 30 intonation 31 revise 32 furthermore 33 disaster 34 annoying 35 nevertheless 36 mercy 37 factor 38 satellite 39 consume 40 bind 41 elegant 42 emphasize 43 haste 44 summary 45 despair 46 descend 47 literature 48 sew 49 pronounce 50 concept

DAY 16

01 규모[범위]; 저울 02 예산, (지출 예상) 비용 03 이론, 학설 04 현실 05 피해자, 희생자 06 경쟁의, 경쟁적인; 경쟁심이 강한 07 생산적인 08 잡다; 포획하다 09 잔인한, 괴로운, 참혹한 10 최종의, 궁극적인; 최대[최고]의 11 모욕하다; 모욕, 모욕적인 말[행동] 12 내구성이 있는, 오래가는 13 부서지기[손상되기] 쉬운 14 극도의, 극심한; 지나친, 심각한 15 (변화·발달의) 단계[국면] 16 (글의) 문맥; (어떤 일의) 정황, 맥락 17 거대한, 육중한; 막대한 18 영향, 효과; 충돌, 충격 19 국내의; 가정의, 가사의 20 (지방 자치 단체의) 의회 21 지위; 계급; (순위 등을) 매기다; (순위 등을) 차지하다 22 지구[지역]; (관할) 구역 23 긴장된[긴박한]; 긴장한 24 ~에 출마하다[입후보하다] 25 재직하고 있는, 공직에 있는 26 landscape 27 location 28 vehicle 29 military 30 mission 31 outline 32 gravity 33 prevent 34 aggressive 35 sufficient 36 assist 37 passenger 38 detect 39 translate 40 elegant 41 emphasize 42 otherwise 43 endure 44 withstand 45 phrase 46 meaningful 47 economy 48 elect 49 neutral 50 appoint

DAY 17

01 (금전적·시간적) ~할 여유가 있다 02 통역사 03 (힘들여) 끌다[끌고 가다] 04 협상하다 05 승인[허가]하다; 인정하다 06 표준, 기준; 일반적인, 표준의 07 증가[증대]하다; 증가[증대]시키다; 곱하다 08 서두름, 급함 09 상기시키다, 생각나게 하다 10 최종의, 궁극적인; 최대[최고]의 11 (글의) 문맥; (어떤 일의) 정황, 맥락 12 (지방 자치 단체의) 의회 13 보장하다; 보증(서); 보장(하는 것) 14 동일한; 평등한; (수·양 등이) ~과 같다 15 처음의, 초기의; 첫글자, 이니셜 16 (병 등에) 고통받다; (불쾌한 일을) 겪다[당하다] 17 전문가; 전문가의; 숙련된 18 예견하다 19 지위, 신분; 상

태, 상황 20 짐, 부담; ~에게 짐[부담]을 지우다 21 조직하다; 조정하다 22 노출시키다, 드러내다; 폭로하다 23 통합시키다[되다] 24 세대, 같은 시대의 사람들 25 자신의 의지에 반해서 26 conference 27 device 28 dedication 29 quarter 30 mercy 31 unite 32 injured 33 logic 34 enable 35 summary 36 withstand 37 meaningful 38 elect 39 neutral 40 opportunity 41 symptom 42 infection 43 infect 44 severe 45 economic 46 crisis 47 hardship 48 consequence 49 labor 50 regardless, of

DAY 18

01 모이다; 모으다; 조립하다 02 비용, 지출; 경비 03 (길·도로 등을) 포장하다 04 뚝뚝 떨어지다; (떨어지는) 액체 방울 (소리) 05 꾸준한, 일정한; 흔들림 없는 06 관찰[주시]하다; 준수하다, 따르다 07 운명, 숙명 08 지구[지역]; (관할) 구역 09 감염, 전염(병) 10 위기, 고비 11 지위, 신분; 상태, 상황 12 의도[작정]하다 13 기관, 단체; 제도, 관습 14 재정, 재무; 자금, 재원 15 버리다; 버리고 떠나다; 포기하다[단념하다] 16 타당한; (법적으로) 유효한 17 (돌보지 않고) 방치하다; 등한시하다 18 필수적인, 없어서는 안 될 19 지연, 지체; 지연[지체]시키다; 미루다 20 접근하다; 접근; 접근법 21 곡선, 커브; 구부러지다, 곡선을 이루다 22 남는; 여분의; (시간·돈 등을) 할애하다[내어 주다] 23 돌진하다, 급하게 가다; 돌진; 혼잡 24 (예정보다) 늦어지다, 늦게 도착하다 25 ~에 갇히다, ~에 꼼짝 못하다 26 evaporate 27 attach 28 passive 29 apology 30 maintain 31 criminal 32 conscience 33 fund 34 entertain 35 supply 36 appoint 37 symptom 38 hardship 39 consequence 40 labor 41 deceive 42 interfere 43 found 44 contract 45 unless 46 aspect 47 democracy 48 diverse 49 route 50 parallel

DAY 19

01 상상력이 풍부한, 창의적인 02 기분 상하게[불쾌하게] 하다 03 (특히 과수의) 꽃; 꽃이 피다 04 부서지기[손상되기] 쉬운 05 국내의; 가정의, 가사의 06 긴장된[긴박한]; 긴장한 07 보장하다; 보증(서); 보증(하는 것) 08 기관, 단체; 제도, 관습 09 남는; 여분의; (시간·돈 등을) 할애하다[내어 주다] 10 돌진하다, 급하게 가다; 돌진; 혼잡 11 신장시키다, 북돋우다; 부양책 12 (심리적) 긴장; (관계 등의) 긴장 상태 13 확대[증가]되다; 확대[증가]시키다 14 격려하다, 북돋우다; 장려[권장]하다 15 낙담하게 하다; 막다[말리다] 16 개개의, 개별의; 개인(용)의; 개인 17 아껴 쓰다; 보호[보존]하다 18 의심하다; 혐의자, 용의자 19 게으른, 나태한; 일하지[가동되지] 않는, 놀고 있는 20 (일 등을) 맡기다, 부여하다 21 용기를 북돋우다, 격려하다; (감정 등을) 불어넣다 22 (특정 활동을 위한) 기간[시간] 23 등록하다; 등록부, 명부 24 훌륭한, 뛰어난; 아주 밝은, 눈부신 25 (속도·진도를) 따라잡다 26 physics 27 imitate 28 hesitate 29 anniversary 30 rational 31 harsh 32 outcome 33 trial 34 endure 35 economy 36 opportunity 37 severe 38 found 39 aspect 40 diverse 41 parallel 42 compliment 43 confidence 44 border 45 region 46 eventually 47 arrest 48 murder 49 discipline 50 turn, in

DAY 20

01 점검하다, 검사하다 02 기술적인, 과학 기술의 03 완수하다, 성취하다 04 (전문적인) 직업[직종] 05 짜증스러운 06 몹시 지친, 기진맥진한 07 (바늘·가시 등으로) 쏘다, 찌르다 08 칭찬; 칭찬하다 09 자신감; 신뢰, 신임 10 국경, 경계 11 지역, 지방 12 결국, 마침내 13 체포하다; 체포 14 살인, 살해[살인]하다 15 규율, 훈육; 훈육하다 16 (특정 활동을 위한) 기간[시간] 17 등록하다; 등록부, 명부 18 훌륭한, 뛰어난; 아주 밝은, 눈부신 19 (사람·사물·기회 등을) 와락[꽉] (붙)잡다 20 결론을 내리다; 끝내다 21 무작위의, 임의의 22 안정된, 안정적인 23 (직장·학교 등을) 그만두다; (하던 일을) 그만하다 24 (~하는 것은) 무엇이든지; 어떤 ~라도 25 옳음을 보여주다; 정당화하다 26 heritage 27 companion 28 landscape 29 crucial 30 depth 31 plural 32 revise 33 somewhat 34 defense 35 impressive 36 instance 37 signature 38 saying 39 attractive 40 comparison 41 counselor 42 assess 43 evident 44 desire 45 postpone 46 definite 47 depress 48 possess 49 costly 50 restrict

DAY 21

01 나오다, 모습을 드러내다 02 승인[허가]하다; 인정하다 03 분투하다, (크게) 애쓰다; 투쟁, 분투 04 신화; 근거 없는 믿음 05 제조[생산]하다; 제조, 생산 06 잡다; 포획하다 07 (변화·발달의) 단계[국면] 08 보장하다; 보증(서); 보증(하는 것) 09 지연, 지체; 지연[지체]시키다; 미루다 10 타당한; (법적으로) 유효한 11 게으른, 나태한; 일하지[가동되지] 않는,

놀고 있는 12 결론을 내리다; 끝내다 13 제한[한정]하다 14 깨닫다, 알아차리다; (소망 등을) 실현하다 15 요구(사항); 수요; 요구하다 16 우려, 걱정; 관심사; 걱정시키다 17 진짜의, 진품의; 진실된, 진심 어린 18 (계급 등이) 고위의; 연장자, 손윗사람 19 사건, 일 20 태도, 자세 21 반대의, 반대되는; 정반대, 반대되는 것 22 알아보다; 인정[인식]하다 23 인지[감지]하다, 알아차리다 24 넌지시 전하다, 암시하다; 함축하다[내포하다] 25 이해가 되다; 말이 되다 26 internal 27 punish 28 entertain 29 ensure 30 pronounce 31 neutral 32 fragile 33 consequence 34 severe 35 interfere 36 discourage 37 compliment 38 postpone 39 gradually 40 fortunate 41 respectful 42 sympathy 43 thorough 44 virtue 45 inquiry 46 grateful 47 conscious 48 insight 49 assume 50 tell, from

DAY 22

01 상처, 부상; 상처[부상]를 입히다 02 관찰[주시]하다; 준수하다, 따르다 03 믿을 수 없는, 믿기 힘든; 놀라운, 굉장한 04 발견하다, 감지하다 05 불안해하는, 염려하는; 열망하는, 간절히 바라는 06 조직하다; 조정하다 07 재정, 재무; 자금, 재원 08 남는; 여분의; (시간·돈 등을) 할애하다[내어 주다] 09 (심리적) 긴장; (관계 등의) 긴장 상태 10 속담, 격언 11 우울하게 하다 12 미덕, 덕목 13 운이 좋은, 다행인 14 화려한, 장식이 많은; 고급의 15 장애, 장애물 16 제안, 제의; 시사[암시] 17 신원, 신분; 독자성, 주체성 18 빚지고 있다; ~은 …덕분이다 19 거절하다, 거부하다 20 (신원 등을) 확인하다[알아보다] 21 극복하다, 이겨내다; 이기다 22 소통하다, 교류하다 23 하급[부하]의; 손아랫사람 24 ~와 우연히 마주치다; (안 좋은 상황 등을) 만나다[겪다] 25 증거(물), 증명 26 efficient 27 sufficient 28 productive 29 emphasize 30 economic 31 infection 32 democracy 33 suspect 34 register 35 evident 36 gradually 37 recognize 38 interior 39 awkward 40 decoration 41 injury 42 approve 43 sacrifice 44 provide 45 practical 46 cooperate 47 faith 48 recover 49 run, for 50 get, along

DAY 23

01 꾸준한, 일정한; 흔들림 없는 02 의도[작정]하다 03 비판적인; 대단히 중요한 04 나타내다, 보여 주다; 가리키다 05 새는 곳; 누출; (액체·기체가) 새게 하다[새다] 06 재직하고 있는, 공직에 있는 07 자신의 의지에 반해서 08 용기를 북돋우다, 격려하다; (감정 등을) 불어넣다 09 (사람·사물·기회 등을) 와락[꽉] 붙잡다 10 옳음을 보여주다; 정당화하다 11 통찰(력) 12 어색한; 서투른; 곤란한 13 실제적인, 실용적인, 유용한 14 피난처, 보호소; 피난처를 제공하다, 보호하다 15 창작, 창출; 창작품 16 수반[포함]하다; 관련[연루]시키다 17 (섬뜩하게) 놀람, 두려움 18 가끔, 때때로 19 참고[참조]; 언급 20 (기억·묘사 등이) 생생한; (색 등이) 선명한 21 분명히 보여주다; 삽화를 넣다 22 위험(성); 위험 요소 23 터지다; 갑자기 ~하다 24 잦은, 빈번한 25 동시에 일어나다; 일치하다 26 unless 27 parallel 28 broadcast 29 despair 30 endure 31 burden 32 border 33 conserve 34 attractive 35 demand 36 genuine 37 identity 38 explode 39 construct 40 invest 41 collapse 42 caution 43 urgent 44 literary 45 account 46 voyage 47 element 48 encounter 49 so, far 50 get, ahead

DAY 24

01 자신감; 신뢰, 신임 02 훌륭한, 뛰어난; 아주 밝은, 눈부신 03 결함, 결점 04 기억[주목]할 만한, 인상적인 05 거대한, 육중한; 막대한 06 ~에 상관없이 07 ~에 갇히다, ~에 꼼짝 못하다 08 (직장·학교 등을) 그만두다; (하던 일을) 그만하다 09 동정, 연민 10 알고 있는, 자각하는; 의식이 있는 11 찬성하다; 승인하다 12 잘 지내다 13 계좌; 설명, 기술 14 분쟁, 논쟁; 반박하다, 이의를 제기하다 15 ~에도 불구하고 16 토론, 논쟁; 토론[논쟁]하다 17 진전, 진행; 진행[진척]되다 18 규제[통제]하다; 조절하다 19 활기를 되찾다; 소생[회복]시키다 20 쓸다, 청소하다; (장소를) 휩쓸다 21 (다른 나라로) 이민을[이주해] 오다 22 쟁점, 문제(점) 23 (논쟁 등을) 해결하다; 정착하다 24 일어나다, 발생하다 25 완전한, 완벽한; 절대적인 26 determine 27 discipline 28 previous 29 descend 30 withstand 31 infect 32 essential 33 costly 34 stable 35 incident 36 interact 37 involve 38 frequent 39 authority 40 perspective 41 cease 42 rapid 43 committee 44 relatively 45 independent 46 artificial 47 historical 48 establish 49 declare 50 wipe, out

DAY 25

01 제외[배제]하다; (출입 등을) 거부[차단]하다 02 응답, 대답; 반응, 대응 03 (~하는 것은) 무엇이든지; 어떤 ~라도 04 시력; 보기, 봄; 시야 05 그렇지 않으면 06 내구성이 있는, 오래가는 07 지위, 신분; 상태, 상황 08 (예정보다) 늦어지다, 늦게 도착하다 09 (속도·진도를) 따라잡다 10 빈틈없는, 철저한 11 고맙게 여기는, 감사하는 12 장식; 장식품 13 믿음, 신뢰; 신념 14 긴급한, 다급한 15 인공적인, 인조의 16 (붙)잡다, 움켜잡다 17 값을 매길 수 없는, 대단히 귀중한 18 나누어 주다, 분배[배포]하다 19 비범한; 놀랄 만한 20 면허[자격]증 21 게다가, 더욱이 22 은퇴[퇴직]하다 23 기억해 내다, 상기하다 24 단서, 실마리 25 상담[상의]하다 26 commute 27 counselor 28 possess 29 consume 30 enable 31 council 32 opportunity 33 deceive 34 arrest 35 imply 36 identify 37 obstacle 38 vivid 39 shelter 40 settle 41 institute 42 method 43 disturb 44 shallow 45 pregnant 46 accurate 47 sparkle 48 instinct 49 rusty 50 in, spite, of

DAY 26

01 최종의, 궁극적인; 최대[최고]의 02 지구[지역]; (관할) 구역 03 가정[추정]하다 04 처음의, 초기의; 첫 글자, 이니셜 05 돌진하다, 급하게 가다; 돌진; 혼잡 06 개개의, 개별의; 개인(용)의; 개인 07 무작위의, 임의의 08 희생하다; 희생 09 협력하다, 협동하다 10 붕괴되다, 무너지다 11 위원회 12 권한; 권위 13 반짝이다 14 발생시키다, (행동·감정 등을) 일으키다 15 ~뿐만 아니라 16 필요로 하다; (법·규칙 등이) 요구하다 17 처벌, 형벌; 벌칙; 페널티골 18 정치, 정계; 정치학 19 (폭이) 넓은; 폭넓은, 광범위한 20 호루라기[호각]; 휘파람; 호각을 불다; 휘파람을 불다 21 신체[육체]의; 물질의, 물질적인 22 대신하는 사람[것]; 대용품; 대신[대체]하다 23 제대로, 적절히; 올바르게 24 장애를 가진 25 비틀어 돌리다[구부리다]; 삐다[접질리다] 26 elegant 27 attitude 28 concern 29 hardship 30 institution 31 assign 32 comparison 33 reject 34 fright 35 risk 36 regulate 37 container 38 priceless 39 political 40 participate 41 dispose 42 reform 43 controversy 44 prejudice 45 nuclear 46 stiff 47 compete 48 fierce 49 eliminate 50 put, off

DAY 27

01 긴장된[긴박한]; 긴장한 02 제공[공급]하다 03 통합시키다[되다] 04 설립하다 05 ~을 제출하다 06 평가하다 07 존경심을 보이는, 공손한 08 서서히, 차츰 09 건설하다, 구성하다 10 개혁[개선]하다; 개혁, 개선 11 (위험 등에) 맞닥뜨리다; (뜻밖의) 만남, 마주침 12 길, 경로; 노선 13 게다가, 더욱이 14 (수·양·정도의 변동) 범위; (범위가) ~에서 … 사이다 15 멸종되다 16 간절히 바라는, 갈망하는 17 전기, 일대기 18 대표하다; 나타내다, 상징하다 19 파괴하다, 망치다; 파괴, 파멸 20 극적인, 인상적인 21 침입[침략]하다; 침해하다 22 얻다, 획득하다 23 (나라·민족을) 정복하다; (곤란 등을) 극복하다 24 옮기다, 이동하다; 변화, 이동 25 관련된; 친척의 26 suggestion 27 fancy 28 symptom 29 establish 30 region 31 definite 32 contrary 33 junior 34 owe 35 burst 36 immigrate 37 absolute 38 properly 39 available 40 certificate 41 facility 42 paragraph 43 qualify 44 republic 45 summarize 46 complex 47 public 48 revolution 49 origin 50 hand, down

DAY 28

01 동일한; 평등한; (수·양 등이) ~과 같다 02 (바다·우주로의 긴) 여행, 항해 03 버리다; 버리고 떠나다; 포기하다[단념하다] 04 (특정 활동을 위한) 기간[시간] 05 욕구, 갈망; 바람 06 질문, 문의; 조사 07 회복되다, 회복하다, 되찾다 08 중단되다, 그치다; 중단하다 09 얕은 10 방법, 방식 11 경쟁하다; (경기 등에) 참가하다 12 구(句); 구절, 관용구 13 복잡한; (건물) 단지, 복합 건물 14 ~을 고수하다[지키다] 15 구조[구출]하다; 구조, 구출 16 증가하다[시키다]; 증가 17 필사적인, 절박한; 절망적인 18 확신[납득]시키다; 설득하다 19 추측하다, 생각하다; 가정하다 20 주된, 주요한; 최초의, 초기의 21 정제하다, 개선[개량]하다 22 연락하다, 의사소통을 하다; 전하다, 전달하다 23 걱정하는, 염려하는 24 해외에[로]; 해외의, 외국의 25 제안[제의]하다; 청혼[프로포즈]하다 26 coincide 27 reference 28 aspect 29 eventually 30 restrict 31 realize 32 overcome 33 occur 34 progress 35 recall 36 require 37 politics 38 biography 39 rely 40 particular 41 drown 42 candidate 43 import 44 attempt 45 confine 46 evaluate 47 pollution 48 quarrel 49 terribly 50 cut, in

DAY 29

01 ~을 완전히 파괴하다[없애 버리다] 02 (국가가) 독립한; 자립심이 강한 03 확대[증가]되다; 확대[증가]시키다 04 결론을 내리다; 끝내다 05 ~와 …를 구별[구분]하다 06 부상 07 폭발하다; 폭발시키다 08 본능; 직감 09 방해하다 10 연기하다, 미루다 11 공화국 12 증명서, 자격증 13 한정하다, 제한하다; 가두다 14 (수익·결과 등을) 내다, 산출하다 15 공무[직무]상의; 공식의; 공무원, 관리 16 다량의, 많은 17 (땅을) 경작하다; 재배하다 18 항의[반대]하다; 항의; 시위 19 감히 ~하다, ~할 용기가 있다 20 비난[비판]하다; 비평하다 21 (동물이) 새끼를 낳다; 사육하다, 기르다 22 전체의, 전반적인; 전반적으로 23 줄어들다, 감소하다; 줄이다 24 거주자, 주민; 거주하는 25 느슨하게[헐겁게] 하다 26 contract 27 dispute 28 murder 29 saying 30 perceive 31 proof 32 creation 33 extraordinary 34 broad 35 physical 36 dramatic 37 refine 38 rescue 39 enormous 40 discriminate 41 reproduce 42 religion 43 population 44 govern 45 gender 46 flavor 47 crop 48 influence 49 government 50 get, rid, of

DAY 30

01 바느질하다, 꿰매다 02 예견하다 03 격려하다, 북돋우다; 장려[권장]하다 04 (사람·사물·기회 등을) 와락(꽉) (붙)잡다 05 임신한 06 논란, 논쟁 07 사나운; 격렬한 08 혁명, 변혁 09 특별한; 특정한 10 후보자, 지지자 11 제공[공급]하다 12 조심, 신중 13 관점, 시각 14 ~인 척하다 15 진실된, 진심 어린 16 (사람·장소에서) 강탈하다; (행복 등을) 빼앗다[잃게 하다] 17 발표하다, 알리다; (큰 소리로) 알리다 18 훌륭한, 인상적인[아름다운] 19 (토막으로) 썰다[다지다] 20 으스러[쭈그러]뜨리다; 으깨다 21 비참한, 불행한 22 없애다, 제거하다 23 부분[일부]; (음식의) 1인분 24 정부 25 번식하다; 복제하다 26 economy 27 diverse 28 evident 29 clue 30 license 31 generate 32 incident 33 eager 34 conquer 35 desperate 36 reject 37 illustrate 38 debate 39 precise 40 destiny 41 omit 42 diligent 43 consist 44 temper 45 concentrate 46 suspension 47 swallow 48 professor 49 diminish 50 make, sense

DAY 31

01 규제[통제]하다; 조절하다 02 구조[구출]하다; 구조, 구출 03 차별하다; 구별[식별]하다 04 (동물이) 새끼를 낳다; 사육하다, 기르다 05 타격, 스트로크; 뇌졸중 06 일반적으로, 대체로, 보통 07 (스포츠 경기의) 리그, 연합, 연맹 08 코를 골다; 코 고는 소리 09 비난[비판]하다; 비평하다 10 없애다, 제거하다 11 번식하다; 복제하다 12 의지하다; 신뢰하다, 믿다 13 (수익·결과 등을) 내다, 산출하다 14 전체의, 전반적인; 전반적으로 15 감히 ~하다, ~할 용기가 있다 16 으스러[쭈그러]뜨리다; 으깨다 17 훌륭한, 인상적인[아름다운] 18 (서서히) 발전하다[시키다]; 진화하다[시키다] 19 ~의 도처에; ~동안 내내, 줄곧 20 썩다, 부패하다; 부식, 부패 21 관절; 연결 부분; 공동의, 합동의 22 (고통 등을) 없애다; (심각성을) 완화하다[줄이다] 23 (컴퓨터 등의) 화면, 모니터; 감시[관찰]하다 24 침입[침략]하다; 침해하다 25 사망하다[돌아가시다] 26 interact 27 invest 28 retire 29 fierce 30 eliminate 31 related 32 certificate 33 evaluate 34 terribly 35 government 36 concentrate 37 drown 38 omit 39 professor 40 precise 41 portion 42 miserable 43 destiny 44 diligent 45 species 46 meditate 47 anxiety 48 nerve 49 thrilling 50 hollow

DAY 32

01 나누어 주다, 분배[배포]하다 02 (나라·민족을) 정복하다; (곤란 등을) 극복하다 03 거주자, 주민; 거주하는 04 공무[직무]상의; 공식의; 공무원, 관리 05 (사람·장소에서) 강탈하다; (행복 등을) 빼앗다[잃게 하다] 06 전문적인, 전문직의; 직업적인, 프로의 07 마비시키다; 무력하게 만들다 08 ~와 다른; ~와는 달리, ~답지 않은 09 극심한 공포, 공황; 겁을 먹다, 공황 상태에 빠지다 10 혜택, 이득; 도움이 되다, 유익하다 11 좌절감을 주다; 방해하다 12 정직, 정학 13 진실된, 진심 어린 14 (~로) 구성되다 15 수입하다; 수입; 수입품 16 통치하다[다스리다] 17 (농)작물; 수확량 18 성질, 성미; 기분 19 삼키다 20 ~인 척하다 21 역겨움, 넌더리; 역겹게 만들다 22 기분; 분위기 23 강조하다; 하이라이트, 가장 중요한 부분 24 불안한, 우려되는; 불편한, 어색한 25 ~뿐만 아니라 …도 26 collapse 27 establish 28 political 29 summarize 30 pollution 31 convince 32 gender 33 chop 34 nerve 35 thrilling 36 hollow 37 moderate 38 flesh 39 typical 40 worship 41 frightened 42 religious 43 regret 44 achievement 45 approximately 46 attain 47 remarkable 48 indeed 49 pass, away 50 hold, back

DAY 33

01 파괴하다; 망치다; 파괴, 파멸 02 제안[제의]하다; 청혼[프로포즈]하다 03 추측하다; 생각하다; 가정하다 04 발표하다, 알리다; (큰소리로) 알리다 05 (서서히) 발전하다[시키다]; 진화하다[시키다] 06 (스포츠 경기의) 리그; 연합, 연맹 07 손상, 피해; 손상을 주다, 피해를 입히다 08 일반적으로, 대체로; 보통 09 ~의 도처에; ~동안 내내, 줄곧 10 회전하다[시키다]; 교대로 하다 11 썩다, 부패하다; 부식, 부패 12 관절; 연결 부분; 공동의, 합동의 13 코를 골다; 코 고는 소리 14 대안, 선택 가능한 것; 대신하는, 대체의 15 잘 구부러지는, 유연한; 융통성 있는 16 공연[연주]하다; 행하다[수행하다] 17 꼭 쥐다[짜다]; 짜내다 18 중단되다, 그치다; 중단하다 19 (~로) 여기다[간주하다]; 고려, 관심 20 편견, 선입관 21 밀봉[밀폐]하다; 봉인(물) 22 막대한, 거대한 23 영향(력); 영향을 미치다 24 (~로) 구성되다 25 성질, 성미; 기분 26 swallow 27 pretend 28 stroke 29 remarkable 30 mood 31 indeed 32 consult 33 personal 34 estimate 35 belief 36 insurance 37 employ 38 religion 39 paste 40 specific 41 vital 42 resource 43 aware 44 motion 45 utilize 46 load 47 mental 48 hold, back 49 make, fun, of 50 hang, up

DAY 34

01 (고통 등을) 없애다; (심각성을) 완화하다[줄이다] 02 극심한 공포, 공황; 겁을 먹다, 공황 상태에 빠지다 03 혜택, 이득; 도움이 되다, 유익하다 04 좌절감을 주다; 방해하다 05 강조하다; 하이라이트, 가장 중요한 부분 06 꼭 쥐다[짜다]; 짜내다 07 기능; (제대로) 기능하다[작동하다] 08 잠재적인, 가능성 있는; 잠재력 09 (사람을) 보내다[해산시키다]; 해고하다 10 인정하다; (입장 등) 허락하다 11 (전쟁·대회 등에서) 패배시키다[이기다]; 패배 12 힘; 무력; 강요하다, 억지로 ~을 시키다 13 ~할[받을] 만하다 14 (땅을) 경작하다; 재배하다 15 논란, 논쟁 16 복잡한; (건물) 단지, 복합 건물 17 으스러[쭈그레]뜨리다; 으깨다 18 신경, 불안, 긴장 19 예배하다, 숭배하다; 예배, 숭배 20 겁먹은, 무서워하는 21 종교의; 신앙심이 깊은 22 후회하다; 후회, 유감 23 정신의, 정신적인 24 없애다, 제거하다 25 ~에 관한 한 26 load 27 harm 28 confine 29 institute 30 diminish 31 concentrate 32 necessity 33 anxiety 34 species 35 meditate 36 staff 37 format 38 index 39 lyric 40 undergo 41 recent 42 willing 43 pale 44 variety 45 screen 46 edit 47 reward 48 glow 49 hang, up 50 come, across

DAY 35

01 항의[반대]하다; 항의, 시위 02 전문적인, 전문직의; 직업적인, 프로 03 대안, 선택 가능한 것; 대신하는, 대체의 04 잘 구부러지는, 유연한; 융통성 있는 05 특징, 특질; 특유의, 독특한 06 대조, 대비; 대조[대비]하다 07 강의, 강연; 강의[강연]하다 08 비슷함, 유사(점) 09 동기를 부여하다, 자극하다 10 구할[이용할] 수 있는 11 시도; 시도하다 12 생략하다, 빼다 13 교수 14 짜릿한, 스릴 만점의 15 속이 빈 16 업적, 성취 17 역겨움, 넌더리; 역겹게 만들다 18 불안한, 우려되는; 불편한, 어색한 19 대략, 거의 20 (노력하여) 이루다, 달성하다 21 주목할 만한, 놀랄 만한 22 고용하다 23 밀봉[밀폐]하다; 봉인(물) 24 회전하다[시키다]; 교대로 하다 25 연기하다, 미루다 26 paste 27 specific 28 vital 29 edit 30 reward 31 glow 32 outstanding 33 performance 34 interrupt 35 holy 36 stream 37 satisfied 38 applaud 39 publication 40 glory 41 dynamic 42 modern 43 tide 44 trap 45 mentor 46 rotten 47 international 48 inner 49 when, it, comes, to 50 due, to

DAY 36

01 공연[연주]하다; 행하다[수행하다] 02 인정하다; (입장 등) 허락하다 03 (전쟁·대회 등에서) 패배시키다[이기다]; 패배 04 동기를 부여하다, 자극하다 05 감소[하락]하다; 감소, 하락; 거절하다 06 사소한, 작은[가벼운]; 미성년자 07 상태, 형편; (미국 등의) 주(州); (명확하게) 말[진술]하다 08 연장하다; (팔·다리를) 뻗다; 확대[확장]하다 09 (자리 잡고 있는) 위치; (몸의) 자세; (적절한) 자리; 입장, 처지 10 시작[개시]하다; (상품을) 출시하다; (우주선 등을) 발사하다 11 요금; 책임, 담당; (요금을) 청구하다 12 연상하다, 연관 짓다; 교제하다, 어울리다; 동료 13 (~이) 들어 있다; 포함[함유]하다; (감정을) 억누르다 14 석방[해방]하다; 풀어[놓아] 주다; 공개[발표]하다 15 소책자, 설명서; 육체 노동의, 손으로 하는 16 현재의, 지금의; (물·공기의) 흐름, 해류, 기류 17 간절히 바라는, 갈망하는 18 걱정하는, 염려하는 19 (~로) 여기다[간주하다]; 고려, 관심 20 정확한, 정밀한 21 적당한, 중간의 22 마비시키다; 무력하게 만들다 23 후한[너그러운]; 넉넉한 24 신성한[성스러운], 종교적인 25 정말[참으로], 확실히 26 flavor 27 resource 28 aware 29 motion 30 utilize 31 load 32 format 33 index 34 lyric 35 undergo 36 recent 37 willing 38 modern 39 tide 40

trap 41 mentor 42 rotten 43 international 44 inner 45 advertisement 46 content 47 odd 48 swear 49 submit 50 passage

DAY 37

01 연락하다, 의사소통을 하다; 전하다, 전달하다 02 꼭 쥐다[짜다]; 짜내다 03 시작[개시]하다; (상품을) 출시하다; (우주선 등을) 발사하다 04 연상하다, 연관 짓다; 교제하다, 어울리다; 동료 05 (~이) 들어 있다; 포함[함유]하다; (감정을) 억누르다 06 석방[해방]하다; 풀어[놓아] 주다; 공개[발표]하다 07 소책자, 설명서; 육체 노동의, 손으로 하는 08 현재의, 지금의; (물·공기의) 흐름, 해류, 기류 09 매달다; (잠시) 중단하다; 정직[정학]시키다 10 (빛·소리·냄새 등이) 희미한[약한]; 어지러운; 실신[기절]하다 11 안도, 안심; (고통 등의) 경감, 완화; 구호(품) 12 고마워하다; 진가를 알아보다, 인정하다 13 승진시키다; 촉진[증진]하다; 홍보하다 14 (지구의) 대기, (특정 장소의) 공기; 분위기 15 기부[기증]하다; 기여[공헌]하다; (~의) 원인이 되다 16 힘; 무력; 강요하다, 억지로 ~을 시키다 17 비추다; 반사하다; 나타내다[반영하다] 18 (대규모) 총회, 협의회; 관습, 관례 19 참고[참조]하다; 가리키다, 나타내다; 언급하다 20 느슨하게[헐겁게] 하다 21 부분[일부]; (음식의) 1인분 22 ~할[받을] 만하다 23 추정하다, 어림잡다; 추정(치) 24 정신의, 정신적인 25 요금; 책임, 담당; (요금을) 청구하다 26 pale 27 variety 28 screen 29 edit 30 holy 31 stream 32 waterproof 33 satisfied 34 flesh 35 lecture 36 applaud 37 publication 38 glory 39 submit 40 personal 41 passage 42 grave 43 operate 44 express 45 necessity 46 firm 47 credit 48 term 49 compose 50 adjust

DAY 38

01 손상, 피해; 손상을 주다, 피해를 입히다 02 잠재적인, 가능성이 있는; 잠재력 03 사소한, 작은[가벼운]; 미성년자 04 상태, 형편; (미국 등의) 주(州); (명확하게) 말[진술]하다 05 연장하다; (팔·다리를) 뻗다; 확대[확장]하다 06 안도, 안심; (고통 등의) 경감, 완화; 구호(품) 07 고마워하다; 진가를 알아보다, 인정하다 08 (지구의) 대기, (특정 장소의) 공기; 분위기 09 기부[기증]하다; 기여[공헌]하다; (~의) 원인이 되다 10 참고[참조]하다; 가리키다, 나타내다; 언급하다 11 ~하기로 되어 있는, ~할 예정인; 지불해야 하는 12 동기를 부여하다, 자극하다 13 감소[하락]하다; 감소[하락]; 거절하다 14 승진시키다; 촉진[증진]하다; 홍보하다 15 덩어리[덩이]; 다수, 다량; 대량의, 대규모의 16 가치 체계, 의식; (어떤 사회·직업의) 윤리, 도덕 17 끊임없는, 계속되는, 일정한, 불변의 18 엉망(진창)인 상태; 엉망으로[지저분하게] 만들다 19 부정적인, 나쁜; 비관적인; 반대[거절]하는 20 긍정적인, 좋은; 낙관적인; 확신하는 21 즉시의[즉각적인]; 인스턴트의; 순간, 잠깐 22 훌륭한, 인상적인[아름다운] 23 ~와 다른; ~와는 달리; ~답지 않은 24 기능; (제대로) 기능하다[작동하다] 25 보상; 보상[보답]을 하다 26 glow 27 outstanding 28 dynamic 29 modern 30 tide 31 trap 32 mentor 33 content 34 odd 35 swear 36 term 37 compose 38 convention 39 adjust 40 population 41 adapt 42 adopt 43 preserve 44 reserve 45 ethnic 46 exhibit 47 prohibit 48 principal 49 principle 50 forbid

DAY 39

01 특징, 특질; 특유의, 독특한 02 시작[개시]하다; (상품을) 출시하다; (우주선 등을) 발사하다 03 연상하다, 연관 짓다; 교제하다, 어울리다; 동료 04 (~이) 들어 있다; 포함[함유]하다; (감정을) 억누르다 05 매달다; (잠시) 중단하다; 정직[정학]시키다 06 (빛·소리·냄새 등이) 희미한[약한]; 어지러운; 실신[기절]하다 07 덩어리[덩이]; 다수, 다량; 대량의, 대규모의 08 엉망(진창)인 상태; 엉망으로[지저분하게] 만들다 09 부정적인, 나쁜; 비관적인; 반대[거절]하는 10 합리적인, 타당한; 비싸지 않은, 적정한 11 제출하다; 굴복[복종]하다 12 영구적인, 영속하는 13 긍정적인, 좋은; 낙관적인; 확신하는 14 죄책감이 드는; 죄를 범한, 유죄의 15 결백한, 죄가 없는; 순수한, 순진한 16 많은, 상당한 17 통로, 복도; (책의) 구절 18 작동되다; 가동[조작]하다; 수술하다 19 표현하다, 나타내다; 급행의, 신속한 20 딱딱한, 단단한; 확고한; 회사 21 비추다; 반사하다; 나타내다[반영하다] 22 외상[신용] 거래; 칭찬, 인정 23 틀, 액자; 뼈대, 골격; 틀[액자]에 넣다 24 구체적인; 콘크리트로 된; 콘크리트 25 주요한, 주된; 교장 26 principle 27 forbid 28 permit 29 unreasonable 30 affect 31 effect 32 noble 33 novel 34 flame 35 pray 36 temporary 37 prey 38 miserable 39 typical 40 term 41 belief 42 government 43 harm 44 rotten 45 international 46 inner 47 charge 48 abstract 49 considerate 50 threat

DAY 40

01 결백한, 죄가 없는; 순수한, 순진한 02 (사람을) 보내다[해산시키다]; 해고하다 03 비슷함, 유사(점) 04 후한[너그러운]; 넉넉한 05 석방[해방]하다; 풀어[놓아] 주다; 공개[발표]하다 06 소책자, 설명서; 육체 노동의, 손으로 하는 07 현재의, 지금의; (물·공기의) 흐름, 해류, 기류 08 안도, 안심; (고통 등의) 경감, 완화; 구호(품) 09 고마워하다; 진가를 알아보다, 인정하다 10 적응[순응]하다 11 입양하다; 택하다, 받아들이다 12 보호[보존/보관]하다 13 승진시키다; 촉진[증진]하다; 홍보하다 14 구성하다; 작곡하다 15 (지구의) 대기; (특정 장소의) 공기, 분위기 16 기부[기증]하다; 기여[공헌]하다; (~의) 원인이 되다 17 가치 체계, 의식; (어떤 사회·직업의) 윤리, 도덕 18 인종의, 민족의 19 끊임없는, 계속되는; 일정한, 불변의 20 즉시의[즉각적인]; 인스턴트의; 순간, 잠깐 21 일시적인, 임시의 22 죄책감이 드는; 죄를 범한, 유죄의 23 (장소로의) 접근 (방법); 접근[이용]권 24 옮기다, 이동하다; 환승하다; 이동; 환승 25 ~뿐만 아니라 …도 26 insurance 27 considerable 28 considerate 29 threat 30 threaten 31 sensible 32 acquire 33 inquire 34 poverty 35 property 36 excess 37 intellectual 38 intelligent 39 horizontal 40 vertical 41 former 42 latter 43 rural 44 urban 45 reserve 46 quality 47 quantity 48 visible 49 visual 50 transform

MEMO

MEMO

Vocabulary LIVE는

초·중등 영어 학습자들을 위한 7단계 어휘 교재로, 총 4,500여 개의 기본 어휘가 수록되어 있습니다.

Basic

초1~초4
30일 420개 표제어 /
총 840개 표제어

Intermediate

초4~예비중
30일 592개 표제어 /
총 1,184개 표제어

Advanced
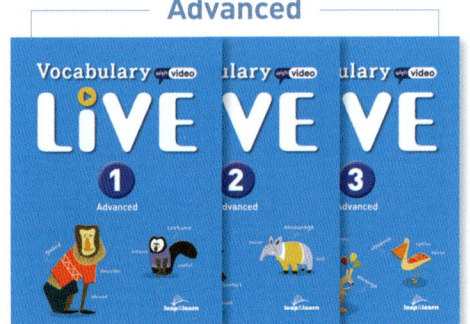
중1~중2 / 중2~중3 / 중3~예비고
30일 708개 표제어 (1~2권) /
40일 908개 표제어 (3권) / 총 2,324개 표제어

Vocabulary LIVE의 특장점

1

어휘 암기의 효과를 높이는
학습 동영상 제공

2

무료 온라인 어휘 암기용
프로그램 제공

3 선생님들을 위한 편리한 온라인 어휘 테스트 메이커 제공(홈페이지)
4 개별 어휘를 의미 단위로 연결시켜 통째로 암기하는 덩어리 표현 수록
5 일일 테스트와 누적 테스트를 통한 체계적인 반복 학습

Downloadable Resources www.leapnlearn.co.kr

WORKBOOK